Michael
Jungblut

Wenn der EURO rollt...

Was bringt die Europäische
Währungsunion für:

- Arbeitnehmer
- Verbraucher
- Sparer
- Rentner
- Unternehmer

UEBERREUTER

Die Deutsche Bibliothek – CIP-Einheitsaufnahme
Jungblut, Michael:
Wenn der Euro rollt… : was bringt die Europäische Währungsunion
für Arbeitnehmer, Sparer, Verbraucher, Rentner, Unternehmer ;
Währungsunion: Was tun? ; über 200 Antworten auf Fragen rund um den Euro /
Michael Jungblut. – 3., aktualisierte und erweiterte Auflage
Wien : Ueberreuter, 1998
ISBN 3-7064-0425-7

S 0402 1 2 3 / 2000 99 98

Umschlag: Kurt Rendl
Coverillustration: Josef Koo

Printed in Hungary

Inhalt

W

Y

Z

Konkrete Antworten auf konkrete Fragen:

Dieses Buch soll Informationen zu allen Problemen rund um den Euro geben. Damit die einzelnen Themen leicht zu finden sind, ist es alphabetisch nach Stichwörtern aufgebaut. Jede Antwort ist in sich abgeschlossen. Blau sind Begriffe, die auch an anderer Stelle ausführlich behandelt werden. Wer zu einem bestimmten Thema noch mehr wissen will, kann dort nachschlagen.

Das Euro-Logo. In dieser Form wird die gemeinsame europäische Währung künftig neben dem Logo für den Dollar ($) erscheinen.

Gemeinsam ins nächste Jahrtausend:

Risiken und Chancen der Europäischen Währungsunion

Die Jahrtausendwende ist nicht nur ein historisches Datum von großer Symbolkraft. Sie wird für uns Europäer zugleich zu einer währungspolitischen Zeitenwende. Durch ein Ereignis, das von noch kaum absehbarer politischer und wirtschaftlicher Bedeutung ist: den Beginn der Europäischen Wirtschafts- und Währungsunion (EWU). Sie verändert nicht nur die gesamte Finanzwelt und schafft neue Regeln für den europäischen Wettbewerb. Sie hat auch im privaten Bereich vielfältige Auswirkungen. Die Wende findet nicht zuletzt im eigenen Geldbeutel statt: Die D-Mark wird zwischen 1999 und 2002 schrittweise gegen eine gemeinsame europäische Währung ausgetauscht.

Große Ereignisse werfen ihren Schatten voraus. Und viele der davon Betroffenen sehen vor allem diesen langen Schatten. Noch hält sich die Begeisterung der Europa-Bürger daher in Grenzen – sowohl in Deutschland als auch in einigen anderen EU-Staaten. Die Politiker haben es lange Zeit nicht verstanden, den Menschen die Sorge zu nehmen, daß ihnen statt der harten D-Mark oder des vertrauten Gulden, des gewohnten Franc oder des stabilen Schilling eine weiche Euro-Pflaume in die Hand gedrückt werden könnte. In unseren Nachbarländern gehen daher ähnliche Ängste um wie in Deutschland. Die einen fürchten, sie müßten für die Schulden der Nachbarn aufkommen, oder ängstigen sich wegen möglicher Transferzahlungen an die ärmeren Länder. Andere haben immer noch die Befürchtung, die Währungsumstellung könnte doch noch mit einer Währungsreform verbunden werden, die sie ähnlich wie in früheren Zeiten erneut um einen großen Teil ihrer Ersparnisse bringen könnte. Und mancher fragt sich besorgt, in welcher Münze – hart oder weich – später die Rente oder die Lebensversicherung ausgezahlt wird.

Nicht nur Millionäre, sondern auch Tausende von ganz normalen Sparern grübeln deshalb darüber nach, ob sie ihr sauer verdientes Geld nicht für eine gewisse Zeit in die Schweiz oder in einen anderen „sicheren Hafen" bringen sollten. Viele Arbeitnehmer haben die Sorge, daß sie nachher ärmer sein könnten als vorher. Denn werden nicht die Löhne und Gehälter sinken, wenn der Euro kommt? Verbraucher fürchten, daß sie über den Tisch gezogen werden, weil der Handel die Gelegenheit nutzen könnte, bei der Preisumstellung zu mogeln. Wer von einem Häuschen träumt, den quält vielleicht die Frage, ob es sinnvoll sein könnte, mit dem Abschluß von Bausparverträgen noch zu warten. Andererseits: Sind Immobilien oder andere Sachwerte vielleicht der einzige Schutz, wenn die Zukunft des Geldes ungewiß ist?

Fragen über Fragen. Die weitverbreitete Angst vor einem Abschied von der D-Mark, der Peseta, dem Franc oder Gulden hängt vor allem damit zusammen, daß viele Bürger sich nicht ausreichend informiert fühlen. Die Politiker haben zu lange geschwiegen – vielleicht, weil sie „die Pferde nicht scheu machen“ wollten.

Das war falsch, denn viele Fragen lassen sich auf der Grundlage der geschlossenen Verträge, Gesetze und Verordnungen schon heute klar beantworten. Dies gilt vor allem hinsichtlich der Sorgen, die Arbeitnehmer, Rentner, Sparer und Anleger bewegen. Bei den Unternehmen sieht es ähnlich aus. Wie beispielsweise die Bilanzen umgestellt werden müssen oder was aus den Nennwerten von Aktien wird – das sind Fragen, die viele Betriebe schon weitgehend gelöst haben. Andere haben gefährlich lange mit den Vorbereitungen gewartet. In Industrie- und Dienstleistungsbetrieben, bei Banken und Behörden müssen bis zum Stichtag unter anderem Tausende von Computerprogrammen neu geschrieben, Kassen umgestellt, Verträge mit ausländischen Geschäftspartnern überdacht und Mitarbeiter geschult werden.

Viele Unternehmen haben es bisher verabsäumt, sich auf diese Aufgaben vorzubereiten und die Umstellung zu planen. Sie wissen oft noch gar nicht, welche Bereiche davon berührt sein werden. Für sie wird es höchste Zeit, alle mit der neuen Währung verbundenen Fragen zu prüfen. Denn den Nachzüglern könnten nicht nur erheblich höhere Kosten und manches organisatorische Problem drohen. Sie riskieren auch, der Konkurrenz das Feld kampflos zu überlassen, wenn es um die Nutzung der vielfältigen Möglichkeiten und Chancen geht, die die gemeinsame europäische Währung bietet. „Wer zu spät kommt, den bestraft das Leben“, hat schon Michail Gorbatschow erkannt. Das gilt auch für die friedliche Revolution unter der Flagge des Euro. Und deshalb ist es mehr als bedenklich, daß sich bis Mitte 1998 vor allem die Chefs kleiner und mittlerer Betriebe noch kaum mit dem Thema Europäische Wirtschafts- und Währungsunion und seiner Bedeutung für ihr Unternehmen beschäftigt hatten. Denn andere hatten zu diesem Zeitpunkt ihre Vorbereitungen bereits weitgehend abgeschlossen. Bei den meisten Großunternehmen war schon lange die Entscheidung gefallen, den Euro vom ersten Tag des Jahres 1999 an zur alleinigen „Hauswährung“ zu machen – der zahlreichen Vorteile wegen. Zu Pionieren gehören neben den Großbanken, der Sparkassenorganisation und den Volksbanken Unternehmen wie Daimler, Siemens, BMW, die Großen der chemischen Industrie oder Versicherungen wie der Gerling-Konzern.

Aber nicht nur in der Wirtschaft, sondern auch im politischen Bereich sind die erforderlichen Vorarbeiten oftmals auf die lange Bank geschoben worden. Das gilt seltsamerweise für den Gesetzgeber in Bonn, der dem Projekt doch mit großer Mehrheit zugestimmt hat, ebenso wie für die meisten Landesregierungen und Parlamente. Es trifft auch auf die meisten Kommunen und auf andere Behörden zu, die selbst Mitte 1998 noch kaum Vorbereitungen getroffen hatten. Dabei hätte es bei ihnen allen Grund gegeben, mit den Planungen rechtzeitig zu beginnen, denn auch die öffentliche Hand ist von der Währungsumstellung betroffen. Vor allem kann sie durch ihr Zaudern zu einem Klotz am Bein für die private Wirtschaft werden, die damit im Vergleich zu ihren europäischen Konkurrenten ins Hintertreffen gerät.

Denn während in allen anderen Ländern (und sogar in Großbritannien) schon Anfang 1998 klar war, daß ab 1999 auch die Steuererklärungen in Euro abgegeben werden können, erklärte die Mehrzahl der deutschen Bundesländer dies zum gleichen Zeitpunkt immer noch für nicht machbar. Doch nicht nur die Wirtschaft, auch die Bürger haben ein Recht auf frühzeitige Information. Schließlich müssen die Gebühren für Müllabfuhr und Straßenreinigung umgestellt, die Verkehrstarife angepaßt sowie Sozialhilfe und Wohngeld irgendwann in Euro ausgezahlt werden. Auch die Bediensteten wollen wissen, wie lange sie ihr Gehalt noch in D-Mark bekommen. Doch wenige Monate vor Eintritt Deutschlands in die EWU konnte kaum eine Kommune auf solche Fragen eine klare Antwort geben.

Vielleicht liegt es nicht nur an mangelnder Voraussicht und Phantasie, daß so viele, die in Staat und Wirtschaft in verantwortlichen Positionen stehen, sich bisher kaum mit dieser Zukunftsfrage auseinandergesetzt haben. Möglicherweise liegt es auch nicht an den lange Zeit selbst von manchen Politikern verbreiteten Zweifeln, ob die Europäische Währungsunion überhaupt kommen würde. Politiker wie Biedenkopf oder Stoiber haben dadurch wesentlich dazu beigetragen, den „Attentismus" vor allem in den kleinen und mittleren Betrieben zu fördern, statt abzubauen. Sie tragen deshalb auch mit die Schuld daran, wenn diese Unternehmen von der Entwicklung überrollt werden, statt die damit verbundenen Chancen zu nutzen.

Ein wichtiger Grund für das gefährliche Abwarten könnte sein, daß es starke emotionale Sperren gegen einen Abschied von der D-Mark gibt. Denkbar ist aber auch, daß die in Deutschland besonders verbreitete Scheu vor dem sogenannten „Restrisiko" als Bremse die Initiative lähmt. In kaum einem anderen Land ist derzeit die Angst vor Veränderungen jeder Art so groß wie in Deutschland. Die Europäische Währungsunion ist dafür nur ein Beispiel unter vielen. Die Angst, die neue Währung könne eventuell weniger stabil sein als die D-Mark, beherrschte lange Zeit die Diskussionen derart, daß kaum jemand nach den Vorteilen eines gemeinsamen Geldes fragte. Es wurde und wird aber auch zu wenig oder gar nicht darüber nachgedacht, welche Nachteile und Gefahren damit verbunden sein könnten, wenn es nicht gelänge, in Europa einen größeren Währungsraum zu schaffen. Wäre der Vertrag von Maastricht gebrochen worden – wie es manche Politiker und Interessenvertreter auch wenige Monate vor den entscheidenden Beschlüssen noch ziemlich unverblümt gefordert hatten –, wäre dies mit mehr als nur einem „Restrisiko" verbunden gewesen.

Die Europäische Union ist schließlich der mit Abstand wichtigste Markt für deutsche Güter und Dienstleistungen. Für die anderen EU-Staaten gilt dies ebenso. Millionen von Arbeitsplätzen und die Stabilität der gesamten Wirtschaft hängen davon ab, daß der innereuropäische Handel reibungslos funktioniert. Wie schwer er geschädigt werden kann, wenn es innerhalb der Gemeinschaft zu Auf- und Abwertungen kommt, haben wir beim Kurssturz der italienischen Lira 1995 wieder einmal in drastischer Form erlebt. Und der Börsenkrach in Hongkong 1997 oder die asiatischen Währungskrisen 1998 haben erneut gezeigt, wie rasch solche Erschütterungen die gesamte übrige Welt in Mitleidenschaft ziehen können.

Die Europäische Währungsunion bietet die einmalige Chance, die erfolgreiche deutsche Stabilitätspolitik zu exportieren. Alle teilnehmenden Staaten haben im Vertrag von Maastricht ihre Bereitschaft erklärt, die europäische Notenbank nach dem Vorbild der Bundesbank zu konstruieren. Sie haben sich verpflichtet, ihren eigenen nationalen Zentralbanken in der Verfassung die gleiche Unabhängigkeit zu geben, wie sie die Frankfurter Hüter der Geldwertstabilität schon immer hatten. Sie sind willens, die erfolgreiche Politik der Bundesrepublik im Kampf gegen inflationäre Gefahren zu übernehmen und europaweit zu praktizieren. Da wäre es doch mehr als merkwürdig gewesen, wenn ausgerechnet die Deutschen die Stabilitätskriterien nicht erfüllt oder kurz vor dem Ziel vor lauter Angst den Sprung über die letzte Hürde verweigert hätten.

Gewiß – ein bißchen Mut gehört schon dazu, ähnlich wie einst in den Vereinigten Staaten von Amerika oder wie in Deutschland nach der Reichsgründung durch Bismarck im vorigen Jahrhundert und zuletzt bei der deutschen Wiedervereinigung jetzt auch in Europa ein einheitliches Geld zu schaffen. Aber der Preis, mit dem diese Courage belohnt wird, kann sich sehen lassen: ein vor Währungsunruhen geschützter großer Markt wie in den USA, stabiles Geld in allen teilnehmenden Ländern, Einsparungen beim Geldumtausch in Milliardenhöhe und nicht zuletzt ein Beitrag zur Sicherung des Friedens in Europa. Denn je enger die Partner zusammenwachsen, um so größer ist die Chance, daß sich die grauenvollen Ereignisse in der ersten Hälfte unseres Jahrhunderts nie mehr wiederholen. Oder anders ausgedrückt: Während sich die Völker Europas in der ersten Hälfte des Jahrhunderts noch die blutigsten Schlachten der Weltgeschichte lieferten, krönen sie die Zusammenarbeit, zu der sie in der zweiten Hälfte des Jahrhunderts fanden, mit der Schaffung einer Währungsunion. Was für ein Weg von der angeblichen Erbfeindschaft zwischen Deutschen und Franzosen bis hin zu einer so engen Zusammenarbeit!

Wer sich den einzelnen Fragen, die mit der Schaffung der Währungsunion verbunden sind, offen zuwendet, kann selbst prüfen, ob die Ängste immer begründet sind, ob die Risiken von den Kritikern überzeichnet werden und wie sich die noch bestehenden Probleme lösen lassen.

Abgelehnte EU-Länder

Was geschieht mit EU-Ländern, die der Europäischen Währungsunion 1999 nicht beitreten?

Länder, die zum Zeitpunkt der abschließenden Prüfung im April/Mai 1998 die Stabilitätsbedingungen noch nicht erfüllt hatten (Griechenland) oder aus politischen Gründen noch nicht beitreten wollten (Großbritannien, Dänemark, Schweden), bleiben nicht auf Dauer ausgeschlossen. Sie können beitreten, sobald sie die vorgeschriebenen Bedingungen erfüllen. Eine Aufnahme neuer Mitglieder kann bei späteren Konvergenzprüfungen beschlossen werden. Diese sollen alle zwei Jahre stattfinden. Ein Beitritt ist aber auch zu einem früheren Zeitpunkt auf Antrag möglich, wenn die Stabilitätsbedingungen erfüllt sind.

Für die Länder, die (noch) nicht beitreten dürfen, wird eine dem jetzigen Europäischen Währungssystem (EWS) vergleichbare Lösung angestrebt, bei der der Euro die Rolle der Leitwährung übernimmt. Die nicht der Währungsunion angehörenden Staaten werden versuchen, den Kurs ihrer Währungen gegenüber dem Euro so stabil wie möglich zu halten, damit die wirtschaftlichen Beziehungen auch zu diesen EU-Staaten nicht nachhaltig gestört werden.

Abkürzung

Wie wird Euro offiziell abgekürzt?

Der Euro wird nach ISO-Norm 4217 (verwendet von Bundesbank, Börse, Devisenhandel) mit drei Buchstaben abgekürzt: **EUR**. Also vergleichbar mit DEM für deutsche Mark oder FRF für französische Francs. Allerdings gibt es eine Besonderheit: In der Regel stehen die ersten beiden Buchstaben immer für das jeweilige Land, der letzte für die Währung. Bei EUR stehen alle drei Buchstaben sowohl für das Land als auch für die Währung.

Das Statistische Bundesamt wird das Kürzel **EO** verwenden, vergleichbar mit DM. Welche Abkürzung sich für den Euro in den Zeitungen, Büchern usw. der verschiedenen Länder als Schreibweise durchsetzen wird, bleibt abzuwarten. Es spricht manches für das Kürzel EUR, weil sich EO nicht auf den ersten Blick aus der vollen Bezeichnung **E**UR**O** erschließt.

Abstimmungsprozedur

Wie wird darüber entschieden, welches Land der EWU beitreten kann?

Für die Auswahl der zum 1.1.1999 oder später beitrittsberechtigten Teilnehmer gibt es ein genau festgelegtes Verfahren. Entscheidend ist aber immer die Abstimmung im Rat der Staats- und Regierungschefs der Europäischen Union. Es wird keine Einstimmigkeit, sondern eine qualifizierte Mehrheit verlangt. Die einzelnen Mitglieder des Rates können bei derartigen Entscheidungen unterschiedliche Gewichte in die Waagschale werfen. Die Vertreter der großen Länder verfügen bei der Entscheidung über die Beitrittskandidaten im Rat über mehr Stimmen als die Repräsentanten der kleineren EU-Mitglieder.

Für eine qualifizierte Mehrheit sind 62 der insgesamt 87 Stimmen erforderlich. Nach dem EG-Vertrag sind die Stimmengewichte folgendermaßen verteilt:

Land	Anzahl der Stimmen
Deutschland	10
Frankreich	10
Großbritannien	10
Italien	10
Spanien	8
Belgien	5
Griechenland	5
Niederlande	5
Portugal	5
Österreich	4
Schweden	4
Dänemark	3
Finnland	3
Irland	3
Luxemburg	2

Die deutsche Bundesregierung war bei der Bewertung der Konvergenzkriterien und ihrem Abstimmungsverhalten 1998 nicht völlig frei. Sie mußte vielmehr ein Votum des Bundestages und des Bundesrates sowie einen Bericht der Bundesbank berücksichtigen, der ihr am 26. März 1998 vorgelegt wurde. Die Stellungnahme der Bundesbank fiel – mit kleinen Einschränkungen – positiv aus. Das Bundesverfassungsgericht wies alle Klagen von Euro-Gegnern als unzulässig ab. Bundestag und Bundesrat stimmten mit sehr großer Mehrheit zu. Am 1./2. Mai verkündete der EU-Ministerrat den Beginn der Währungsunion am 1. Januar 1999 mit elf Teilnehmern.

Abwarten bei Geldanlagen?

Es wird immer wieder geraten, mit Geldanlagen zu warten, bis Klarheit darüber herrscht, wie sich die Europäische Währungsunion entwickelt.

Das ist ein schlechter Rat. Denn Geld, das auf dem Sparbuch oder Girokonto liegt, bringt keine oder nur geringe Zinsen. Wer mit dem Abschluß von Lebensversicherungen oder Bausparverträgen nur deshalb wartet, weil er bis 2002 nichts unternehmen möchte, verliert wertvolle Ansparzeit. Umgekehrt ist es sehr gefährlich, nur deshalb in bestimmte Anlageformen zu flüchten, weil man Angst vor dem Euro hat. Denn Angst ist ein schlechter Ratgeber. Vor allem aber sollte man sich vor den Ratschlägen dubioser Anlageberater hüten, denn oft ist ein Totalverlust des eingesetzten Geldes die Folge.

Wer sich bei seinen Spar- und Anlageentscheidungen nicht anders verhält als sonst und vor allem keine Entscheidungen trifft, die nicht seinem normalen Sparverhalten, seiner individuellen Risikobereitschaft und seinem Kenntnisstand in Geldfragen entsprechen, ist am besten beraten. (Siehe auch Fluchtwährungen, Sachwerte usw.)

Achtung: Prüfen Sie bei allen Ratschlägen von Anlageberatern, ob es sich um seriöse Personen bzw. Unternehmen handelt. Besondere Vorsicht ist immer geboten, wenn eine Anlage im Ausland, der Kauf von Diamanten und Gold oder Warentermingeschäfte vorgeschlagen werden.

Abwertung

Wird der Übergang zum Euro international zu einer Abwertung der neuen Währung führen?

Darüber wird viel spekuliert. Eine verbindliche Antwort darauf ist aber nicht möglich. Die Kursentwicklung des Euro gegenüber Dollar, Yen und anderen Währungen wird in den nächsten Jahren davon abhängen, wie an den internationalen Devisenmärkten die innere Stabilität (Inflationsgefahr) dieser Währungen, die Entwicklung im Außenhandel (Leistungsbilanzen) und die Haushaltspolitik der Regierungen (öffentliche Verschuldung) eingeschätzt werden. Die neue Europäische Zentralbank wird sich ihren Ruf und ihre internationale Anerkennung ebenso wie früher die Bundesbank erst noch verdienen müssen. Das spricht dafür, daß sie auch aus diesem Grund eine sehr stabilitätsbewußte Politik verfolgen wird.

Weil man an den internationalen Finanzmärkten zunächst bestrebt sein wird, sich ein Bild davon zu verschaffen, wie energisch und geschickt die Europäische Zentralbank in Frankfurt ihre wichtigste Aufgabe, nämlich die Stabilitätspolitik, erfüllt, könnte es am Anfang möglicherweise zu einer gewissen Abwertung des Euro gegenüber dem Dollar kommen. Das würde dann die Exportwirtschaft freuen. Diese Abwertung könnte allerdings nur von kurzer Dauer sein. Beispiel: die deutsch-deutsche Währungsunion 1990. Auch damals hatten viele Fachleute angesichts der schwierigen und sehr kurzfristig durchgeführten Umstellung sowie der starken wirtschaftlichen Belastung der westlichen Bundesländer eine Destabilisierung und Abwertung der D-Mark erwartet. Genau das Gegenteil war schon nach kurzer Zeit der Fall.

Da Euro-Ängste und eine damit verbundene Kapitalflucht schon im Vorfeld der Währungsunion zum Anstieg des Dollarkurses 1997/98 beigetragen haben, kann es auch sein, daß – wie so oft an der Börse – eine gewisse Abwertung längst vorweggenommen ist. Ein Rückfluß dieser Gelder in die EWU könnte dann sogar zu einer Aufwertung des Euro führen. Mittelfristig wird das Kursverhältnis Euro/Dollar nahe bei 1:1 liegen.

Administrierte Preise

Was geschieht mit den staatlich beeinflußten Preisen bei der Umstellung auf Euro?

Grundsätzlich müssen alle Preise bei der Umstellung auf Euro auf die neue Währung umgerechnet werden. In Deutschland bedeutet das, daß sie etwa halbiert werden. Allerdings muß genau unterschieden werden, um welche Art von Preisen es sich jeweils handelt:

- Bei Marktpreisen (im Handel, in Restaurants, bei Grundstückskäufen, dem Erwerb von Gebrauchtwagen, der Buchung von Reisen) kann der Anbieter seine Forderung stellen. Der Käufer kann diese akzeptieren und bezahlen. Er kann aber auch darüber verhandeln oder zur Konkurrenz gehen. Daher wird hier der Wettbewerb dafür sorgen, daß die Umstellung auf Euro zu keiner allgemeinen Preiserhöhung (insbesondere im Einzelhandel) führt.
- Bei Vertragspreisen (wie Mieten, Pachten, abgeschlossenen Lieferverträgen, Versicherungen) muß pfennig- bzw. centgenau umgerechnet werden.
- Bei administrierten Preisen bestimmen Behörden über die Umrechnung. Hier gibt es keine Kontrolle durch den Wettbewerb.

Nirgendwo ist deshalb die Gefahr so groß, daß es im Zuge der Umstellung auf Euro zu Preiserhöhungen kommt, wie im Bereich der staatlich festgesetzten oder beeinflußten Preise. Denn wenn Bund, Länder und vor allem die Kommunen die Gelegenheit nutzen, um die von ihnen festgelegten Preise, Gebühren, Abgaben oder Bußgelder bei der Umstellung zu erhöhen, kann sie allenfalls der Zorn der Wähler daran hindern. Eine Kontrolle durch den Markt gibt es in den meisten Fällen nicht.

Müllabfuhr, Straßenreinigungsgebühren, Parkraumbewirtschaftung, Strafen für Falschparker – all das ist fest in staatlicher Hand. Niemand kann auf günstigere Anbieter ausweichen, wenn die Behörden zum Beispiel die Gebühren für die Zulassung von Kraftfahrzeugen nicht entsprechend dem geltenden Umtauschkurs Euro/D-Mark herabsetzen. Deshalb sind in D-Mark-Zeiten die staatlich beeinflußten oder administrierten Preise immer deutlich schneller gestiegen als die Marktpreise. Während zwischen 1991 und 1997 die Preise für die private Lebenshaltung insgesamt um knapp 16 Prozent stiegen, waren es bei den staatlich administrierten Preisen 21 Prozent. Da der Staat in Deutschland rund 30 Prozent aller Preise beeinflußt, die für die Lebenshaltung wichtig sind, ist diese behördliche Preistreiberei für die Verbraucher von besonderer Bedeutung.

Wichtig: Die Öffentlichkeit muß deshalb besonders darauf achten, daß „Vater Staat" nicht allen anderen anläßlich der Währungsumstellung Wasser predigt (doppelte Preisauszeichnung usw.), aber selbst Wein trinkt, indem Gebühren, Abgaben und Bußgelder beim Umrechnen in Euro kräftig aufgerundet werden.

Aktien

Schützt die Anlage in Aktien vor Verlusten bei der Umstellung auf Euro?

Grundsätzlich gilt: Der Kauf von Aktien muß vor allem und immer unter dem Gesichtspunkt geprüft werden, ob man als Sparer bereit ist, die damit verbundenen Risiken zu tragen. Die Geldanlage in Aktien bietet die Aussicht, oft deutlich höhere Gewinne zu erzielen als durch den Erwerb festverzinslicher Papiere oder gar bei der Anlage auf Sparbüchern. Aber dem steht stets ein entsprechendes Risiko gegenüber. Daran ändert sich durch die Währungsunion nichts.

Ob mit Blick auf die Umstellung von D-Mark auf Euro die Kurse steigen oder fallen, hängt nicht zuletzt davon ab, welche Erwartungen sich im In- und Ausland hinsichtlich des Erfolgs der Währungsunion bilden. Im Vorfeld der Währungsunion waren in allen beteiligten Ländern 1997/98 schon sehr deutliche Kurssteigerungen zu beobachten. Davon haben vor allem die Aktien jener Unternehmen profitiert, die durch die Währungsunion besonders große Vorteile haben. Bei den Anlegern im In- und Ausland hatte sich die Ansicht durchgesetzt, daß es für die vom Export abhängigen deutschen Unternehmen nur von Vorteil sein kann, wenn sie wenigstens innerhalb der Währungsunion vor Kursschwankungen sicher sind und überdies Transaktionskosten in Milliardenhöhe sparen, die mit dem Umtausch von Devisenerlösen verbunden sind.

Weitere Kurssteigerungen sind vor allem bei den Aktien solcher Unternehmen zu erwarten, die einen überwiegenden Teil ihrer Produkte oder Dienstleistungen in den Mitgliedsländern der EWU absetzen. Sie werden überdurchschnittlich von den wirtschaftlichen Vorteilen der Währungsunion profitieren. Das gilt nicht nur für deutsche Aktiengesellschaften, sondern ebenso für die Aktien von französischen, niederländischen, österreichischen oder belgischen Unternehmen, deren Hauptmärkte innerhalb des gemeinsamen Währungsgebiets liegen. (Mehr dazu unter Anlagestrategie.)

Alle Aktien werden vom ersten Börsentag (4.1.1999) an in Euro notiert (siehe Aktienfonds). Der bloße Wechsel von der D-Mark, vom Gulden oder vom Franc zum Euro beeinflußt den realen Wert von Aktien in keiner Weise. Zum Stichtag werden die Börsenkurse und Nennwerte von Aktien – ebenso wie Anleihen sowie alle anderen in Geld ausgedrückten Werte – durch einen einfachen Rechenvorgang in die neue Währung umgerechnet. An ihrem realen Wert oder der Kaufkraft ändert sich dadurch nichts. Es findet ein wertgleicher Umtausch statt. Das läßt sich auch an folgendem Beispiel erläutern: Ob das Gewicht eines Sacks Kartoffeln mit 50 Kilo oder 100 Pfund angegeben wird, ändert nichts am Inhalt, Gewicht oder Wert des Sacks.

In jedem Fall gilt: Bei Kauf oder Verkauf von Wertpapieren werden die entsprechenden Beträge bis zum Jahr 2002 immer in der Währung vom Konto abgebucht oder darauf gutgeschrieben, in der es geführt wird (in Deutschland also entweder in D-Mark oder Euro).

Hinweis: Beim Umrechnen der Aktienkurse von D-Mark in Euro oder umgekehrt beim Kauf und Verkauf von Aktien oder Anleihen muß immer mit dem vollen offiziellen Kurs gerechnet werden. Rundungen sind erst beim Endergebnis erlaubt. (Siehe dazu unter Aktiennotierung.)

Aktienfonds

Was ändert sich bei Aktienfonds?

Grundsätzlich wird ebenso verfahren wie bei Aktien: Die Anteile werden wertgleich in Euro umgerechnet. Bei einem Verkauf von Anteilen wird der Erlös in der Währung gutgeschrieben, in der das Konto geführt wird. Es kann bis 2002 auf D-Mark lauten.

Es ist damit zu rechnen, daß bei den Aktienfonds der Anteil der Branchenfonds zu Lasten der Länderfonds zurückgeht. Im einheitlichen europäischen Kapitalmarkt werden die Fondsmanager versuchen, diejenigen Unternehmen aufzuspüren, die am stärksten vom Euro profitieren. Die Struktur der Fonds wird sich dabei weniger am Dax und anderen nationalen Indizes ausrichten (oder ihren Erfolg daran messen). Vielmehr werden die in den europäischen Stoxx-Indizes vertretenen Werte berücksichtigt und zum Maßstab genommen.

Hinweis: Auch private Aktiensparer sollten die Stoxx-Werte verstärkt in ihre Überlegungen einbeziehen. Sie werden im einheitlichen europäischen Kapitalmarkt die führende Rolle spielen. Die Erfahrung zeigt, daß nicht nur Fonds-Manager, sondern auch private Käufer die Index-Werte bevorzugen. Das bedeutet: Hier liegt das größte Kurspotential.

Aktiennotierung

Ab wann werden Aktien in Euro gehandelt?

Am ersten Börsentag des Jahres 1999 wird an den deutschen Wertpapiermärkten ebenso wie an den meisten anderen europäischen Börsen die Kursnotierung auf Euro umgestellt. Dies geschieht nach dem Prinzip des wertgleichen Umtauschs. Am tatsächlichen Börsenwert der Aktien ändert sich dadurch nichts.

Für den Aktienbesitzer ergibt sich dadurch in der Übergangszeit eine merkwürdige Situation: An der Frankfurter (oder Düsseldorfer, Bremer, Berliner ...) Börse werden seine Papiere zwar in Euro notiert. Wenn er sie aber verkauft, erscheint auf seinem Konto eine entsprechende Gutschrift in D-Mark. Beispiel: Am letzten Börsentag im Dezember 1998 wurde eine XY-Aktie zum Kurs von 130 D-Mark erworben. Am ersten Börsentag des Jahres 1999 wird sie in Frankfurt bei ruhigem Geschäft mit 66,33 Euro notiert. Wenn der Anleger sich aus irgendeinem Grund entschließt, sofort wieder zu verkaufen, werden seinem Konto je Aktie wieder rund 130 D-Mark gutgeschrieben. (Natürlich wären in der Praxis noch Spesen usw. zu berücksichtigen.)

Obwohl ab 1. Januar 1999 die gemeinsame europäische Währung gilt, werden die meisten Privatpersonen in den einzelnen Mitgliedsländern zunächst noch das alte nationale Geld verwenden – nicht nur bei Barzahlungen, sondern auch als Kontowährung. Bei der Gutschrift werden dann bis ins Jahr 2002 hinein Euro immer noch in Mark, Francs oder Gulden umgerechnet. Allerdings kann sich jeder auch dafür entscheiden, sein Konto auf Euro umzustellen.

Hinweis: Da hier wie auch sonst überall das Prinzip des wertgleichen Umtauschs gilt, handelt es sich um einen reinen Rechenvorgang, bei dem niemand etwas gewinnt oder verliert. Beim Umrechnen der Aktienkurse von D-Mark in Euro (oder umgekehrt) im Zuge des Kaufs und Verkaufs von Aktien oder Anleihen muß immer mit dem vollen offiziellen Kurs gerechnet werden. Rundungen sind erst beim Endergebnis erlaubt. Dabei gilt: Es wird nicht jede einzelne Aktie umgerechnet und dann gerundet, sondern die Umrechnungsregeln werden auf das ganze Paket angewendet. Denn wenn sich beim Verkauf von tausend Aktien bei der Umrechnung des Euro-Kurses in D-Mark ein Betrag von 13,56332 D-Mark pro Stück ergibt und dann auf 13,56 abgerundet würde, wäre dies – auf das ganze Paket bezogen – ein Rundungsverlust von 3,32 D-Mark. Wird dagegen erst der Gesamterlös umgerechnet, ergibt sich eine Summe von 13.563,32, bei der überhaupt nicht gerundet werden müßte. Bei hundert Aktien ergibt sich ein Betrag von 1.356,342 D-Mark, aus dem durch Rundung eine Gutschrift auf dem Konto von 1.356,34 wird. Der Rundungs„verlust“ beträgt für den Kunden in diesem Fall 0,002 Pfennig.

Ergibt sich bei einem anderen Wertpapiergeschäft bei der Umrechnung ein Betrag von beispielsweise 857,27600 D-Mark, werden 857,28 D-Mark gutgeschrieben. Der „Gewinn“ beläuft sich dann auf 0,004 Pfennig. Ebenso wird bei der Umrechnung in Euro verfahren. Abgesehen davon, daß es sich um minimale Beträge handelt, heben sich Gewinne und Verluste im Laufe der Zeit gegenseitig auf.

Alte Banknoten

Soll man auch nach 2002 einige der alten nationalen Geldscheine und Münzen aufbewahren?

Bei jedem Umtausch alter gegen neue Münzen oder Geldscheine (der beispielsweise auch deshalb nötig werden kann, weil das bisher umlaufende Geld nicht ausreichend fälschungssicher war) kommen derartige Gerüchte auf. Das gilt sogar bei einer Währungsreform, dem Austausch wertlosen Geldes gegen eine neue Währung, wie dies nach der großen Inflation in Deutschland 1923 oder nach dem Zweiten Weltkrieg erforderlich war. Bei der Europäischen Währungsunion handelt es sich jedoch nicht um eine Währungsreform, sondern um einen wertgleichen Umtausch. Deshalb werden die alten nationalen Währungen und der Euro auch für einige Zeit parallel gelten. Von einem bestimmten Zeitpunkt im Jahr 2002 an verlieren die alten Scheine und Münzen aber ihre Funktion als gesetzliches Zahlungsmittel. Sie können zwar für praktisch unbegrenzte Zeit bei Banken oder Sparkassen und später bei den Landeszentralbanken zu einem festen Kurs in Euro umgetauscht werden. (Auch wer in 20 Jahren in einer alten Schublade noch D-Mark-Scheine findet, kann sie ohne Wertverlust gegen Euro eintauschen.) Gesetzliche Zahlungsmittel werden diese alten Banknoten aber nie wieder – selbst in dem rein theoretischen Fall nicht, daß die Währungsunion wieder aufgelöst würde.

Alte Geldscheine oder Münzen als Geldanlage über das Jahr 2002 hinaus aufzubewahren und darauf zu hoffen, daß sie später wieder gültig werden, ist deshalb sinnlos. Auch als Sammlerobjekte werden die meisten Münzen und Scheine nur einen sehr geringen oder gar keinen Wert haben. Das ist meist erst nach langer Zeit der Fall, wenn die Zahl der gut erhaltenen Exemplare alter Währungen sehr gering geworden ist. Selbst dann liegt der Sammlerwert aber meist weit unter dem Nennwert.

Beispiel: Viele der Geldscheine aus der Zeit der Hyperinflation der zwanziger Jahre in Deutschland mit Nennwerten in Milliarden- oder gar Billionenhöhe haben auch heute nur einen geringen Sammlerwert. Nur wer sehr seltene oder kuriose

Stücke (wie Holzgeld oder ähnliches) besitzt, kann manchmal bei Sammlern größere Summen dafür erlösen. Darauf kann keiner hoffen, der die jetzt geltenden Fünf-Mark-Stücke hortet oder noch alte, silberhaltige „Fünfer“ besitzt. Das gilt auch für die inzwischen nicht mehr gültigen D-Mark-Banknoten, welche in den vergangenen Jahren von der Bundesbank gegen neue Scheine eingetauscht wurden, die sich weniger leicht fälschen lassen. Allerdings können sie nach wie vor gegen neue Scheine umgetauscht werden.

Vorsicht: Oft wird behauptet, daß „nicht deklariertes Geld“ – auch „Schwarzgeld“ genannt – ersatzlos verfällt. Dies ist aber nur eine von vielen dubiosen Behauptungen, mit denen unseriöse Geschäftemacher auf Kundenfang gehen.

Alterseinkünfte

Was wird aus Renten und Pensionen in der Europäischen Währungsunion?

Grundsätzlich ändert sich durch den Euro für Ruheständler und ihre Bezüge nichts. Denn ähnlich wie alle anderen in Geld ausgedrückten Werte werden auch Renten und Pensionen wertgleich in Euro umgerechnet.

Bis zum Jahr 2002 werden die Ruhestandsbezüge auf Wunsch weiter in D-Mark auf dem eigenen Konto gutgeschrieben – selbst wenn die Rentenversicherungsträger vor dem endgültigen Abschied von der D-Mark die Zahlungen auf Euro umstellen sollten. Bei Betriebsrenten wird dies in vielen Fällen so sein.

Besonderheiten gilt es allerdings beim Rentenbezug im Ausland zu beachten. Das gilt sowohl für Rentenüberweisungen innerhalb der EWU als auch für ehemalige „Gastarbeiter“, die wieder in ihre Heimat zurückkehren. Die ausgezahlten Beträge werden zwar rein zahlenmäßig etwa halbiert. Eine reale Schmälerung ihrer Bezüge müssen diese Rentner aber ebensowenig befürchten wie Deutsche, die ihren Ruhestand jenseits der deutschen Grenzen genießen. (Näheres unter den blau markierten Stichworten.)

Altschulden

Siehe Bundesanleihen

Anlageberater

Immer wieder weisen Anlageberater in Anzeigen oder am Telefon auf die Risiken der Währungsunion hin und bieten „sichere Alternativen" an.

Wenn jemand mit diesem Argument in Anzeigen wirbt oder sogenannte Anlageberater gar am Telefon mit solchen Sprüchen kommen, sollten bei Ihnen sämtliche Alarmglocken läuten. Besonders die telefonische Anbahnung von Kundenkontakten läßt in der Regel vermuten, daß es sich um unseriöse Firmen und höchst riskante Geschäfte handelt. Das gilt auch für angebliche Kapitalmarktexperten, die sich die Angst vieler Sparer vor der Europäischen Währungsunion zunutze zu machen versuchen. Wenn ein Anlageberater verspricht, Ihr Geld vor dem Euro in Sicherheit zu bringen, hat er vor allem die eigenen Interessen im Sinn. Es muß sich dabei zwar nicht immer um unseriöse Angebote handeln. Manche Vertreter greifen nur nach diesem neuen und oft wirksamen Verkaufsargument, um ihre Versicherungen, Immobilien oder Steuersparmodelle leichter an den Mann oder die Frau zu bringen. Aber die Gefahr ist groß, daß eine wachsende Schar von Betrügern die mangelnde Information, Unsicherheit oder Angst vieler Sparer auszunutzen versucht, um im Trüben zu fischen.

Deshalb sollten Sie sich zur Regel machen, bei Angeboten dieser Art entweder gar nicht zu reagieren oder die Vorschläge von Fachleuten prüfen zu lassen.

Am besten aber ist es, wenn Sie Ihr Anlageverhalten überhaupt nicht ändern, sondern die Aktien oder Anleihen erwerben, die Sie auch sonst gekauft hätten. Ähnliches gilt für den Erwerb von Immobilien sowie für alle Geldanlagen in Dollar, Yen oder anderen sogenannten Fluchtwährungen. Auch die Inhaber von Gehaltskonten oder Sparbüchern sollten sich erst genau informieren, ehe sie sich zu unüberlegten – und damit meist falschen – Schritten verleiten lassen. Selbst wenn der Euro etwas weniger stabil sein sollte als die D-Mark, rechtfertigt das schließlich nicht die Flucht in riskante Geldanlagen. Denn ob der Euro inflationsanfälliger sein wird, als es die D-Mark unter den gleichen konjunkturellen Bedingungen wäre, kann niemand beweisen, sondern allenfalls befürchten. Im langjährigen Durchschnitt hatte die D-Mark eine durchschnittliche Inflationsrate von 3,5 Prozent. Selbst wenn die Mitte der neunziger Jahre sehr niedrige Geldentwertung von rund 1,4 beim Euro in den kommenden Jahren auf 2,5 oder 3 Prozent steigen sollte, wäre das wenig gegenüber den Wertverlusten, die bei einer Flucht in fremde Währungen möglich sind. Denn dabei können leicht zehn, 20 oder mehr Prozent pro Jahr verlorengehen (siehe Schweizer Franken).

Es wäre aber auch nicht das erste Mal, daß ein „Anlageberater", der sein Geschäft mit der Angst oder Profitgier mancher Anleger macht, mit der gesamten Kasse durchbrennt. Hunderte von Millionen D-Mark gehen jedes Jahr allein in Deutschland verloren, weil den zahlreichen Kapitalmarkt-Ganoven von leichtgläubigen Sparern Geld anvertraut wird oder weil nach Anlagemöglichkeiten für Schwarzgeld gesucht wird.

Deshalb verhalten Sie sich als Sparer und Anleger am besten nicht anders als sonst. Es gibt zwar – vor allem bei Aktien – viele interessante Möglichkeiten mit Blick auf die Umstellung auf den Euro und das Zusammenwachsen der Börsen. Aber wie bei allen derartigen Geschäften stehen den Gewinnmöglichkeiten entsprechend hohe Risiken gegenüber.

Anlagestrategie

Was können Sparer und Anleger mit Blick auf den Euro tun, um von der Währungsumstellung zu profitieren?

Eine für alle Sparer und Anleger gleichermaßen optimale Anlagestrategie gibt es nicht. Die Frage, wie und wo Geld am günstigsten angelegt wird, ist immer auch abhängig vom:

- persönlichen Risikoprofil,
- den verfügbaren Beträgen,
- den jeweiligen Anlagezielen
- dem Alter des Sparers,
- seiner steuerlichen Situation.

Wichtig ist auch, die verschiedenen Termine auf dem Weg zur Währungsunion und die damit verbundenen Fragestellungen und Veränderungen zu beachten. In bezug auf den Euro mußte im Vorfeld zunächst eine von persönlichen Erwartungen und Kenntnissen geprägte Einschätzung vorgenommen werden: Kommt er – kommt er nicht? Ist eine Verschiebung (und wie lange) wahrscheinlich? Wie werden die Einstiegskurse der Währungen festgesetzt? Wird es ein harter oder weicher Euro? Ab wann treten die ökonomischen Folgewirkungen der EWU ein? Wie wird sich der Kurs gegenüber Drittwährungen wie Dollar oder Schweizer Franken entwickeln? Welche Zinsstrukturen sind zu erwarten? Wie wird sich die gemeinsame Währung auf verschiedene Branchen und Unternehmen auswirken?

Auch wer schon längere Zeit davon ausging, daß der Euro kommt, muß sich mit den Folgen der verschiedenen Termine auf dem Weg bis zur vollständigen Umstellung auf die Gemeinschaftswährung für die Geld- und Kapitalmärkte im In- und Ausland auseinandersetzen:

Im April 1998 Berichte von EU-Kommission und EWI: Der Kreis der Teilnehmer zeichnete sich deutlich ab. Damit schränkte sich der seit Abschluß des Vertrags von Maastricht bestehende Spielraum für Kurs- und Zinsgewinne aufgrund von Spekulationen über sichere, wahrscheinliche oder eher chancenlose Beitrittskandidaten immer stärker ein. Wer zum Beispiel sehr früh Anleihen aus nord- und südeuropäischen Ländern (wie Irland, Finnland, Spanien, Portugal, Italien) gekauft hatte, konnte sich darüber freuen, daß diese Spekulation in der Regel aufgegangen war. Längerfristig kann aber immer noch spekuliert werden, ob und wann Griechenland, Großbritannien, Schweden und Dänemark beitreten. Wer allerdings zum Beispiel britische Wertpapiere kauft, muß sich Gedanken darüber machen, ob ein so hoher Kurs des Pfundes wie 1998 dauerhaft sein kann oder sich später wieder auf einem niedrigeren Niveau einpendeln könnte. Sonst entstehen beim Verkauf erhebliche Währungsverluste.

2./3. Mai 1998 Beschlüsse des Ministerrats (EcoFin) über die Beitrittsländer und das Verfahren, nach dem die Umtauschkurse der Währungen ermittelt werden, die ab 1999 unwiderruflich gelten. Die Spekulation über Gewinnmöglichkeiten mit Anleihen von EU-Ländern, deren Beitritt umstritten war, ist vorbei. Ausnahme: Geldanlage in den Ländern, die vielleicht später beitreten (Großbritannien, Schweden, Dänemark, Griechenland). Hier wird die Diskussion darüber immer wieder für Bewegung an den Märkten sorgen. Auch der Erfolg frühzeitiger Aktienkäufe im Hinblick auf besondere Kurschancen einzelner Unternehmen mit Blick auf den Euro kann jetzt mit größerer Sicherheit bewertet werden.

Anfang 1999 Einführung des Euro im *bargeldlosen* Verkehr: Nationale Währungen sind in der Übergangsperiode bis 2002 nur noch ein anderer Ausdruck für den Euro. Sie werden nicht mehr an den Devisenbörsen gehandelt. Dort kann nur noch Euro gegen Dollar, Yen und andere Drittwährungen gehandelt werden. Mit Derivaten, die an die alten Währungen der EWU-Teilnehmer anknüpfen, sind keine Geschäfte mehr zu machen. Frühere Spekulationen mit Währungen der Mitgliedsländer und mit Drittwährungen stellen sich als Erfolg oder Mißerfolg heraus. An den Wertpapierbörsen finden Notierungen nur noch in Euro statt (ab 4. Januar 1999). Für den Anleger wird das gesamte EWU-Gebiet endgültig zum „homemarket“.

Anfang 2002 Ausgabe von *Bargeld.* Alle bisher noch nicht umgestellten Anlagen (wie Sparbücher oder Konten) werden ebenfalls auf Euro umgeschrieben.

Obwohl grundsätzlich eine wertgleiche Umstellung auch bei allen Geldanlagen stattfindet, ergeben sich im Verlauf des Einführungsprozesses für Anleger interessante Möglichkeiten, von der Gemeinschaftswährung zu profitieren. Allerdings muß bei allen derartigen Überlegungen darauf geachtet werden, nur seriöse Ratschläge in die Überlegungen einzubeziehen und auf keinen Fall auf dubiose Angebote sogenannter Anlageberater einzugehen. Das gilt für eine Flucht in Schweizer Franken ebenso wie für nicht genügend durchdachte Geldanlagen in Dollar, für den Kauf von Gold oder für Warentermingeschäfte. Vorsicht auch bei Immobilienangeboten, wenn dabei „Euro-Angst“ geschürt wird. Solche Angebote sind oft unseriös.

Erhebliche Gewinne ließen sich zuvor durch den rechtzeitigen Kauf von Anleihen der damals noch unsicheren Beitrittskandidaten Irland, Spanien, Portugal, Italien oder Finnland erzielen. Das ist vorbei. Aber an den Wertpapiermärkten können Anleger immer noch von den durch den Euro ausgelösten Aktivitäten und den größeren Gewinnaussichten vieler Unternehmen profitieren:

In vielen EU-Ländern kann eine Anlagestrategie, die von den wirtschaftlichen Impulsen der Währungsgemeinschaft ausgeht, zu Ergebnissen führen, die günstiger sind als die Gesamtentwicklung des Marktes (gemessen am Dax, CAC oder entsprechenden Indizes). Dabei sollte der Sparer in Deutschland, den Niederlanden oder Frankreich vor allem auf die Branchen und Unternehmen achten, die vom Euro besonders profitieren, also exportstark und gut vorbereitet sind, oder die bis ins Jahr 2002 einen Auftragsschub infolge der Umstellung erwarten können (wie zum Beispiel Software-Häuser). Vor allem die im neuen europäischen Aktienindex Stoxx vertretenen Unternehmen werden in Zukunft im Blickfeld der Anleger stehen und daher überdurchschnittliche Kurschancen haben.

Aktienanlage

Wenn einzelne Unternehmen an den verschiedenen europäischen Börsen daraufhin untersucht werden, ob sie überdurchschnittliche Vorteile von der gemeinsamen Währung haben, zählen vor allem die folgenden Punkte:

- **Börsenphantasie** aufgrund möglicher Übernahmen, Fusionen, Zusammenschlüsse im nationalen oder europäischen Rahmen.
- Anteil der **Exporte** am gesamten Umsatz.
- Anteil der **EU-Exporte** am Gesamtexport.
- **Verflechtung** mit Zulieferern/Abnehmern innerhalb des Euro-Gebiets.
- Wegfall von **Wechselkursrisiken** (Kostenersparnis).
- Höhere **Wettbewerbschancen,** weil Exporte nicht mehr durch isolierte Aufwertungen verteuert werden. Das gilt vor allem für deutsche Unternehmen.
- Leichtere und günstigere **Kapitalbeschaffung** durch den ab 1999 weit größeren Kapitalmarkt.
- Auswirkung der Integration von Güter- und Kapitalmärkten auf die **Distribution**.
- Kostenvorteile für Unternehmen in ehemaligen **Hochzinsländern** durch die immer stärkere Zinsangleichung innerhalb des gemeinsamen Währungsraums.

Branchen, die gute Aussichten haben, überproportional zu profitieren, sind demnach:

- Telekommunikation
- Fahrzeugbau
- Maschinenbau
- Chemie
- Elektrotechnik
- Stahl
- Konsum/Nahrung
- Software-Anbieter.

Anlegerverhalten

Wie sollen sich Sparer und Anleger mit Blick auf die Europäische Währungsunion verhalten?

Es gibt sehr viele – darunter auch viele unseriöse – Ratschläge, wie sich Anleger mit Blick auf den Euro verhalten sollten. Dabei muß vor allem gewissen Anlageberatern mit dem größten Mißtrauen begegnet werden. Denn viele versuchen, Angst vor dem Euro zu schüren, um Kunden zu ködern, denen sie eine angeblich sichere und profitable Anlage ihrer Ersparnisse versprechen. Dabei werden besonders häufig Schweizer Franken oder der Dollar als Fluchtwährungen empfohlen. Aber auch der Kauf von Immobilien, von Diamanten oder Gold ist ein beliebter Ratschlag. In allen diesen Fällen muß sorgfältig geprüft werden, ob es sich um seriöse Angebote handelt und ob – selbst wenn dies der Fall zu sein scheint – die betreffende Geldanlage mit Blick auf das angestrebte Ziel überhaupt sinnvoll ist. Das ist bei Geschäften, die in Form von Kleinanzeigen angeboten werden, so gut wie nie der Fall. Auch bei Werbebriefen, telefonischen Offerten und Zeitungsanzeigen, in denen Ängste geschürt werden, um Kunden zu gewinnen, ist größte Vorsicht angebracht.

Da es sich beim Wechsel von der bisherigen nationalen Währung zum Euro um einen wertgleichen Umtausch handelt, sollte man sich nicht auf Geschäfte einlassen, von denen man nicht genügend versteht. Wer sein Anlageverhalten nur mit Blick auf den Euro grundlegend ändert und sich auf Spekulationen einläßt, deren Risiko er nicht übersieht, wird mit großer Wahrscheinlichkeit Verluste erleiden. Das gilt auch für den Kauf von anderen Sachwerten, der allein oder vorwiegend unter diesem Gesichtspunkt vorgenommen wird.

Ratschlag: Verhalten Sie sich als Sparer und Anleger so wie bisher. Wenn Sie auch schon früher Devisentermingeschäfte gemacht, Optionen gekauft oder an der Warenterminbörse in Chicago mit Schweinehälften oder Sojabohnen spekuliert haben, können Sie dies auch weiterhin tun. Wenn Sie aber mit solchen Geschäften keinerlei Erfahrung haben und auch nicht zu hochspekulativen Anlageformen und den damit verbundenen Risiken neigen, sollten Sie sich auf keinen Fall dazu überreden lassen.

Für Mißtrauische, die dem Wechsel von der D-Mark zum Euro mit großer Skepsis entgegensehen, aber auch nichts von den sogenannten Fluchtwährungen halten, sind zum Beispiel Bundesschatzbriefe eine gute Empfehlung.

Anleihen/Renten

Sind bei Anleihen Verluste zu erwarten, wenn der Euro kommt?

Anleihen oder Rentenpapiere werden an den Börsen weiterhin in Prozenten notiert. Daher ändert sich hier im Gegensatz zu Aktien nichts. Die Kurse werden weiterhin vor allem von der allgemeinen Entwicklung der Zinsen bestimmt.

Kauf und Verkauf werden aber vom ersten Börsentag des Jahres 1999 an in Euro abgewickelt. Solange Sie Ihr persönliches Konto noch in D-Mark führen (bis 2002 möglich), werden Ihnen die entsprechenden Beträge bei einem Kauf weiterhin in D-Mark abgebucht oder beim Verkauf gutgeschrieben. Wichtigster Unterschied: Der Rentenmarkt (also der Markt für festverzinsliche Wertpapiere) in Europa wächst mit einem Schlag in weit größere Dimensionen hinein. Das bietet sowohl den Anlegern als auch den Schuldnern größere Möglichkeiten als bisher.

Hinsichtlich der Nennbeträge und der späteren Einlösung bei Fälligkeit gilt: Alle Anleihen oder anderen festverzinslichen Wertpapiere werden wertgleich umgestellt. Das bedeutet, daß sowohl der Nominalbetrag als auch der Rückzahlungsbetrag mit dem für alle Geldwerte gleichen Umrechnungsfaktor umgestellt werden. Der Zinssatz dagegen bleibt unverändert.

Beispiel: Aus einer sechsprozentigen Anleihe über 1.000 D-Mark mit einem Kurswert von 1020 (102 Prozent) wird ein Börsenwert von 520,41 Euro, die Prozentnotierung aber bleibt unverändert 102. Bei Fälligkeit werden wahlweise 510,20 Euro oder 1.000 D-Mark auf dem Konto gutgeschrieben. Die Zinszahlung erfolgt in Euro. Aus dem überwiesenen Betrag von 30,61 Euro wird auf dem eigenen Konto eine Gutschrift in der gewohnten Höhe von 60 D-Mark. Das bleibt so bis zum Jahr 2002 – es sei denn, Sie stellen Ihr Konto schon früher auf Euro um.

Hinweis: Achten Sie darauf, daß mit den vorgeschriebenen Umrechnungskursen gearbeitet wird und die Rundungsregeln beachtet werden. Banken und Sparkassen arbeiten mit den korrekten Software-Programmen. Bei privaten Anlageberatern ist das nicht immer garantiert.

Anleihen in Euro

Seit wann können Anleihen erworben werden, die auf Euro lauten?

Anfang Februar 1997 hat die Europäische Investitionsbank (EIB) die erste auf Euro lautende Anleihe auf den Markt gebracht – ausgerechnet in London, obwohl die britische Regierung immer wieder erklärt hat, daß Großbritannien zumindest nicht zu den Mitgliedern der ersten Stunde zählen werde. Da es den Euro als Währung zu diesem Zeitpunkt aber noch nicht gab, mußte die Anleihe beim Kauf in der europäischen Recheneinheit ECU bezahlt werden. Auch die Zinszahlungen (5,25 Prozent) erfolgen bis zum Beginn der Währungsunion in ECU. Danach werden die Zinsen ebenso wie die Tilgung in Euro gezahlt. Mit Beginn der Währungsunion am 1. Januar 1999 wird die Anleihe automatisch 1:1 auf Euro umgestellt.

Ab Januar 1999 werden alte öffentliche Anleihen auf Euro umgestellt (Näheres unter Bundesanleihen). Neuemissionen von Bund, Ländern und Gemeinden lauten nur noch auf Euro. Bis 2002 können sie aber ohne Probleme auch von Sparern gekauft oder verkauft werden, die ihr Konto noch in D-Mark führen.

Arbeitsgruppe Euro

Welche Bereiche eines Unternehmens werden von der Umstellung auf den Euro berührt?

Darauf gibt es keine allgemeingültige Antwort, denn das hängt von der Größe und Struktur des Unternehmens ab sowie von den Gebieten, auf denen es tätig ist. Besonders wichtig ist natürlich auch, ob der Betrieb starke Außenhandelsbeziehungen hat, ob es Filialen oder Tochtergesellschaften in anderen Ländern gibt und welche Kunden oder Lieferanten ihren Sitz innerhalb oder außerhalb der künftigen Europäischen Währungsunion haben. Vor allem die Geschäftspartner in Drittländern müssen ausführlich über die Umstellung der Währung informiert werden, um so Mißverständnisse und Probleme zu vermeiden. Von der Umstellung betroffen sind aber auch Unternehmen, die nur für den nationalen oder regionalen Bereich tätig sind. Sie müssen interne Vorbereitungen treffen, wie etwa sich Gedanken darüber machen, wann sie Rechnungen, Lohnzahlung usw. auf Euro umstellen.

Bereits 1998 bekamen viele kleine und mittlere Betriebe Briefe von ihren großen Lieferanten oder Kunden, die etwa so lauteten: „Wir freuen uns auf den Euro und möchten, daß Sie sich mit uns freuen." Damit wurde dem Gesprächspartner ziemlich unverblümt mitgeteilt, daß man sich von ihm ebenfalls eine frühzeitige Umstellung erwartet. Wer das nicht schafft, weil zu spät damit begonnen wurde, könnte erhebliche Wettbewerbsnachteile haben.

Deshalb empfiehlt es sich, in kleineren Betrieben die Umstellung zur Chefsache zu machen, einen Euro-Beauftragten zu ernennen und bereichsübergreifende Arbeitsgruppen zu bilden, die alle Tätigkeitsgebiete daraufhin abklopfen, ob und in welcher Form sie von der Umstellung berührt werden, welche Aufgaben sich daraus ergeben und wie offensichtliche Probleme zu lösen sind.

Von der Lohn- und Gehaltsbuchhaltung über die Kalkulation bis hin zum Vertragswesen sind alle Aufgabenbereiche betroffen, in denen Geldgrößen eine Rolle spielen. Das gilt für die Bilanz, für Preislisten, Rechnungserstellung und Bankbeziehungen ebenso wie für die Umstellung vieler Programme in der EDV oder die Umrüstung der Kassen. Deshalb ist es wichtig, eine Checkliste zu erarbeiten, einen Zeitplan aufzustellen und einen Verantwortlichen (den Euro-Beauftragten) zu ernennen, der die verschiedenen Aktivitäten koordiniert und die fristgerechte Umsetzung der Planungen überwacht.

Besonders wichtig ist eine frühzeitige und ausreichende Schulung der Mitarbeiter, deren Aufgabenbereiche von der Umstellung berührt werden. Sorgfältig vorbereitet werden muß aber auch die rechtzeitige Information aller anderen Beschäftigten darüber, wann und wie sich der Übergang zur europäischen Währung im Betrieb für sie auswirkt. Denn spätestens wenn es um die Lohn- und Gehaltsabrechnung geht, ist jeder Arbeitnehmer betroffen. Durch eine ausreichende Aufklärung darüber, daß eine Umrechnung der Löhne und Gehälter in Euro zwar zu nominal deutlich niedrigeren Auszahlungsbeträgen führt, aber mit keinerlei realen Einbußen verbunden ist, sollte Irritationen, Ängsten und einer dadurch möglicherweise ausgelösten Störung des Betriebsfriedens vorgebeugt werden.

Zu den wichtigsten Aufgabengebieten der Arbeitsgruppen muß es gehören, neben einer Definition der Bereiche, die von der Umstellung berührt werden, immer auch zu prüfen, welche Vorteile und Chancen die EWU für das eigene Unternehmen bieten könnte. Denn hier gilt die Regel: Wer zuerst kommt, mahlt zuerst. Wer sich erst spät mit den neuen Möglichkeiten beschäftigt, wird wahrscheinlich nur noch registrieren können, daß die Konkurrenz nicht so lange geschlafen hat.

Arbeitsplätze

Werden durch die Einführung des Euro zusätzliche Arbeitsplätze geschaffen?

Das wird zwar gelegentlich von Befürwortern der Europäischen Währungsunion behauptet, ist aber keineswegs sicher. Als sicher gilt nur, daß die EWU bessere Voraussetzungen für eine erfolgreiche Arbeitsmarktpolitik schaffen kann, weil währungsbedingte Kosten (Transaktionskosten) wegfallen. Außerdem besteht nicht mehr die Gefahr, daß Erfolge von Rationalisierung, Qualitätsverbesserung und Kostensenkung in den Unternehmen durch eine Aufwertung der D-Mark über Nacht zunichte gemacht werden. Dadurch verbessern sich vor allem für die deutsche Wirtschaft die Wettbewerbsbedingungen innerhalb des EWU-Gebiets.

Aufwertungen gegenüber wichtigen Währungen (wie Dollar oder Yen) treffen in Zukunft auch nicht mehr allein die deutsche Wirtschaft. Wenn der Euro im Kurs steigt, sind davon alle EWU-Mitglieder beim Export gleichermaßen betroffen. Das bedeutet dann ebenfalls gleiche Bedingungen im Wettbewerb und führt nicht mehr wie in der Vergangenheit zu einer einseitigen Belastung der in Deutschland ansässigen Unternehmen. Hilfreich könnte auch sein, daß die nationale Lohnpolitik noch mehr als in der Vergangenheit darauf achten muß, daß die Wettbewerbsfähigkeit der Unternehmen erhalten bleibt.

Bei Investitionsentscheidungen ausländischer Gesellschaften, aber auch deutscher Unternehmen hat der Standort Deutschland nicht mehr das Etikett „aufwertungsverdächtig". Das kann dann häufiger als in der Vergangenheit wieder zu einer Entscheidung für eine Investition am Standort Deutschland führen.

Insofern verbessern sich einige der Voraussetzungen für die Schaffung neuer Arbeitsplätze oder den Erhalt der bestehenden Jobs. Aber das alles kann nicht die erforderlichen Reformen ersetzen: den Abbau der in Deutschland besonders hohen Lohnnebenkosten, Steuerreformen, die Vereinfachung der Genehmigungsverfahren, den Umbau des Systems der sozialen Sicherheit, Förderung von Forschung und Innovation, Modernisierung des Bildungs- und Ausbildungswesens usw. Viele der europäischen Partnerländer haben diese und andere Maßnahmen schon in den achtziger Jahren eingeleitet.

Aufwertung

Kann es auch in Zukunft noch zu starken Aufwertungen kommen?

Bei einer einheitlichen europäischen Währung gibt es auf dem Binnenmarkt – ebenso wie heute innerhalb der Bundesrepublik oder etwa auf dem Binnenmarkt der USA – keine Kursausschläge mehr. Die deutsche Wirtschaft gerät somit nicht mehr unter einen so massiven Anpassungsdruck wie in der Vergangenheit, der zu Exporteinbußen oder zur Verlagerung von Arbeitsplätzen in Länder mit weniger hoch bewerteten Währungen führt.

Auf- oder Abwertungen des Euro gegenüber Drittländern treffen nach Eintritt in die Währungsunion alle beteiligten EU-Länder gleichermaßen. Eine Höherbewertung der gemeinsamen Währung hat aber keine Wirkung mehr auf den Warenaustausch innerhalb der EWU. Das bedeutet aus deutscher Sicht: Über die Hälfte aller deutschen Exporte und Importe werden von Wechselkursveränderungen nicht mehr berührt, da der europäische Binnenmarkt davor ebenso geschützt ist wie der Handelsverkehr innerhalb des Dollarraums.

Ausländische Aktien

Kann der Kauf ausländischer Aktien vor Euro-Risiken schützen?

Im Prinzip ist es hier nicht anders als bei deutschen Aktien. Allerdings kommt es bei ausländischen Werten zunächst darauf an, ob Aktien von Unternehmen erworben werden, die innerhalb oder außerhalb der Währungsgemeinschaft angesiedelt sind.

Grundsätzlich gelten hinsichtlich der Risiken und Gewinnaussichten beim Aktienkauf im Ausland die gleichen Überlegungen wie beim Kauf deutscher Aktien. Wenn es sich um Papiere aus einem der anderen Beitrittsländer handelt, werden sie ebenso wie deutsche Aktien zum Stichtag (4.1.1999) wertgleich – also ohne Verlust an Kaufkraft – auf die neue Währung umgestellt: Die Aktienkurse und Nennwerte werden am Stichtag mit einem vorher festgelegten Umrechnungsfaktor in Euro umgewandelt.

Wenn es sich um Aktien von Unternehmen handelt, die außerhalb des neuen europäischen Währungsgebietes angesiedelt sind, besteht immer ein Wechselkursrisiko. Wenn der Wechselkurs der Währung steigt, in der die Aktien notiert werden, kann dies zu einem zusätzlichen Gewinn führen. Wenn diese Währung (zum Beispiel Franken, Yen, US- oder australischer Dollar) an den Devisenbörsen im Kurs fällt, schmälert dies den möglichen Gewinn bzw. erhöht den Verlust aus dem Aktiengeschäft.

Beispiel: Sie kaufen US-Aktien im Wert von 1.000 Dollar. Dafür müssen bei einem Wechselkurs von beispielsweise 1,80 D-Mark je Dollar 1.800 D-Mark aufgebracht werden (oder etwa 918 Euro). Wenn jetzt der Kurs der Aktien um zehn Prozent steigt, können Sie beim Verkauf 1.100 Dollar kassieren. Das entspricht einem Gewinn von zehn Prozent. Sollte inzwischen der Dollarkurs auf 1,60 D-Mark gefallen sein, erhalten Sie beim Umtausch in Mark aber nur 1.760 D-Mark gutgeschrieben (oder 897 Euro). Der erhoffte Gewinn verwandelt sich wegen des gefallenen Dollarkurses daher in einen Verlust von 40 D-Mark oder vier Prozent des eingesetzten Kapitals. Der Währungsverlust hat den Börsengewinn aufgezehrt. Umgekehrt wäre es, wenn in der Zwischenzeit der Dollarkurs auf 1,85 gestiegen wäre. Dann würde der Umtausch in Mark 2.035 D-Mark einbringen (oder 1.038 Euro). Der Gesamtgewinn für den Spekulanten würde bei 13 Prozent des eingesetzten Geldes liegen.

Wechselkursgewinne oder -verluste wirken also entweder wie Verstärker oder Dämpfer auf die an der Börse erzielten Resultate. Daran ändert sich durch die Umstellung auf Euro nichts.

Bei der Geldanlage in Aktien muß stets die folgende Überlegung im Vordergrund stehen: Wird sich das Unternehmen, dessen Aktien man erwirbt, aufgrund seiner Geschäftspolitik oder der allgemeinen Konjunktur positiv oder negativ entwickeln? Wird es davon profitieren oder darunter leiden, daß es innerhalb oder außerhalb der künftigen Europäischen Währungsunion steht? Und wie immer beim Kauf ausländischer Wertpapiere muß das doppelte Risiko ins Kalkül einbezogen werden: das Kursrisiko an der Börse und das Risiko beim Wechselkurs.

Diese Überlegungen sind vor allem dann wichtig, wenn dubiose Anlageberater Sie mit Bemerkungen über Gefahren, die dem Ersparten bei der Umstellung auf Euro drohen könnten, zu bestimmten Geldanlagen zu überreden versuchen.

Deshalb der Rat: Verhalten Sie sich bei allen Anlageentscheidungen so, wie Sie es immer getan haben. Wer sich aus Angst vor dem Euro zu Spekulationen überreden läßt, die er sonst nie erwägen würde, geht ein hohes Risiko ein.

Ausländische Anleihen

Ist es sinnvoll, Geld in ausländischen Anleihen anzulegen?

Hier mußte ebenso wie bei Aktien im Vorfeld der Währungsunion zunächst unterschieden werden, ob es sich um eine Anlage innerhalb oder außerhalb des künftigen gemeinsamen Währungsgebietes handelt. Damit begann die Spekulation bereits. Nachdem der Ministerrat festgelegt hat, welche Länder aus dem Kreis der EU-Staaten die Konvergenzkriterien erfüllen, herrscht in diesem Punkt aber Gewißheit.

Bei Anleihen aus Ländern, die mit Sicherheit nicht der Europäischen Währungsunion beitreten (wie die Schweiz, die USA, Japan, Australien oder Brasilien), muß zunächst geprüft werden, wie hoch das Risiko ist, sein Geld vom jeweiligen Schuldner überhaupt zurückzubekommen. Je exotischer das Land oder das Unternehmen ist, um so höher sind in der Regel die Zinsen – aber auch das Risiko. Anschließend sollte überlegt werden, wie hoch das Wechselkursrisiko angesichts der Stabilität der jeweiligen Währung einzuschätzen ist. Denn wenn die Gefahr besteht, daß die Fremdwährungsanleihe in einem Geld zurückgezahlt wird, das gegenüber der Euro-Währung abgewertet wird, droht ein Verlust (siehe Beispiele unter Ausländische Aktien).

Interessant war die Geldanlage in einem Land mit hohen Zinsen, solange noch nicht klar war, ob es im ersten Anlauf in die Europäische Währungsunion aufgenommen würde. Der hohe Zinssatz bleibt bis zur Fälligkeit der Anlage erhalten. Das führte auch zu entsprechenden Kursgewinnen. Auf diese Art konnten sich deutsche Anleger einen höheren Ertrag sichern, als er zur gleichen Zeit in der Bundesrepublik zu erzielen war.

Hinweis für Spekulanten: Die Wertpapiermärkte künftiger Beitrittskandidaten bieten oft besondere Chancen für risikobereite Anleger. Das gilt auch für Griechenland.

Auslandskonten

Was geschieht mit Konten bei ausländischen Banken nach Einführung des Euro?

Das hängt von der Art des Kontos, dem Land, in dem es geführt wird, und den Wünschen des Kontoinhabers ab. Denn grundsätzlich ist es möglich, bei einer ausländischen Bank ein Konto in der jeweiligen Landeswährung, in D-Mark oder in einer Drittwährung zu führen. (Es sei denn, die jeweiligen Landesgesetze lassen dies nicht zu.) Überdies muß unterschieden werden, ob die Bank innerhalb oder außerhalb der EWU ihren Sitz hat.

Innerhalb des Euro-Gebiets: Bei einer Bank, die in einem der Länder ansässig ist, die der Europäischen Währungsunion angehören, konnte vor Einführung des Euro ein Konto geführt werden, das entweder auf Landeswährung, auf D-Mark oder auf eine Drittwährung (wie Dollar, Schweizer Franken oder Yen) lautete. Wenn es in einer der EWU-Währungen geführt wurde (wie D-Mark, Gulden, Franc, Schilling), wird es spätestens im Jahr 2002 auf Euro umgestellt – es sei denn, der Kunde wünscht ausdrücklich, daß es in Zukunft auf eine Drittwährung lautet. Wenn es aber bereits jetzt auf Dollar, Yen oder eine andere Drittwährung lautet, kann alles so bleiben, wie es ist.

Außerhalb des Euro-Gebiets: Wenn die Bank ihren Sitz in einem Drittland (wie USA, Kanada, Schweiz, Australien) hat, kann ein auf Landeswährung lautendes Konto unbegrenzt in der bisherigen Form weitergeführt werden. Lautet es dagegen auf eine der Währungen, die im Euro aufgehen, muß der Kontoinhaber sich spätestens im Jahr 2002 entscheiden, ob es auf Euro lauten oder in die jeweilige Landeswährung bzw. eine Drittwährung umgewandelt werden soll.

Bei der Umwandlung der auf einem Konto stehenden Beträge wird jeweils der geltende Kurs angewendet – bei Umwandlung in Euro also die unwiderruflich fixierten Umtauschkurse; bei Umtausch in eine Drittwährung der an diesem Tag geltende Devisenkurs.

Ausstieg aus der Währungsunion

Wäre es für Deutschland möglich gewesen, vor 1999 aus der Währungsunion auszusteigen?

Das wäre ein glatter Vertragsbruch gewesen. Wenn Deutschland oder ein anderes EU-Land trotz der seit langem vorliegenden Zustimmung aller zuständigen Verfassungsorgane einen unterschriebenen Vertrag wieder zerreißt, obwohl die Konvergenzkriterien erfüllt wurden, hätte das seinem Ruf als zuverlässiger Partner dauerhaft geschadet. Wer in der Welt soll sich dann in Zukunft noch auf deutsche Zusagen verlassen, wenn nicht einmal feierlich beschworene und von Bundestag und Bundesrat mit überwältigender Mehrheit bzw. einstimmig gebilligte Verträge eingehalten werden? Überdies wäre eine schwere Krise der EU die Folge gewesen, die sich auch für die deutsche Wirtschaft sehr negativ ausgewirkt und viele Arbeitsplätze gekostet hätte.

Neben den politischen Folgen ist nämlich zu bedenken, wie viele Millionen Arbeitsplätze bei uns und in den anderen Ländern von einem funktionierenden Handel innerhalb der Gemeinschaft abhängen. Schließlich geht mehr als die Hälfte aller deutschen Exporte in EU-Länder. Bei einzelnen – für die Beschäftigung besonders wichtigen Industriezweigen – ist der Anteil bei rund 60 Prozent. So lieferte zum Beispiel die chemische Industrie 58 Prozent ihrer über 100 Milliarden Mark umfassenden Ausfuhren in EU-Länder. Zum Vergleich: Nur acht Prozent gehen nach Asien, sechs Prozent nach Osteuropa.

Dazu käme, daß wir wegen einiger Stabilitätsbedenken auf alle Vorteile verzichtet hätten, die mit der Bildung eines einheitlichen europäischen Währungsraumes verbunden sind.

Austritt aus der Währungsunion, späterer

Kann Deutschland oder ein anderes Land später wieder aus der Währungsunion austreten?

Der Vertrag von Maastricht über die Schaffung einer gemeinsamen europäischen Währung sieht dies ebensowenig vor wie alle anderen europäischen Verträge. Sie sind „auf ewig" geschlossen.

Zwar hat die Geschichte gezeigt, daß auch Verträge ohne Kündigungsklausel einmal überholt sein können und dann selbst staatliche Gebilde, wie zum Beispiel die ehemalige Sowjetunion oder das frühere Jugoslawien, fast über Nacht zerbrechen können. Aber das ist meist die Folge schwerer Krisen oder von Bürgerkriegen.

Aus heutiger Sicht ist ein Auseinanderbrechen der EU oder der Währungsunion eine ebenso theoretische Frage wie der Austritt eines Landes wie Niedersachsen aus der Bundesrepublik oder von Kalifornien aus den Vereinigten Staaten von Nordamerika.

Automaten

Können alle Münz- und Geldautomaten auf die Euro-Münzen umgestellt werden?

Millionen von Automaten in den teilnehmenden Ländern müssen auf die neuen Euro- und Cent-Münzen umgerüstet werden. Das wird allerdings vor dem Jahr 2002 nicht in großem Umfang nötig sein, weil erst dann die bisherigen Centimes, Groschen, Markstücke usw. abgelöst werden. Dies gilt sowohl für Geldausgabe- und Geldwechselgeräte als auch für die Zahlautomaten zum Kauf von Fahrkarten, Parktickets, Getränken und Briefmarken sowie für die zahlreichen Spielautomaten. Allein in Deutschland wird die Zahl der „Groschengräber" auf 3,2 Millionen geschätzt.

Die Umrüstung ist allerdings in vielen Fällen kein besonders schwierig zu lösendes Problem. Denn die Hersteller, die ihre Automaten in der Regel auch für den

Export produzieren, müssen bereits jetzt dafür sorgen, daß die Geräte leicht auf unterschiedliche Münzen oder Scheine umzurüsten sind. Bei den elektronischen Münzprüfgeräten ist die Umstellung jedoch einfacher als bei mechanischen Vorrichtungen. Viele der alten Geldausgabegeräte der Banken und Sparkassen lassen sich überhaupt nicht auf die neuen Euro-Scheine umstellen.

Da ab dem Jahr 2002 weniger unterschiedliche Münzen im Umlauf sind, wird es für Hersteller und Betreiber von Automaten durch die Umstellung auf einheitliche Zahlungsmittel innerhalb der EWU später sogar leichter. Überdies ist damit zu rechnen, daß bis dahin der bargeldlose Zahlungsverkehr noch mehr an Bedeutung gewonnen hat. Bereits heute kann das „Plastikgeld" vielfach schon an Parkscheinautomaten, zum Fahrscheinkauf und bei vielen ähnlichen Geräten verwendet werden. Auch beim Telefonieren hat die Chip-Karte in fast allen Ländern der EU die Münzen in sehr kurzer Zeit nahezu vollständig verdrängt.

Banknoten

Wie werden die Euro-Scheine gestückelt sein, und wann werden sie in Umlauf gesetzt?

Das Europäische Währungsinstitut (als Vorläufer der Europäischen Zentralbank) hat im Dezember 1996 die ausgewählten Entwürfe für die künftigen Geldscheine und die dafür gewählten Farben vorgestellt. Danach wird es geben:

Fünfer (Grundfarbe: grau)
Zehner (rot)
Zwanziger (blau)
Fünfziger (orange)
Hunderter (grün)
Zweihunderter (braun)
Fünfhunderter (lila).

Spätestens am 1. Januar 2002 wird mit der Ausgabe der neuen Scheine und Münzen (Euro und Cent) begonnen. Nach maximal sechs Monaten muß der wertgleiche Umtausch auch beim Bargeld abgeschlossen sein. Dann verlieren die alten nationalen Währungen ihre Funktion als gesetzliche Zahlungsmittel. Das ist aber nur noch ein formaler Vorgang. Da ihre Wechselkurse untereinander und zum Euro schon ab 1. Januar 1999 unwiderruflich festgelegt sind, werden sie von da an nur noch eine andere Ausdrucksform (Fachausdruck: Nichtdezimale Denomination) der Gemeinschaftswährung Euro sein.

Die Vorbereitungszeit bis zum Umtausch auch des Bargeldes ist deshalb so lang, weil sehr große Mengen an Papier- und Münzgeld produziert und ausgewechselt werden müssen. Insgesamt sind in der EU 12,7 Milliarden Geldscheine im Umlauf. Allein in Deutschland müssen mehr als 2,5 Milliarden Banknoten umgetauscht werden. Würden alle Euro-Münzen, die allein in Deutschland benötigt werden, in einen einzigen Güterzug verladen, hätte er eine Länge von Berlin bis Hannover.

Banknotenproduktion

Wann und wo werden die neuen Euro-Scheine hergestellt?

Vorgestellt wurden die Entwürfe für die neuen Banknoten im Dezember 1996 vom Europäischen Währungsinstitut (EWI). In den sechs Monaten danach wurden die Entwürfe überarbeitet und mit allen erforderlichen Sicherheitsmerkmalen versehen.

Anschließend wurden die Druckvorlagen und Druckplatten hergestellt. Das nahm wegen der hohen Anforderungen an die Sicherheit und Fälschungssicherheit rund ein Jahr in Anspruch. Um Fälschern das Handwerk so schwer wie möglich zu machen, werden die Euro-Noten neben Wasserzeichen und Sicherheitsfäden auch fluoreszierende Fasern und Folien enthalten, die Licht reflektieren.

Im Jahr 1998 konnte die eigentliche Produktion beginnen. Daran sind alle 15 Geldnotendruckereien in der EU beteiligt. In Deutschland wird dies neben der Bundesdruckerei in Berlin das Privatunternehmen Giesecke & Devrient in München sein.

Bankverbindungen

Kann nach der Einführung des Euro die Zahl der Bankverbindungen verringert werden?

Diese Frage ist vor allem für Unternehmen interessant, die in mehreren EU-Ländern engagiert sind. Sofern diese Länder dem europäischen Währungsgebiet beitreten, wird es oft nicht mehr erforderlich sein, dort jeweils eine eigene Bankverbindung zu unterhalten. In der Bundesrepublik muß schließlich auch nicht in jedem Bundesland, in dem ein Unternehmen Kunden oder Lieferanten hat, eine eigene Bankverbindung bestehen. Da überall mit einer Währung gezahlt und gerechnet wird, reicht oft eine Bank oder Sparkasse, bei der die Konten geführt werden, und es gibt auch keine Wechselkursrisiken oder größeren Zinsunterschiede mehr. Überall in der EWU wird mit gleicher Münze gezahlt. In der Übergangszeit bis 2002 können auch von Konten, die noch auf nationale Währung lauten, Euro-Beträge überwiesen werden.

Folglich kann der Euro dazu führen, daß manches Konto in Nachbarländern aufgelöst wird. Die dadurch bewirkte Konzentration im Bereich der Bankverbindungen wird wiederum den Wettbewerb der Banken um die Kunden verstärken.

Basiszins

Welche Bedeutung hat dieser Zinssatz?

In vielen Verträgen wird der Diskontsatz der Deutschen Bundesbank als Bezugsgröße für variable Zinsen und andere Vereinbarungen verwendet. Diesen Diskontsatz gibt es ab 1999 nicht mehr. Deswegen hat die Bundesregierung im Euro-Einführungsgesetz für die Zeit bis zum 31. Dezember 2001 eine Ersatzlösung geschaffen, den **Basiszinssatz**.

Im Gesetz heißt es dazu: „Basiszinssatz ist der am 31. Dezember 1998 geltende Diskontsatz der Deutschen Bundesbank. Er verändert sich mit Beginn des 1. Januar, des 1. Mai und 1. September eines jeden Jahres, erstmals mit Beginn des 1. Mai 1999 um die Prozentpunkte, um welche die gemäß Absatz 2 zu bestimmende Bezugsgröße seit der letzten Veränderung gestiegen oder gefallen ist.“ Das gilt nicht, wenn sich die Bezugsgröße um weniger als 0,5 Prozentpunkte verändert hat.

Im Klartext heißt dies, daß die dafür maßgebliche Bezugsgröße das geldpolitische Steuerungselement der Europäischen Notenbank ist, das dem bisherigen Diskontsatz der Bundesbank am nächsten kommt. Da dies bei Verabschiedung des Gesetzesentwurfs der Bundesregierung noch nicht feststand, wurde diese etwas umständliche Umschreibung gewählt.

Bausparen

Ändern sich die Guthaben oder die Konditionen von Bausparverträgen beim Übergang zum Euro?

Hier gilt, was für alle anderen Guthaben zutrifft: Am 1. Januar 1999 ändert sich am Kontostand zunächst nichts, da im privaten Bereich und bei den meisten Unternehmen weiterhin mit D-Mark gerechnet wird. Für die meisten Bürger findet die Umstellung erst im Jahr 2002 statt. Erst dann werden bei Bausparverträgen ebenso wie bei allen anderen Konten die Beträge mit einem festen Umrechnungsfaktor auf die Euro-Währung umgeschrieben. Wenn auf einen Bausparvertrag über 40.000 D-Mark bereits 24.045 D-Mark eingezahlt wurden, dann ergeben sich daraus beispielsweise eine Vertragssumme von 20.400,16 Euro und ein Guthaben von 12.267,86 Euro. Dies zeigt, daß nicht nur das Guthaben in Euro gerechnet optisch niedriger wird, sondern auch die Vertragssumme. Da gleichzeitig aber auch die Grundstückspreise, die Löhne der Handwerker usw. mit dem gleichen Faktor umgerechnet werden, bleibt der reale Wert der Vertragssumme und des bereits angesparten Betrages unverändert. Es gilt hier wie überall das Prinzip des wertgleichen Umtauschs. Die Umstellung wird nach Aussage der Bausparkassen gebührenfrei vorgenommen.

Selbstverständlich ändert sich auch an den Konditionen des Bausparvertrages nichts. Alle Termine, Zinsen und die übrigen vertraglichen Abmachungen bleiben bestehen. Vor allem bleibt der Anspruch des Bausparers auf ein konstant niedrig verzinstes Darlehen, das von der aktuellen Zinsentwicklung am Kapitalmarkt nicht berührt wird. Es gibt daher auch keinen Anlaß, Bausparverträge später abzuschließen oder nur mit Blick auf den Euro die Bausparsumme zu erhöhen oder gar den Vertrag zu kündigen.

Einige Bausparkassen (wie Schwäbisch Hall und LSB Württemberg) haben schon frühzeitig erklärt, daß sie centgenau umrechnen werden. Bei anderen wurde überlegt, ob den Kunden eine Auf- oder Abrundung auf volle Tausender (wie sonst allgemein bei Vertragsabschlüssen üblich) angeboten werden soll. Darauf muß sich aber niemand einlassen – und sollte es auch nicht tun, wenn damit zusätzliche Kosten verbunden sind.

Die privaten Bausparkassen haben bereits 1998 erklärt, daß sie die Konten ihrer Kunden kostenlos auf Euro umstellen. Bis 2002 können die Kunden wählen, welche Währung sie nutzen wollen, und auch ihre Einzahlungen wahlweise in Euro oder D-Mark vornehmen. Umrechnungsspesen entstehen dabei nicht.

Hinweis: Wer nach 1999 einen Bausparvertrag abschließt, sollte dies in Euro tun. Dann ergeben sich bei der Umrechnung (spätestens im Jahr 2002) keine „krummen“ Beträge bei der Vertragssumme und den Ratenzahlungen.

Achtung: Wenn Ihnen Vertragsanpassungen angeboten werden, um krumme Summen zu glätten, müssen Sie darauf bestehen, daß sich an den sonstigen Konditionen nichts zu Ihren Ungunsten ändert. Das gilt insbesondere für die wichtige „Bewertungszahl“. Durch eine Erhöhung der Vertragssumme steigt nämlich der Regelsparbetrag und sinkt die Bewertungszahl des Vertrages. Das bedeutet dann spätere Zuteilung. Da es keinen Grund gibt, (nur) wegen des Euro die Bausparsumme zu erhöhen, sollten Sie solche Aufrundungen ablehnen.

Achten Sie darauf, daß bei allen Umrechnungen die Regeln beachtet werden (wie Verbot inverser Kurse) und Rundungen korrekt vorgenommen werden.

Bausparsumme erhöhen?

Wird wegen des Euro meine Bausparsumme gekürzt, und reicht die Summe dann noch für den Hauskauf?

Richtig daran ist nur, daß die Summe – in Euro ausgedrückt – niedriger sein wird. Wegen der Umrechnung werden sowohl die Vertragssumme als auch das Guthaben rechnerisch geringer sein. Über den Daumen gerechnet, werden alle Beträge halbiert. Dies ist aber ohne Bedeutung für den tatsächlichen Wert, da nicht nur die Guthaben, sondern auch die Einzahlungen und späteren Raten sowie alle Preise entsprechend umgerechnet werden. Das gilt selbstverständlich ebenso für den Preis von Immobilien. Daneben ist zu beachten, daß auch nach der Umstellung die Finanzierung einer Wohnung oder eines Hauses nur zum Teil über das Bausparen stattfindet. Die restliche Summe muß aus sonstigen Ersparnissen und über Hypothekardarlehen aufgebracht werden. Aber in allen diesen Fällen gilt das Prinzip: Es wird wertgleich umgestellt.

Achtung: Wenn Ihnen Vertragsanpassungen angeboten werden, um krumme Summen zu glätten, kann das Nachteile bringen. Steigt der Regelsparbetrag und sinkt die Bewertungszahl, kann das zu einer späteren Zuteilung führen.

Bausparverträge später abschließen?

Soll man mit dem Abschluß eines Bausparvertrages noch zuwarten?

Wer den Abschluß eines Bausparvertrages oder einer Lebensversicherung plant, sollte wegen der Europäischen Währungsunion nicht warten. Das wäre sogar ein Fehler. Eine Baufinanzierung sollte langfristig geplant werden. Je früher mit dem Bausparen begonnen wird, um so leichter fällt später die Finanzierung. Der Anspruch auf ein konstant niedrig verzinstes Darlehen, das von der aktuellen Zinsentwicklung am Kapitalmarkt nicht berührt wird, bleibt in jedem Fall auch nach Einführung des Euro bestehen. Wenn in der EWU die Zinsen im Durchschnitt etwas höher sein sollten als bisher – wie manche Kritiker meinen –, wäre dies besonders wichtig. Da sich auch beim Bausparen die realen Werte nicht verändern, wäre es nur nachteilig, die Ansparzeit zu verkürzen.

Allerdings sollte man in einer Zeit sehr niedriger Zinsen besonders sorgfältig rechnen, ob sich ein Bausparvertrag rentiert. Wer das Geld rasch braucht, kann auf andere Weise vielleicht günstiger finanzieren. Anders sieht es aus, wenn man erst in einigen Jahren bauen will.

Beginn der Währungsunion

Wann findet der Übergang von D-Mark auf Euro statt?

Der Übergang von den alten nationalen auf die gemeinsame europäische Währung vollzieht sich schrittweise:

- Nach den Brüsseler Beschlüssen der Staats- und Regierungschefs der Europäischen Union im Mai 1998 konnte bei langfristigen Überlegungen bereits mit festen Umtauschkursen zwischen den beteiligten Ländern kalkuliert werden.
- Ab 1.1.1999 ist der Euro die gemeinsame Währung. Aber die alten Banknoten und Münzen gelten im Barverkehr noch weiter.
- Erst im Jahr 2002 wird der Euro auch als Bargeld die alten nationalen Währungen ersetzen.
- Im Vertrag von Maastricht war als Zeitpunkt für den frühestmöglichen Beginn der 1. Januar 1997 festgelegt worden. Aber das hat sich als unrealistisch erwiesen. Zu diesem Zeitpunkt hätte der Vertrag von Maastricht auch nur dann in Kraft treten können, wenn die Mehrzahl der EU-Länder (also acht von 15) die Beitrittsbedingungen erfüllt hätten. Das war angesichts der tatsächlichen Wirtschaftsentwicklung in den EU-Ländern bereits Anfang 1996 auszuschließen.

Spätester Zeitpunkt für den Beginn der Währungsunion war immer der 1. Januar 1999. Dann sollte laut Vertrag die EWU mit den Ländern beginnen, die sich bis zum Prüfungstermin qualifiziert hatten. Auf dem Gipfel von Madrid (Dezember 1995) wurde festgelegt, daß diese Prüfung im Frühjahr 1998 stattfinden soll. Der genaue Termin für die abschließende Konferenz wurde später auf den 2. und 3. Mai 1998 gelegt.

1999 startet die Währungsunion mit jenen Ländern, die ihre „Schulaufgaben" erledigt haben. Die Währungen der teilnehmenden Länder können in der Übergangszeit bis 2002 nur noch zu festen, unwiderruflich festgelegten Kursen untereinander und gegen den Euro getauscht werden. In Madrid wurde beschlossen, den geltenden Zeitplan einzuhalten. Das bedeutet: Übergang zur Währungsunion am 1.1.1999 zunächst im Finanzsektor, Ausgabe der Euro-Banknoten und -Münzen im Jahr 2002. Danach wird der Euro auch bei Barzahlungen zum alleinigen gesetzlichen Zahlungsmittel innerhalb der Währungsunion.

Beispiele für eine Währungsunion

Gibt es Beispiele dafür, daß eine Währungsunion funktionieren kann, ohne daß es gleichzeitig auch eine gemeinsame Regierung gibt?

Ein Beispiel dafür ist die Währungsunion zwischen Belgien und Luxemburg, die seit vielen Jahren reibungslos funktioniert, obwohl beide Länder ihre Souveränität bewahrt haben und eine sehr unterschiedliche Wirtschaftsstruktur besitzen. Belgien hat zudem sehr hohe staatliche Schulden, Luxemburg so gut wie keine.

Eine andere – faktische – Währungsunion funktioniert sogar ohne jede vertragliche Grundlage: Österreich hat aus wohlerwogenen Gründen seine Währung seit vielen Jahren so eng an die D-Mark gekoppelt, daß von einer stillschweigenden Währungsunion gesprochen werden kann. Andere Länder (die Niederlande, Belgien, Luxemburg) verfahren ähnlich. Dadurch ist der sogenannte D-Mark-Block entstanden. Insofern ist eine Europäische Währungsunion ohne gemeinsame Regierung nicht so grundlegend neu, wie viele behaupten, und eine Europäische Regierung ist keine zwingende Voraussetzung dafür, daß eine Währungsunion funktionieren kann.

Auch bei der deutschen Wirtschafts- und Währungsunion (1. Juli 1990) gab es bis zur staatlichen Vereinigung im Oktober des gleichen Jahres zunächst keine gemeinsame Regierung. Allerdings ist der Beitritt der damaligen DDR zum D-Mark-Währungsgebiet aus vielen Gründen nicht mit der Europäischen Währungsunion vergleichbar (siehe Deutsche Währungsunion).

Am ehesten vergleichbar mit der EWU ist die Einführung der D-Mark im Saarland nach der Rückgabe des Gebiets an Deutschland am 1.1.1957. Damals wurde das umlaufende französische Geld ebenfalls wertgleich in D-Mark umgetauscht, wie dies mit der Einführung des Euro geschieht. Alle Preise, Löhne, Kredite usw. wurden entsprechend umgerechnet. Eine Währungsreform war auch damals nicht damit verbunden.

Wer weiter zurück in die Geschichte blickt, kann andere Beispiele für eine Währungsunion ohne gemeinsame Regierung finden. So gab es im letzten Drittel des 19. Jahrhunderts die lateinische und die skandinavische Münzunion. Frankreich, Belgien, Italien und die Schweiz hatten am 23. Dezember 1865 einen Vertrag geschlossen, mit dem sie eine Währungsunion begründeten. Drei Jahre später trat Griechenland bei. Damals wurden französische und belgische Münzen in allen diesen ansonsten souveränen Staaten als Zahlungsmittel akzeptiert. Der Wert von Franc und Franken, Lira und Drachme war gleich. Auch damals ging es darum, die Transaktionskosten zu senken. Allerdings gab es noch keine gemeinsame Zentralbank, und die damaligen Gold- und Silberwährungen waren im Zeitalter der Industrialisierung immer weniger zeitgemäß. Dennoch überstand die lateinische Münzunion sogar den Ersten Weltkrieg und wurde erst am Vorabend der Weltwirtschaftskrise formell aufgelöst.

Auch der deutsche Zollverein hatte mit dem Vereinstaler eine gemeinsame Währung, die neben den rund hundert verschiedenen Münzen, die es im vorigen Jahrhundert in den 39 souveränen deutschen Kleinstaaten gab, in ganz Deutschland galt. Der Vereinstaler war später die Basis für die Einführung der Mark als gemeinsame deutsche Währung nach der Reichsgründung durch Bismarck.

Betriebsrenten

Werden Betriebsrenten bei der Umstellung auf Euro halbiert?

Rein zahlenmäßig findet zwar eine Halbierung statt. Aber das ist nur eine „optische Täuschung". Denn da auch alle anderen in Geld ausgedrückten Werte (Mieten, Versicherungsbeiträge, Steuern, Preise) um rund die Hälfte sinken, bleibt die Kaufkraft der Renten gleich.

Bei Betriebsrenten oder Pensionen an Ruheständler gibt es gegenüber den sozialen Altersrenten allerdings einen wichtigen Unterschied: Da viele Unternehmen im Gegensatz zu den meisten staatlichen Einrichtungen schon lange vor dem Jahr 2002 auf Euro umstellen, werden sie auch die betrieblichen Renten in Euro überweisen. Solange der Empfänger aber sein Konto nicht auf Euro umstellt, wird ihm dennoch der gewohnte Betrag von seiner Sparkasse oder Bank in D-Mark gutgeschrieben.

Big Bang

Was bedeutet Big Bang im Zusammenhang mit der EWU?

Hier geht es um den „großen Schlag" oder großen Schritt, mit dem die Umstellung von der D-Mark auf den Euro im Jahr 2002 vorgenommen werden soll. Gesamtwirtschaftlich ist damit die Frage gemeint, ob der Übergang zum Euro an einem Stichtag oder zumindest innerhalb weniger Wochen vollzogen werden soll oder ob sowohl bei den privaten Haushalten als auch im Bereich der Wirtschaft der Euro neben den bisherigen nationalen Währungen als gesetzliches Zahlungsmittel gelten soll. Nach dem Vertrag von Maastricht dürfen das allerdings maximal sechs Monate sein. Das bedeutet: Spätestens am 1. Juli 2002 gilt nur noch der Euro.

Für den „verzögerten Big Bang" wird vor allem angeführt, daß es technisch schwierig bis unmöglich sei, die großen Mengen des benötigten Bargeldes – Euro-Scheine und die erforderlichen Cent-Münzen – auf einen Schlag bereitzustellen. Es wird aber auch darauf verwiesen, daß sich die Bevölkerung der teilnehmenden Länder bei einer schrittweisen Einführung und einer gewissen Zeitspanne, in der auch bei Barzahlungen eine Parallelwährung erlaubt sei, leichter an das neue Geld gewöhnen könne. Zudem sei es bei der Preisumstellung schwerer, die Verbraucher zu täuschen, wenn alte und neue Preise nebeneinander angegeben werden müßten (doppelte Preisauszeichnung).

Auch bei den Unternehmen muß eine Entscheidung getroffen werden, ob es einen Big Bang geben soll, ob also alle Rechnungen, Überweisungen, Lohn- und Steuerzahlungen, Preislisten und Kalkulationen zu einem bestimmten Stichtag umgestellt werden, oder ob schrittweise vorgegangen wird. Die erforderlichen Umstellungsmaßnahmen im Betrieb sollte jedes Unternehmen mit Hilfe einer Euro-Checkliste prüfen und sich dann für die eine oder andere Vorgehensweise entscheiden. Der gesamte Kreditsektor (Banken, Sparkassen) hat sich für eine frühzeitige und vollständige Umstellung der internen Zahlungs- und Rechenvorgänge auf Euro entschieden. Einige Großunternehmen wollen ebenfalls schnell mit der neuen Währung rechnen. Bei Daimler ist der Euro ebenso wie bei den meisten anderen Großunternehmen vom ersten Tag an „Hauswährung". Siemens will mit Beginn des neuen Geschäftsjahres im Herbst 1999 das Euro-Zeitalter mit einem internen Big Bang eröffnen. Das genossenschaftliche Unternehmen Nordmilch hat bereits 1996 bei der Installation einer neuen Datenverarbeitungsanlage die Umstellung auf den Euro vollzogen. Adtrans stellte sein internes Rechenwerk ebenfalls schon 1996 auf Euro um und verwendete dabei zunächst ECU, weil die europäische Recheneinheit 1:1 auf Euro umgestellt wird.

Börsen

Wann stellen die europäischen Börsen auf Euro um?

Dies geschieht in Deutschland ab dem ersten Börsentag (4. Januar 1999). Auch die Wiener Börse gab bereits im Dezember 1997 bekannt, daß sie 1999 sofort auf Euro umstellen wird. Das gilt für den Kassa- und Terminmarkt. Die Börsen von Frankfurt, Paris und Zürich haben Anfang 1998 eine enge Zusammenarbeit vereinbart und gemeinsam den ersten europäischen Aktienindex geschaffen. Der Stoxx wird seit Februar 1998 berechnet. Anleger sollten die in den Stoxx-Indizes enthaltenen Werte besonders aufmerksam beobachten, da sie das Börsengeschehen innerhalb Europas nicht nur abbilden, sondern auch stark prägen werden.

1998 gab es innerhalb der Europäischen Union noch 32 offizielle Aktienbörsen. Viele davon haben allerdings nur eine geringe oder regionale Bedeutung. Allein in Deutschland gibt es neben dem großen internationalen Finanzplatz Frankfurt mit seiner dominierenden Wertpapierbörse beispielsweise noch Börsen in Berlin, Düsseldorf, Hannover, Hamburg, Bremen, Stuttgart und München.

Sehr schwer einzuschätzen ist, was aus dem Finanzplatz London und der dortigen Börse wird, wenn Großbritannien nicht oder mit großer Verzögerung der

Europäischen Währungsunion beitritt. Am Finanzplatz London wurde aber bereits 1998 viel getan, um die Banken und Unternehmen auf das Euro-Zeitalter vorzubereiten. Denn obwohl feststand, daß Großbritannien nicht zu den Gründungsmitgliedern der EWU gehören wird, setzte die Bank of England (Notenbank) alles daran, den Finanzplatz London auch im Euro-Handel wettbewerbsfähig zu machen.

Börsenrecht

Was ändert sich beim Börsenrecht?

Das Euro-Einführungsgesetz regelt für wichtige Bereiche der Wirtschaft den Übergang zum Euro. Dazu gehören auch Änderungen im Börsenrecht. Dabei geht es insbesondere um die Frage, in welcher Währung ab 1999 die Kurse notiert werden. Im Gesetzesentwurf heißt es dazu: „Die Preise für Wertpapiere **können** ab dem 1. Januar 1999 an der Börse in Euro festgestellt werden. Das Nähere regelt die Börsenordnung."

Da die deutschen Börsen bereits 1998 beschlossen haben, sofort nach Eintritt Deutschlands in die Europäische Währungsunion die Kurse der Aktien und anderer Wertpapiere in Euro zu notieren, müssen sich Aktionäre früher als viele andere auf den Euro einstellen.

Bei Anleihen des Bundes **muß** so verfahren werden. Dazu heißt es im Euro-Einführungsgesetz: „Die auf Deutsche Mark lautenden und als Bundesanleihen, Bundesobligationen und Bundesschatzanweisungen (Bundesschatzbriefe) gehandelten Buchschulden des Bundes, die nach dem 19. Januar 1999 zur Rückzahlung fällig werden, werden mit Wirkung vom 1. Januar 1999 auf Euro umgestellt."

Die Bundesländer und Kommunen sowie die Industrieunternehmen **können** ihre Schuldtitel nach dem 1.1.1999 sofort auf Euro umstellen. Sie können aber auch einen späteren Termin wählen. Sie müssen spätestens im Jahr 2002 umstellen. Der Schuldner kann bei der Umstellung auf Euro:

- den Anspruch auf Ausgabe von Schuldurkunden, die auf Euro lauten, ausschließen oder einschränken. Dadurch kann er zusätzliche Kosten, die durch den Druck neuer Anleihen entstehen, vermeiden;
- die handelbaren Nennbeträge neu festsetzen;
- die Bestimmungen für die Berechnung unterjähriger Zinsen und die Zahl der anzurechnenden Geschäftstage (Zinstage) den allgemeinen europäischen Handelsbräuchen angleichen.

Eine Umstellung erfolgt durch einseitige Mitteilung des Schuldners an die Gläubiger (Anleihebesitzer). Die Bedingungen müssen für alle gleich sein und für die gesamte Anleihe gelten. Dabei muß der vom Rat der Europäischen Union unwiderruflich festgesetzte Umrechnungskurs genannt und angewendet werden.

Die auf D-Mark oder eine andere Währung eines Mitgliedslandes ausgestellten Urkunden bleiben gültig. Der ausgewiesene Nennbetrag ist dabei dem unwiderruflichen Umrechnungskurs entsprechend in Euro zu lesen. Dies ist insbesondere wichtig bei Anleihen, die erst nach dem Jahr 2002 zurückgezahlt werden, wenn die D-Mark und die anderen nationalen Währungen der Mitgliedsländer keine gültigen Zahlungsmittel mehr sind. Dann besteht Anspruch auf Auszahlung der Zinsen und des Nennbetrages in Euro.

Auch für alle anderen Ausleihungen, Forderungen und Verbindlichkeiten ist laut Gesetz der „vom Rat der Europäischen Union gemäß Artikel 1091 Absatz 4 Satz 1 des EG-Vertrages unwiderruflich festgelegte Umrechnungskurs" maßgebend.

Hinweis: Anleihebesitzer oder Aktionäre, die ihre Konten vorläufig noch in D-Mark führen wollen, bekommen bei Rückzahlung oder Verkauf von Wertpapieren den Erlös von ihrer Bank oder Sparkasse automatisch in D-Mark gutgeschrieben. Beispiel: Eine Anleihe über 1.000 D-Mark, die an der Börse mit 510 Euro gehandelt wurde, wird bei Fälligkeit mit 1.000 D-Mark dem Konto gutgeschrieben. Dies zeigt, daß es sich beim Wechsel von Euro zu D-Mark und umgekehrt immer um einen wertgleichen Umtausch handelt.

Briefmarken

Wie lange können die alten Briefmarken nach der Umstellung auf Euro noch verwendet werden?

Sie gelten in jedem Fall noch so lange, wie auch das alte nationale Geld noch als Bargeld genutzt wird. Ein Umtausch ist nicht erforderlich und wäre auch wenig sinnvoll und zudem aufwendig. Bis Mitte 1998 hatte das dafür zuständige Bundesfinanzministerium noch keine klare Vorstellung davon, wie der Übergang bei den Postwertzeichen (nach wie vor eine hoheitliche Aufgabe) gestaltet werden soll.

Sicher war nur, daß mindestens bis zum 31.12.2001 alle Postwertzeichen gültig bleiben, die nach dem 1. Januar 1969 ausgegeben worden sind. Neue Briefmarken mit Euro-Wertaufdruck sollen zeitgleich mit den Euro-Banknoten herausgebracht werden. Ob die alten Marken über diesen Zeitpunkt hinaus verwendet werden können, wurde Mitte 1998 noch geprüft. Grundsätzlich wäre dagegen nichts einzuwenden, denn für die Post spielt es keine Rolle, ob das Porto in D-Mark oder Euro bezahlt wird, weil sie immer den gleichen Gegenwert erhält. Neue Marken werden allerdings spätestens ab dem Jahr 2002 nur noch mit Wertangaben in Euro erscheinen.

Abzuwarten bleibt, ob der Finanzminister bei der Post tut, was beim privaten Einzelhandel immer wieder unterstellt und von Politikern gern verurteilt wird: die Währungsumstellung zu heimlichen Preiserhöhungen zu nutzen. Denn da sich bei der Umrechnung krumme Beträge ergeben (aus dem Briefporto von 1,10 D-Mark kann ein Euro-Betrag von 56 Cent werden), könnte die Versuchung zum Aufrunden groß sein. Aber ein Briefporto von 60 Cent bedeutet eine heimliche Preiserhöhung um über sechs Prozent.

Die Gestaltung und die Ausgabe von Postwertzeichen bleiben trotz weitgehender Privatisierung der Post eine hoheitliche Aufgabe. Die Zuständigkeit liegt beim Bundesfinanzminister. Briefmarken werden nach wie vor die Herkunftsbezeichnung Deutschland tragen. Das gilt entsprechend auch für die anderen Mitgliedsländer. Es gibt keine europäischen Briefmarken und – vorläufig – auch kein einheitliches Porto. Nach wie vor werden also die Marken des Landes verwendet werden müssen, in dem der Brief in den Kasten geworfen wird.

Abzuwarten bleibt aber, wie lange es sich die verschiedenen Postunternehmen in den Mitgliedsländern der EWU noch leisten können, zum Teil sehr unterschiedliche Entgelte für ihre Leistungen zu verlangen. Denn wenn beispielsweise die niederländische Post bereit ist, einen Brief für 0,35 Euro an jeden beliebigen Ort innerhalb der Europäischen Union zu befördern, die Deutsche Post AG dafür aber 0,54 oder gar 0,60 Euro verlangt, wird noch mehr Briefverkehr in dieses oder in andere preiswertere Partnerländer verlagert. Versandhandel, Kreditkartenunternehmen und Unternehmen mit einem hohen Anteil an Portokosten haben aus diesem Grund schon heute vielfach einen großen Teil ihrer Aktivitäten an postalisch preiswerte Standorte verlagert. In Zukunft wird jedem Postkunden der Preisunterschied noch deutlicher vor Augen geführt, wenn er sieht, daß in einem Land ein Standardbrief 0,54 Euro kostet und gleich hinter der Grenze nur eine Marke für 0,35 oder 0,45 Euro aufgeklebt werden muß.

Übrigens: Die spanische Post (Correos) erklärte bereits im Frühjahr 1998, daß Firmenkunden beim Einsatz von Frankierungsmaschinen gleich von Beginn der Währungsunion an den Euro verwenden können. Statt 35 Peseten können sie für Inlandsbriefe 20 Cent aufdrucken. Das Auslandsporto beträgt 40 Cent statt 65 Peseten. Außerdem fördert Correos den Austausch der alten Frankiermaschinen gegen eurotaugliche Geräte.

Briefmarken als „Parkplatz“

Wird der Sammlerwert von D-Mark-Briefmarken später steigen?

Spätestens dann, wenn der Euro auch als Bargeld im Umlauf ist (also ab dem Jahr 2002), werden die Wertaufdrucke der Briefmarken in allen Mitgliedsländern auf Euro lauten. An der tatsächlichen Höhe des Briefportos ändert sich dadurch nichts. Beispiel: Wird für den Standardbrief immer noch das gleiche Porto verlangt wie 1998/99, dann müßte für einen solchen Brief statt 1,10 D-Mark ein Porto von etwa 0,56 Euro gezahlt werden. Hier allerdings gilt es aufzupassen, daß beim Porto ebenso wie allgemein bei den Tarifen und Gebühren nicht aufgerundet wird. Denn im Gegensatz zum Einzelhandel, bei dem ein scharfer Wettbewerb herrscht, können staatliche Stellen oder Monopolbetriebe bei der Umrechnung leichter mogeln.

Die gegenwärtigen Briefmarken in der Hoffnung auf ein gutes Geschäft mit Sammlern zu horten, dürfte eine sehr fragwürdige Spekulation sein. Es hat zwar auch nach der Währungsunion zwischen der ehemaligen DDR und der Bundesrepublik am Sammlermarkt zunächst starke Preissteigerungen für die ungültig gewordenen Briefmarken der DDR gegeben. Doch das galt vor allem für vollständige, erstklassig erhaltene Sammlungen. Außerdem war es ein Strohfeuer: Komplette Sätze, die vor der Wiedervereinigung für 6.000 D-Mark zu haben waren, stiegen nach Angaben von Marktkennern zwar kurzzeitig bis auf 30.000 D-Mark, fielen aber später wieder auf 9.000 D-Mark.

Für Briefmarken gilt ebenso wie für Münzen: Gewinne mit seltenen Stücken oder kompletten Sammlerserien wird es immer wieder einmal geben. Aber das hat wenig oder nichts mit der EWU zu tun. Vor allem gehören der notwendige Sachverstand oder viel Glück zu solchen Gewinnen – meist beides. Das gilt ebenso für andere Formen der Geldanlage in Sachwerten (wie Bilder, wertvolle Teppiche oder Schmuck). Auch eine Spekulation mit Immobilien, bei der die Angst vor der Europäischen Währungsunion das wichtigste Motiv ist, kann zu herben Enttäuschungen führen.

Standardbriefmarken wird es nach der Währungsumstellung noch in größeren Mengen geben. Das bedeutet, daß der Sammlerwert sehr gering sein wird. Erst sehr viel später kann sich das bei bestimmten Marken ändern. Briefmarken, die heute schon gesucht sind, werden natürlich auch später in Sammlerkreisen Beachtung finden.

Auch in diesem Fall gilt: Durch den Währungstausch allein ändert sich relativ wenig. Nur wer auch bisher schon sammelte, soll sein Hobby weiter pflegen. Wer allein mit Blick auf den Euro einsteigt, wird eher Verluste als Gewinne machen. Insofern ist es ähnlich wie bei allen anderen Spekulationen. (Siehe auch Aktien, Anleihen, Devisen-Optionsscheine, Wechselkursrisiko.)

Bundesanleihen (Altschulden)

Wann und wie werden Anleihen des Bundes umgestellt?

Die Umstellung auf Euro erfolgt mit 1. Januar 1999. Dabei werden die Bestände in den Depots der einzelnen Kunden von den Sparkassen und Banken ermittelt und individuell umgerechnet. Das gleiche gilt für die Wertpapiere, die für einzelne Kunden bei der Bundesschuldenverwaltung verwahrt werden. Ergeben sich dabei Rundungsdifferenzen, muß der Schuldner (in diesem Fall der Bund) sie ausgleichen. Indem je Kundendepot die Posten addiert und nur eine Rundung vorgenommen wird, gleichen sich die Differenzen aber weitgehend aus, da es einmal zu Auf-, ein andermal zu Abrundungen kommt.

Da die Umrechnung zu „krummen Beträgen" führt, müssen die handelbaren Nennbeträge der Anleihen neu festgesetzt werden. In Deutschland wird der kleinste handelbare Mindestnennbetrag für die Zeit der Umstellung auf die kleinste Währungseinheit (0,01 Euro bzw. ein Cent) festgesetzt. Es kann also jeder durch einen Cent teilbare Nominalbetrag an der Börse gehandelt werden (Ein-Cent-Methode). Der Nennwert einer Anleihe über ehemals 1.000 D-Mark kann dann zum Beispiel 510,20 Euro betragen. Wenn diese Anleihe fällig und zurückgezahlt wird, kann sie dem Besitzer entweder in Euro gutgeschrieben werden (in unserem Beispiel ist das dann ein Betrag von 510,20) oder in D-Mark, wenn der Anleger sein Konto weiterhin in D-Mark führt. In diesem Fall beträgt die Gutschrift 1.000 D-Mark.

Neuemissionen werden gleich mit glatten Euro-Beträgen auf den Markt kommen. Ab 1999 werden öffentliche Anleihen nur noch in Euro begeben. Wer bis 2002 bei seinem D-Mark-Konto bleibt, kann sie aber dennoch ohne Probleme erwerben; Banken und Sparkassen übernehmen die erforderlichen Umrechnungen.

Achtung: Die Kosten der Umstellung hat der Schuldner (in diesem Fall der Bund) zu tragen. Nach Ansicht der Bundesbank besteht somit kein Anlaß für die Kreditinstitute, irgendwelche Kosten der Umstellung auf ihre Kunden zu überwälzen.

Bundesschatzbriefe

Können Sparer mit Bundesschatzbriefen eventuellen Risiken der Währungsunion aus dem Weg gehen?

Bundesschatzbriefe werden (als einzige Schuldnerpapiere des Bundes) bis zur Endfälligkeit weiter auf D-Mark lauten. Es handelt sich nämlich nicht um an der Börse notierte und gehandelte Wertpapiere. Wenn die Rückzahlung vor dem Jahr 2002 erfolgt, wird dem Sparer der entsprechende DM-Betrag überwiesen. Danach wird die DM-Summe in Euro umgerechnet und dem Konto entsprechend gutgeschrieben. Am tatsächlichen Wert ändert sich dadurch nichts.

Mit Bundesschatzbriefen kann man daher nichts falsch machen. Bundesschatzbriefe haben während ihrer „Lebenszeit" einen steigenden Zins und können schon nach einem Jahr Laufzeit ohne Kursrisiko wieder zurückgegeben werden. Das bietet die Chance, bei höheren Zinsen am Kapitalmarkt in eine andere Anlageform umzusteigen und auf alle Veränderungen zu reagieren, die sich aus der weiteren wirtschaftlichen Entwicklung noch ergeben könnten. Überdies werden Bundesschatzbriefe zunächst nicht auf Euro umgestellt, da sie nicht an der Börse gehandelt werden. Ab 2002 werden auch sie wertgleich in die neue Währung umgetauscht.

Wer trotz aller gegenteiligen Argumente inflationäre Gefahren und höhere Zinsen fürchtet, dem bieten die „Bundesschätzchen" eine gute Möglichkeit. Denn ob die Zinsen 1999 oder später in der EWU steigen oder fallen, kann niemand mit Gewißheit vorhersagen. Allerdings spricht vieles dafür, daß die Zinsen innerhalb der Währungsunion immer etwas niedriger sein werden, als sie es unter sonst ähnlich Umständen in den einzelnen Ländern gewesen wären.

Wer sich weder auf die eine noch auf die andere Spekulation einlassen will, kann Bundesschatzbriefe erwerben. Sie sind für sicherheitsbewußte Sparer eine nahezu ideale Parkmöglichkeit fürs Ersparte, da sie bei sechs- oder siebenjähriger Laufzeit (Typ A oder B) marktgerechte Renditen bringen. Ihr entscheidender Vorteil gegenüber anderen Geldanlagen: Sie können schon nach einem Jahr zum vollen Nennwert zurückgegeben werden – und zwar in Höhe von bis zu 10.000 D-Mark pro Person und Monat. Das sonst übliche Risiko von Kursverlusten bei Verkauf vor dem Rückzahlungstermin (Fälligkeit) besteht bei diesen Wertpapieren nicht.

Beachten Sie: Höhere Sicherheit hat ihren Preis. In diesem Fall besteht er darin, daß ein Verkauf der Schatzbriefe nicht (wie bei anderen Anleihen) an jedem Börsentag in voller Höhe möglich ist. Eine Rückverwandlung der Bundesschatzbriefe in Bargeld ist also nur im Rahmen der oben angegebenen Grenzen zulässig.

Bußgelder: für Stabilitätssünder

Welche Strafen sind für Mitglieder der EWU vorgesehen, die die zulässige Verschuldung überschreiten?

Aufgrund des Stabilitätspaktes, der nach den Beschlüssen des EU-Gipfels vom 1. Mai 1998 schon im Juli des gleichen Jahres vorzeitig in Kraft trat, müssen die Mitgliedsländer der Währungsunion Bußen in die Gemeinschaftskasse zahlen, wenn sie die zulässigen Verschuldungsgrenzen überschreiten. Dabei geht es um 0,2 Prozent des Bruttoinlandsproduktes als Sockelbetrag plus je 0,1 Prozent für jeden Prozentpunkt, um den das zulässige Defizit der öffentlichen Haushalte (3,0 Prozent in normalen Zeiten) überschritten wird. Diese Strafe muß jedes Land in Brüssel zinslos hinterlegen, das gegen den Stabilitätspakt verstößt (bis zu einer Obergrenze von 0,5 Prozent des BIP). Die Bußgelder verfallen nach zwei Jahren zugunsten der Gemeinschaftskasse, wenn bis dahin die Neuverschuldung nicht wieder auf höchstens 3,0 Prozent des BIP zurückgeführt wurde.

Obwohl die Prozentsätze klein erscheinen, handelt es sich um empfindliche Strafen. Denn wenn die Regelung 1996 schon in Kraft gewesen wäre, hätte der deutsche Finanzminister 0,3 Prozent der gesamtwirtschaftlichen Leistung dieses Jahres als Strafe nach Brüssel überweisen müssen. Das wären immerhin rund 9,3 Milliarden DM gewesen.

Es wird zwar häufig argumentiert, daß dies nicht funktionieren könne, weil dann ausgerechnet die wirtschaftlich schwächsten Länder auch noch zur Kasse gebeten würden. Doch dabei wird übersehen, daß es nicht unbedingt Länder wie Irland oder Portugal sind, die sich nicht an die Haushaltsdisziplin halten, sondern wirtschaftlich an sich starke Staaten wie Deutschland.

Ein weiteres Argument ist, daß „eine Krähe der anderen kein Auge aushackt", also die Finanzminister alle Sünder seien, die kein Interesse daran hätten, sich gegenseitig mit Strafen zu belegen. Dabei wird aber übersehen, daß die Bußgelder den EU-Staaten als „Prämie" zugute kommen sollen, die sich an die Haushaltsdisziplin halten. Da die Freundschaft immer aufhört, wenn es ums Geld geht, ist damit eine aufmerksame gegenseitige Kontrolle gewährleistet.

Bußgelder: für Verkehrssünder

Werden auch die staatlichen Bußgelder wertgleich auf Euro umgestellt – oder macht der Staat daraus ein Geschäft?

Dies gehört zu den Fragen, auf die der Gesetzgeber eine Antwort geben muß. Aber wie überall im staatlichen Bereich wird die Umstellung auch hier erst 2002 erfolgen. Bisher handelt es sich bei Bußgeldern, die bei Verkehrs- oder anderen Gesetzesverstößen verhängt werden, immer um runde Summen. Aus einem Bußgeld von 30 D-Mark für eine Geschwindigkeitsüberschreitung oder für ordnungswidriges Parken müßte zum Beispiel eine Buße von 15,31 Euro werden. Strafen, die für Trunkenheit am Steuer oder andere gewichtige Verkehrsverstöße von Gerichten verhängt werden, müßten ebenso umgerechnet werden (aus 2.000 D-Mark Geldstrafe würden dann etwa 1.020 Euro).

Solche „krummen" Zahlen sind aber bislang in Bußgeldkatalogen nicht vorgesehen. Die entsprechenden Computerprogramme der Behörden sind angeblich nicht darauf eingerichtet, mit Ziffern hinter dem Komma zu rechnen.

Überdies könnte argumentiert werden, daß Bußgelder aus psychologischen Gründen immer „runde Summen" sein müssen, weil bei Bußgeldern für Parksünden oder Geschwindigkeitsüberschreitungen in Höhe von 19,59 der Eindruck entstehen könnte, hier handle es sich um einen Discountpreis, also ein „Schnäppchen". Insofern besteht nirgendwo sonst eine so große Gefahr wie bei „Vater Staat", daß die Währungsumstellung zu heimlichen Preiserhöhungen genutzt wird. Denn bei den Gebühren für Reisepässe oder für die Müllabfuhr und viele andere kommunale Leistungen sieht es in dieser Hinsicht ganz ähnlich aus.

Cent

Neben dem Euro werden ab 2002 auch kleinere Münzen gebraucht.

Die kleineren Münzeinheiten (Scheidemünzen), die in Deutschland dem Pfennig, Fünfziger oder Groschen entsprechen und die in anderen EU-Ländern Cent oder Centime heißen, werden in Cent oder Euro-Cent ausgedrückt. Davon wird es Stükke von ein, zwei, fünf, zehn, 20 und 50 Cent geben. Sie werden eine einheitliche (europäische) und eine nationale Seite haben – je nachdem, wo sie geprägt werden.

Da der Euro eine größere Kaufkraft hat als die jeweiligen nationalen Währungen der beitretenden Staaten (nur das irische Pfund hat einen höheren „inneren" Wert pro Einheit), wird der Cent auch in den Ländern wieder eine Rolle spielen, in denen Kleingeld wegen seines geringen Wertes vorher keine oder kaum noch eine Rolle gespielt hat (wie in Italien oder Belgien). So werden zehn europäische Cent bei der Ausgabe des Bargeldes im Jahr 2002 etwa soviel wert sein wie heute 20 Pfennige, 14 österreichische Groschen oder 65 französische Centimes.

Nachdem der Name und die Gestaltung beschlossen waren, wurde damit begonnen, Mustersätze der neuen Münzen zu prägen, damit die Hersteller und Betreiber der Millionen von Automaten ihre Geräte auf die Umrüstung vorbereiten können, die spätestens in der ersten Hälfte 2002 stattfinden muß.

Hinweis: Die Cent-Münzen werden zwar eine europäische und eine nationale Seite haben – über deren Gestaltung in Italien übrigens das Millionenpublikum einer populären Fernsehsendung abgestimmt hat. Dennoch werden sie ohne Unterschied innerhalb der gesamten EWU gelten. Wer im Jahr 2002 aus dem Urlaub in Spanien oder Österreich Cent-Stücke mitbringt, die die nationalen Symbole dieser Länder tragen, kann sie ohne Probleme in Deutschland oder den Niederlanden in Fahrkarten-, Park- oder Zigarettenautomaten stecken. Umgekehrt kann in Belgien oder Irland mit in Deutschland geprägten Münzen, auf denen auf einer Seite der Bundesadler, das Brandenburger Tor oder Eichenlaub zu sehen ist, eine Cola aus dem Automaten gezogen oder in Frankreich die Autobahngebühr bezahlt werden.

Vorsicht: Immer wieder werden von Münzversendern in irreführender Weise Medaillen angeboten, die den Käufer in den Glauben versetzen sollen, es handle sich um Euro-Münzen oder wertvolle Sammlerstücke. Tatsächlich sind es reine Phantasieprodukte, die meist zu überhöhten Preisen verkauft werden. Sie haben – auch in Zukunft – in fast allen Fällen nicht einmal einen Sammlerwert.

Checkliste für Unternehmen

Welche Punkte müssen von Betrieben oder Selbständigen bei der Umstellung von D-Mark auf Euro beachtet werden?

Darauf muß jedes Unternehmen je nach Größe, Struktur und Tätigkeitsgebiet seine eigene Antwort finden. Das gilt auch für die Frage, welche Vorteile oder Nachteile entstehen können, welche Chancen sich nutzen lassen oder wie hoch die Kosten der Umstellung sein werden. Um alle diese Fragen auszuloten, empfiehlt es sich dringend, das Thema „Euro-Umstellung" zur Chefsache zu machen, einen Zeitplan aufzustellen und/oder – je nach Größe des Betriebes – einen Euro-Beauftragten einzusetzen. Zusätzlich sollten in größeren Unternehmen bereichsübergreifende Arbeitsgruppen gebildet werden, die alle anstehenden Fragen unter den spezifischen Bedingungen des jeweiligen Betriebes untersuchen.

Hinweis: Da bei Einführung der gemeinsamen europäischen Währung nur eine wertgleiche Umstellung vorgenommen wird, geht es bei den Vorbereitungen im Betrieb oder bei Selbständigen oft nur um einfach zu lösende Anpassungsmaßnahmen. Probleme und deutlich höhere Kosten könnten aber entstehen, wenn mit den Vorbereitungen zu spät begonnen wird oder diese unzureichend geplant werden. Ähnliche Probleme entstehen, wenn der Gesetzgeber in Bonn oder die Kommission in Brüssel die noch erforderlichen Regelungen erst sehr spät beschließen sollten.

Anhaltspunkte für die Fragen, die dabei untersucht werden müssen, bietet die folgende Checkliste, die je nach Art des Betriebes gekürzt oder ergänzt werden kann:

I. Grundlegende organisatorische Vorbereitungen:

Wer übernimmt die organisatorischen Vorbereitungen?

- Chef
- Euro-Beauftragter
- externe Berater

Beschaffung von Informationsmaterial

- bei Banken/Sparkassen
- beim eigenen Fachverband
- bei der Industrie- und Handelskammer, Handwerkskammer
- bei Ministerien
- bei EU-Behörden
- bei vergleichbaren Betrieben oder anderen Selbständigen
- durch Erfahrungsaustausch innerhalb der Branche oder Berufsgruppe

Bildung von bereichs- oder abteilungsübergreifenden Arbeitsgruppen

- fachliche und personelle Zusammensetzung
- Aufgabenstellung: Identifizierung und Lösung der Umstellungsprobleme
- Zusammenfassung der Berichte
- Schlußfolgerungen

Aufstellung eines Zeitplans

- Ablaufplanung für Diskussion, Planung, Information, Durchführung
- Festsetzen von Prioritäten
- Stichtage für die Umstellungen
- Auftragsvergabe (Hardware, Formulare, PC-Programme)
- Beginn und Inhalte der Mitarbeiterschulung

II. Prüfung: Welche Bereiche sind betroffen?

- EDV
- Beschaffung
- Vertrieb
- Controlling und Berichtswesen
- Finanzierung
- Finanzbuchhaltung
- Personalwesen
- Rechtsabteilung, Vertragsgestaltung
- Marketing, Werbung, Öffentlichkeitsarbeit
- Ausbildung, Schulung
- . . . .
- . . . .

III. Grundlegende Fragestellungen:

Datenverarbeitung

- Welche Computerprogramme müssen umgeschrieben oder ersetzt werden?
- Sind spezifische Programme auf moderne Standardsoftware umzustellen?
- Ergeben sich Umstellungen bei Statistiken?
- Was geschieht mit den „historischen“ Daten des Rechnungswesens?

- Welche Software-Firmen werden beauftragt und wann, damit es keine Verzögerungen wegen Überlastung der Service-Unternehmen gibt?
- Zeitweise doppelte Erfassung und Darstellung (D-Mark/Euro)?
- Welche Datensatzstruktur ?

Welche Bereiche werden wann auf Euro umgestellt?

- Konten: Sollen D-Mark- und Euro-Konten zeitweise parallel geführt werden? (Das ist meist überflüssig.)
- Rechnungswesen: Wie und wann wird die Kreditoren- und Debitorenbuchhaltung umgestellt?
- Umstellung bei der Rechnungserstellung (Fakturierung)?
- Ab wann sollen Lohn- und Gehaltszahlungen in Euro erfolgen?
- Wie wird die Umstellung der Lohn- und Gehaltsabrechnung organisiert? Sollen die Lohnabrechnungen schon vorher doppelt erstellt werden, damit sich die Mitarbeiter mit der Abrechnung in Euro vertraut machen können?
- In welcher Form und mit welchen Computerprogrammen können Gehaltsnachweise in doppelter Währung erstellt werden?
- Wie werden Rundungsprobleme (siehe Dezimalstellen) bei der Umrechnung von Preisen, Löhnen, Zinsen, Prämien, Sozialleistungen, Betriebsrenten usw. gelöst?
- Doppelte Preisauszeichnung : ja oder nein?
- Steuerzahlungen – wann wird auf Euro umgestellt, wie sehen die Formulare aus?
- Interne Kostenverrechnung mit Auslandstöchtern im künftigen Euro-Währungsgebiet in einer Währung: Welche organisatorischen Änderungen sind notwendig?
- Wann wird die D-Mark-Schlußbilanz und die Eröffnungsbilanz in Euro erstellt?
- Kalkulieren von Investitionsentscheidungen, Preisen?
- Zentrales Rechnungswesen für alle Länder aufbauen, die dem gemeinsamen Währungsgebiet angehören werden?
- Wann erfolgt die Umstellung der Spesenabrechnungen? (Bei Dienstreisen innerhalb der EWU gibt es keine Umrechnungen und Transaktionskosten mehr.)

Beschaffung und Vertrieb

- **Besonders wichtig:** Preispolitik, Preisanpassungen
- Umstellungen im Lieferantenkreis?
- Ist eine Neueinteilung von Vertriebsgebieten sinnvoll, sobald Währungsgrenzen innerhalb der EWU keine Rolle mehr spielen?
- Überdenken von geplanten Auslandsinvestitionen?
- Neue Absatzchancen im gemeinsamen Währungsgebiet oder zusätzliche Konkurrenz aus diesem Raum?
- Fakturierung kundenbezogen in D-Mark oder Euro?
- Koordinierung der Umstellung mit Kunden/Lieferanten?
- Preisangabe in Euro: Produktverpackung ändern?
- Müssen Vertragsanpassungen mit Geschäftspartnern außerhalb der EWU vorgenommen werden?

Geld, Kredit, Finanzierung

- Eröffnung von Euro-Konten?
- Management offener Devisengeschäfte?
- Sind neue Kursrelationen zu Nicht-Euro-Währungen zu erwarten?
- Anlagemanagement: Neue Risikoabwägungen erforderlich?
- Eventuell Anpassung der Zinstage?
- Eventuell Reduzierung der Zahl der Bankverbindungen (in anderen Euro-Ländern) möglich?
- Ist zeitweise eine doppelte Kassenhaltung (D-Mark/Euro) erforderlich?
- Muß zusätzlicher Tresorraum bereitgestellt werden, wenn neben D-Mark in der Übergangszeit auch Euro-Münzen und Euro-Scheine gelagert werden müssen?
- Wichtig für den Einzelhandel: Wann und wie werden die Kassen von D-Mark auf Euro umgerüstet? Was geschieht mit Scannerkassen? Was geschieht mit Point-of-sale-Kassen?
- Ist bis zur Umstellung auf Euro mit neuen Zahlungstechniken zu rechnen (Zahlkarten, neue Kreditkarten)?
- Bei Aktiengesellschaften: Wie wird die Umstellung der Nennwerte von Wertpapieren vorgenommen? Sollen Quotenaktien eingeführt werden?

Mitarbeiter, Kunden, Lieferanten, Öffentlichkeit

- Wann beginnt die Mitarbeiterschulung, wie und von wem wird sie durchgeführt?
- Kommunikationspolitik: Wie werden Kunden, Lieferanten, Kreditinstitute und Mitarbeiter über die geplanten Maßnahmen informiert?
- Wie sollen Mitarbeiter auf Kundenanfragen zur Euro-Umstellung reagieren?
- Wann erfolgt die Umstellung der betrieblichen und überbetrieblichen Sozialleistungen?
- Wie werden die erforderlichen Abstimmungen mit der Krankenkasse vorgenommen?

IV. Rechtzeitige Auftragsvergabe:

- **Berater:** Unternehmen, Steuer, Recht usw.
- **Software-Häuser**: Neue Programme oder Anpassung der EDV.
- **Druckereien:** Neue Formulare (Rechnungen, Preislisten, Gehaltsabrechnung, Werbung, Belege), Änderung oder Neugestaltung von Produktverpackungen (einheitliche Preisangaben für alle Euro-Länder).
- Automaten: Gibt es Geld- und andere Automaten (zum Beispiel in der Kantine), die umgerüstet werden müssen?
- Frankiermaschinen
- Neue Kassen

Hinweis: Bei dieser Checkliste handelt es sich nur um Beispiele für Fragen, die im Zusammenhang mit der Währungsumstellung geprüft werden müssen. Je nach Größe und Art des Betriebes können sich andere bzw. mehr oder weniger Fragen oder Umstellungserfordernisse ergeben. Deshalb ist es für eine vorausschauende Unternehmensführung sehr wichtig, die Mitarbeiter und gegebenenfalls externe Berater frühzeitig in die Überlegungen und Planungen einzubeziehen und vor allem abteilungs- und bereichsübergreifend vorzugehen.

Wegen später zu befürchtender Engpässe und der damit verbundenen Kostensteigerungen sollte auf eine frühzeitige Auftragsvergabe geachtet werden. Andernfalls kann es zu Verzögerungen bei der Abwicklung der Lohn- und Gehaltsabrechnung, bei der Fakturierung, beim Bedienen von Krediten oder bei der Begleichung von Lieferantenrechnungen kommen.

Computerprogramme

Müssen alle Computerprogramme bei Umstellung auf den Euro erneuert werden?

Allein in Deutschland sind es Zehntausende von Programmen bei Behörden, in Instituten, bei Banken und Unternehmen, 200.000 Rechenzentren und Millionen von PC in Unternehmen und Privathaushalten. Besonders stark sind die Banken betroffen, da sie neben der generellen Umstellung von D-Mark auf Euro in der Übergangszeit den Zahlungsverkehr intern in Euro, im Verhältnis zu den meisten Kunden aber in nationaler Währung abwickeln müssen.

Auch bei kleinen Unternehmen, die nicht im Exportgeschäft tätig sind, ist die EDV in vielfältiger Weise von der Umstellung betroffen. Das gilt unter anderem für die folgenden Bereiche und Aufgaben:

- Rechnungswesen
- Finanzbuchhaltung
- Steuern
- Lohn- und Gehaltsabrechnung
- Fakturierung
- Debitoren- und Kreditorenbuchhaltung
- Rundungsprobleme bei der Umrechnung D-Mark/Euro
- doppelte Preisauszeichnung (zeitweilig)
- Berechnung der Sozialabgaben.

Grundsätzlich gilt zwar bis 2002 für die Verwendung des Euro das Prinzip: Kein Zwang, keine Behinderung. Es ist aber damit zu rechnen, daß zwischen 1999 und 2002 immer mehr Kunden (vor allem aus dem Bereich der Großunternehmen) von ihren Lieferanten Rechnungen, Kalkulationen, Preislisten usw. auf Euro-Basis verlangen werden. Andere Lieferanten und Abnehmer, ein großer Teil der schwerfälligen Behörden sowie andere öffentliche Institutionen werden bis zum spätestmöglichen Zeitpunkt im Jahr 2002 noch bei der D-Mark bleiben wollen. Auch darauf muß ein Unternehmen vorbereitet sein. Mehrwährungsfähigkeit stellt dann besondere Anforderungen an die Datenverarbeitung.

Die Software-Industrie wird von dem riesigen Umstellungsbedarf in der Übergangszeit zwar stark profitieren. Es ist aber sehr zweifelhaft, ob sie ihre Kapazitäten vor allem im Beratungsbereich so stark erweitern kann, daß es nicht zu gravierenden Engpässen kommt. Darunter werden vor allem die Betriebe leiden, die die notwendigen Umstellungsmaßnahmen erst spät vornehmen.

Die Erneuerung der Programme wird zu einem starken Innovationsschub führen, weil viele Unternehmen die ohnehin unvermeidliche Umstellung nutzen werden, um ihre alten Programme gegen moderne Software auszuwechseln. Davon profitieren Unternehmen wie Siemens/Nixdorf, SAP oder die niederländische Baan. Das ist sicher einer der Gründe dafür, warum sich zum Beispiel der Aktienkurs von SAP 1997/98 mehr als verdreifacht hat.

Nicht nur wegen der Umstellung auf Euro, sondern auch wegen der notwendigen Anpassung der Software aufgrund des Jahrtausendproblems („Doppelnull“) sollte in jedem Betrieb geprüft werden, ob selbst entwickelte oder früher speziell an betriebliche Erfordernisse angepaßte Programme noch umgeschrieben werden können oder sollten. Wenn diejenigen, die diese Programme entwickelt haben, nicht mehr verfügbar sind, wird eine Anpassung an die Erfordernisse der Währungsumstellung und des Jahrhundertwechsels oft kaum oder gar nicht mehr möglich sein – oder sehr teuer werden. Daher ist zu prüfen, ob nicht die Gelegenheit genutzt werden sollte, auf moderne Standardsoftware umzurüsten.

Wichtig ist auch, rechtzeitig zu prüfen, wie sowohl mit Blick auf den Euro als auch auf die Doppelnull der Zugriff auf „historische Daten“ gesichert werden kann. (Siehe auch Euro-Checkliste.) In vielen Unternehmen wurden beide Probleme lange Zeit unterschätzt.

Datensatzstruktur

Wie sehen die Überweisungsformulare in der Übergangszeit aus?

Zwischen dem 1.1.1999 und dem Jahr 2002 kann bereits in vielen Bereichen wahlweise mit Euro oder D-Mark gezahlt werden. Die deutschen Kreditinstitute haben beschlossen, daß innerhalb des Banksektors der gesamte Zahlungsverkehr vom 1. Januar 1999 an auf Euro umgestellt wird. Privat- und Firmenkunden können weiterhin in der nationalen Währung rechnen und ihre Konten bis 2002 in der alten nationalen Währung führen. Sie können sich aber auch sofort für den Euro entscheiden. Viele europäische Großunternehmen haben sich bereits 1997/98 darauf eingestellt, ab 1999 ihr gesamtes Rechnungswesen und den Zahlungsverkehr auf Euro umzustellen, weil sie nach den einmaligen Umstellungskosten im Betrieb deutliche Vereinfachungen und Einsparungen erwarten.

Damit bei Überweisungen klar ist, in welcher Währung der Zahlungsvorgang stattfinden soll, und um den Betrag korrekt zu erfassen (der Betrag in Euro wird immer geringer sein), muß zweifelsfrei zu erkennen sein, welche Währung vom Zahlungspflichtigen gemeint ist und in welcher Währung dem Empfänger der Betrag gutgeschrieben werden soll. Deshalb müssen für die elektronische Bearbeitung der Überweisungen oder Abbuchungen entsprechende Datensätze geschaffen werden. Es muß also eine entsprechende Währungskennzeichung sowohl auf der Seite des Zahlenden als auch des Empfängers geben. Dies gehört zu den zahlreichen Veränderungen, die bei Unternehmen, Banken oder Behörden an den Computerprogrammen vorgenommen werden müssen.

Hinweis: Achten Sie immer darauf, daß bei Schecks und Überweisungen in dem entsprechenden Feld die Währung angegeben wird, in der ein Zahlungsauftrag abgewickelt werden soll. Wenn Sie eine Summe in Euro angeben, aber versehentlich D-Mark in das Währungsfeld einsetzen, wird wertmäßig rund der doppelte Betrag überwiesen. Um Rundungsprobleme zu vermeiden, sollte immer die Währung gewählt werden, in der die Rechnung gestellt wurde. In welcher Währung Sie Ihr Konto führen, spielt dabei keine Rolle.

Deutsche Währungsunion

Die Währungsunion zwischen der damaligen DDR und der Bundesrepublik – ein abschreckendes Beispiel?

Die deutsch-deutsche Wirtschafts-, Währungs- und Sozialunion ist in keiner Weise mit der künftigen Europäischen Währungsunion vergleichbar. Am 1. Juli 1991 haben sich ein nahezu bankrotter Staat mit einer Währung, die nicht einmal innerhalb des „sozialistischen Lagers“ als Zahlungsmittel voll akzeptiert wurde, sowie eine der leistungsfähigsten Volkswirtschaften der Welt mit einer überall begehrten Währung – nämlich der D-Mark – aus rein politischen Gründen zu einem einheitlichen Währungsgebiet und wenige Monate später zu einem einheitlichen Staat zusammengeschlossen. Dies geschah notgedrungen ohne ausreichende Vorbereitung, ohne jede Übergangsregelung und unter großem Zeitdruck. Um die wirtschaftlichen und sozialen Folgen zu bewältigen, mußte sich der westliche Teil der Bundesrepublik zu Transferleistungen entschließen, für deren Umfang es historisch kein Beispiel gibt. Der sogenannte Marshallplan, der nach dem Krieg auch im Westen Deutschlands zum Wiederaufbau beitrug, war im Vergleich zum deutschen West-Ost-Transfer finanziell gesehen ein „Trinkgeld“.

Ganz anders bei der EWU: Sie führt zum währungspolitischen Zusammenschluß von Ländern, die sich jahrzehntelang auf diesen Schritt vorbereitet haben und noch länger in politischen, wirtschaftlichen und sozialen Fragen partnerschaftlich zusammenarbeiten. Die Diskussion über eine Währungsunion begann schon 1970 mit dem „Werner-Plan“. 1987 wurde dieses Ziel in den EG-Vertrag aufgenommen. Der 1989 vorgelegte „Delors-Bericht“ schlug vor, die Währungsunion in drei Stufen zu verwirklichen. Die Bewältigung der ersten Stufe begann bereits 1990. Erst zehn Jahre später, nämlich Anfang 1999, soll der Übergang endgültig vollzogen werden. Aber auch dann bleibt noch bis zum Jahr 2002 Zeit, um die nationalen Währungen schrittweise gegen das gemeinsame europäische Geld auszutauschen.

Es gibt aber noch weitere – und mindestens ebenso wichtige – Unterschiede zur deutsch-deutschen Währungsunion: Alle Länder, die sich für eine Teilnahme qualifizieren, verfügen im Gegensatz zur früheren DDR über eine leistungsfähige Wirtschaft, über umfangreiche Devisenreserven und über ein stabiles, in der ganzen Welt als Zahlungsmittel begehrtes Geld. Das gilt auch für die italienische Lira. Sie ist im Gegensatz zur früheren „Mark der DDR“ eine inzwischen sehr stabile Währung, die in allen Ländern der Welt als Zahlungsmittel akzeptiert wird. Noch wichtiger ist, daß es sich bei den EU-Staaten um gefestigte Demokratien handelt, die sich alle zum Rechtsstaat und zur Marktwirtschaft bekennen. Auch das sind Merkmale, die dem sogenannten Arbeiter- und Bauernstaat vollkommen fehlten.

Die Europäische Währungsunion ist aus guten Gründen nicht mit einer Sozialunion verbunden worden, wie dies bei der deutschen Wiedervereinigung der Fall war. Deshalb besteht auch keine Verpflichtung, in kurzer Zeit innerhalb der gesamten Union gleiche soziale Leistungen zu gewähren – beispielsweise im Krankheitsfall, bei Arbeitslosigkeit oder beim Rentenbezug. Das regelt nach wie vor jedes Land im Rahmen seiner Möglichkeiten. Auch die Löhne werden nicht automatisch angepaßt, sondern in jedem Land lediglich wertgleich umgerechnet. Die derzeitigen Einkommensunterschiede bleiben also bestehen. Es gibt auch keinerlei Verpflichtung, für die Schulden der Partnerländer aufzukommen. Ein Länderfinanzausgleich wie innerhalb der Bundesrepublik ist in der EWU nicht vorgesehen und im Vertrag von Maastricht sogar ausdrücklich ausgeschlossen worden. Jedes Mitglied der EWU wird weiterhin Eigentümer seiner Währungsreserven bleiben.

Devisenbewirtschaftung

Kann es wieder zu einer Devisenbewirtschaftung kommen, wenn EU-Staaten nach dem Beitritt zur Währungsunion Schwierigkeiten haben?

Das ist ausgeschlossen. Die EU-Länder, die sich für einen Beitritt zur EWU qualifizieren, müssen einen freien Kapitalverkehr zulassen und dürfen es ihren Bürgern nicht verwehren, Geld von einem Mitgliedsland der EWU in ein anderes EU-Land oder in Drittländer zu bringen.

Nach Beginn der EWU ist eine Beschränkung des freien Kapitalverkehrs oder ein Verbot der Mitnahme beliebig hoher Geldbeträge in ein anderes Mitgliedsland der Währungsgemeinschaft ebensowenig möglich wie heute innerhalb der Bundesrepublik. Die EWU ist ex definitionem eine Garantie dafür, daß ein Rückfall in die Devisenzwangswirtschaft nicht mehr möglich ist. Denn innerhalb des gemeinsamen Währungsgebietes herrschen dann vergleichbare Regeln wie heute innerhalb der einzelnen EU-Staaten. Da käme auch niemand auf die Idee, die Mitnahme von Geld bei einer Reise von Kiel nach Garmisch zu begrenzen oder Überweisungen zwischen Trier und Chemnitz, zwischen Paris und Lyon zu reglementieren.

Devisen-Optionsscheine

Kann man durch den Kauf von Devisen-Optionsscheinen möglichen Verlusten bei Einführung des Euro vorbeugen?

Da die Umstellung aller Guthaben, Anleihen, Aktien, Kredite usw. wertgleich stattfindet, sind durch die Einführung des Euro allein keine Verluste zu befürchten. Die könnten erst dann eintreten, wenn der Euro langfristig einer größeren Inflationsgefahr ausgesetzt wäre, als es die nationalen Währungen bisher waren. Das ist bisher nur eine Hypothese. Wegen der schärferen Kontrolle der Staatsverschuldung ist es durchaus möglich, daß das allgemeine Zinsniveau dauerhaft niedriger ist als unter sonst vergleichbaren Umständen in den verschiedenen nationalen Währungsgebieten.

Devisen-Optionsscheine oder die manchmal von gleicher Seite empfohlenen Goldzertifikate sind hochspekulative Geldanlagen, deren Kauf immer mit erheblichem Risiko verbunden ist. Ob derartige Papiere auf Dollar, Schweizer Franken oder Gold lauten, spielt hinsichtlich der Sicherheit solcher Geschäfte keine Rolle. Aber auch bei einer Flucht in weniger riskante Anlagen, die auf Dollar oder Schweizer Franken lauten, ist nicht sicher, daß damit der gewünschte Zweck erreicht wird.

Wer sich auf Anlageempfehlungen wie den Kauf von Devisenoptionen einläßt, kann zwar unter Umständen einen ansehnlichen Gewinn machen. Der Spekulant muß aber auch die Möglichkeit einkalkulieren, daß es zu einem totalen Verlust der eingesetzten Mittel kommt. Das verschweigen die oft unseriösen Anlageberater, die mit dem Verkauf solcher Papiere ihr Geschäft machen.

Auf Spekulationsgeschäfte dieser Art sollten sich daher nur solche Anleger einlassen, die sich damit gut auskennen und auch ohne Blick auf die künftige EWU dazu neigen, einen Teil ihrer Ersparnisse in solche risikoreichen Geschäfte zu investieren. Denn während hier das Geld schon nach kurzer Zeit verloren sein kann, ist beim Euro schlimmstenfalls mittel- bis langfristig eine abnehmende Kaufkraft zu befürchten. Dagegen sind aber bekanntlich auch die nationalen Währungen nicht geschützt.

Dezimalstellen

Warum wird beim Euro mit mehr als zwei Stellen hinter dem Komma gerechnet?

Bei der Umrechnung der alten Währungen in die neue sind mehr als zwei Stellen hinter dem Komma notwendig, damit es nicht zu größeren Rundungsfehlern kommt. Das gilt insbesondere dann, wenn eine Währung wie die Lira mit ihren hohen nominalen Werten umgerechnet werden muß.

Da nach 1999 bis zur Ausgabe der Euro-Banknoten das bisherige nationale Geld parallel zum Euro als Zahlungsmittel verwendet wird, kommt es vor allem innerhalb des Kreditsektors zu ständigen Umrechnungen. Damit diese mit der notwendigen Genauigkeit erfolgen, wurde festgelegt, daß dabei immer mit sechs signifikanten Ziffern gerechnet werden muß. In bezug auf die D-Mark bedeutet dies eine Stelle vor und fünf hinter dem Komma. Anders ausgedrückt: fünf Stellen nach der letzten wertbestimmenden Null. Beispiel: 0,12346. Damit es zu keinen unterschiedlichen Ergebnissen kommt (wenn meist auch nur hinter dem Komma), muß die Umrechnung verschiedener Währungen (also von D-Mark in Francs, von Schilling in Gulden usw.) immer auf dem Weg über den Euro erfolgen. Die Verwendung inverser Kurse ist verboten. Danach kann dann kaufmännisch gerundet werden. Das bedeutet: Von eins bis vier wird abgerundet, von fünf bis neun wird auf den nächsthöheren Cent-Betrag aufgerundet. Die dabei entstehenden kleinen Differenzen gleichen sich angesichts der zahlreichen Umrechnungen aus.

Später, wenn die Umrechnungen wegfallen, kann dann innerhalb der EWU generell wieder mit zwei Stellen gerechnet werden. An der Devisenbörse werden aber – so wie beim Dollar – weiterhin mehr als zwei Stellen hinter dem Komma angegeben. Angesichts der Millionen- und Milliardenbeträge, die dort gehandelt werden, reichen zwei Dezimalstellen nicht aus.

Hinweis: Achten Sie darauf, daß bei einer Rechnung mit mehreren Posten oder bei Wertpapiergeschäften (siehe Aktiennotierung) nicht jeder einzelne Betrag gerundet und dann addiert wird. Denn auf diese Weise könnten sich Rundungsdifferenzen vervielfachen. Erst beim Saldo sollten Rundungen nach den geltenden Regel vorgenommen werden. Dann halten sich die Differenzen im Bereich von Hundertstel Pfennigen bzw. Cent.

Diamanten

Oft wird zum Kauf von Diamanten geraten, weil sie wertbeständig sind.

Selbst wer kein Vertrauen in die mittel- und langfristige Stabilität des Euro hat, sollte sich nicht zu derartigen Spekulationen verleiten lassen. Der Preis von Diamanten schwankt ebenso wie bei allen anderen Rohstoffen je nach Angebot und Nachfrage. Deshalb gibt es keine Garantie, daß die Steine später mit Gewinn oder auch nur zum Einkaufspreis wieder veräußert werden können. Vor allem private Anleger haben dabei oft Schwierigkeiten. Außerdem muß beachtet werden, daß Diamanten in der Zeit, in der sie im Tresor liegen, keine Zinsen oder sonstigen Erträge bringen. Gutachten, die eine bestimmte Qualität oder den Wert bescheinigen, müssen immer sorgfältig auf Seriosität geprüft werden. Das kann nur ein Fachmann.

Achtung: Dringend abzuraten ist vom Kauf von Sortimenten (noch dazu in Säckchen, die nicht geöffnet werden dürfen!). Einige dieser Anbieter versprechen, sie später auf Wunsch zu garantiert höheren Preisen zurückzunehmen. Bei diesen und ähnlichen Angeboten handelt es sich fast immer um Betrugsversuche oder um unhaltbare Versprechen. Die Sorge vieler Sparer, daß die Einführung des Euro für sie mit Verlusten verbunden sein könnte, versuchen dubiose Anlageberater immer zu nutzen.

Direktorium der Europäischen Zentralbank

Wer ist für die Geldpolitik der EZB verantwortlich?

An der Spitze der Europäischen Zentralbank (EZB) mit Sitz in Frankfurt steht der Europäische Zentralbankrat (vergleichbar mit dem Zentralbankrat der Bundesbank). Er besteht aus dem Direktorium sowie den Notenbankchefs der Mitgliedsländer und bestimmt die Leitlinien der Politik der EZB. Für die praktische Umsetzung ist das Direktorium verantwortlich. Weder der Rat insgesamt noch das Direktorium sind Weisungen von anderen Stellen unterworfen – also auch nicht von seiten der Regierungen der teilnehmenden Länder, der Brüsseler Kommission oder des EU-Ministerrates. Die EZB ist also mit der gleichen Unabhängigkeit ausgestattet wie zuvor die Deutsche Bundesbank.

Mitglieder des Direktoriums der EZB sind der Präsident und der Vizepräsident sowie bis zu vier weitere Mitglieder. Sie werden vom Europäischen Rat (auf der Ebene der Staats- und Regierungschefs) ernannt. Die vorgesehenen Mitglieder müssen Persönlichkeiten sein, die als Bank- und Währungsfachleute international anerkannt sind. Vor ihrer Ernennung müssen das Europäische Parlament und der Rat der Zentralbank dazu gehört werden. Die Auswahl und Ernennung durch den Ministerrat muß einvernehmlich erfolgen. Die Mitglieder des Direktoriums werden auf die Dauer von acht Jahren ernannt. Eine Wiederernennung ist nicht zulässig. Dadurch soll verhindert werden, daß sich Mitglieder des Direktoriums gegenüber den Regierungen gefällig erweisen, um für eine weitere Amtsperiode ernannt zu werden. Da sie die erforderlichen Qualifikationen und Erfahrungen in der Regel erst in einem fortgeschrittenen Alter vorweisen können, wird für die meisten Mitglieder des Direktoriums am Ende ihrer Amtszeit auch keine andere politische Position mehr in Frage kommen. So soll sichergestellt werden, daß sie keinen Anlaß haben, einer bestimmten Regierung oder politischen Gruppierung Gefälligkeiten zu erweisen, die ihren Pflichten als Mitglied des Zentralbankrates zuwiderlaufen. Die nationalen Notenbankpräsidenten werden für fünf Jahre ernannt und können wiedergewählt werden.

Alle Länder haben sich im Vertrag von Maastricht ausdrücklich verpflichtet, „nicht zu versuchen, die Mitglieder der Beschlußorgane der EZB oder der nationalen Zentralbanken bei der Wahrnehmung ihrer Aufgabe zu beeinflussen“ (Artikel 107).

Der Rat der EZB und das Direktorium entscheiden in der Regel mit einfacher Mehrheit. Jedes Mitglied hat dabei gleiches Stimmrecht. Bei Stimmengleichheit gibt die Stimme des Präsidenten den Ausschlag.

Diskontsatz

Was wird aus dem bisherigen Diskontsatz und aus Verträgen, in denen darauf Bezug genommen wird?

Am 24. September 1997 hat das Bundeskabinett das Euro-Einführungsgesetz verabschiedet. Es regelt für wichtige Bereiche der Wirtschaft den Übergang zum Euro. Dazu gehört auch das Diskontsatz-Überleitungsgesetz. Es stellt Ersatzregelungen für den nach dem 1.1.1999 nicht mehr existierenden Diskontsatz der Deutschen Bundesbank bereit.

Der Diskontsatz der Deutschen Bundesbank wird in vielen Verträgen und an anderen Stellen als Bezugsgröße für Zinsen und andere Leistungen verwendet. Diesen Diskontsatz wird es ab 1999 nicht mehr geben. Deswegen hat die Bundesregierung im Euro-Einführungsgesetz für die Zeit bis zum 31. Dezember 2001 eine Ersatzlösung geschaffen und dafür den Basiszinssatz gewählt.

Im Gesetz heißt es dazu: „Basiszinssatz ist der am 31. Dezember 1998 geltende Diskontsatz der Deutschen Bundesbank. Er verändert sich mit Beginn des 1. Januar, des 1. Mai und 1. September eines jeden Jahres, erstmals mit Beginn des 1. Mai 1999 um die Prozentpunkte, um welche die gemäß Absatz 2 zu bestimmende Bezugsgröße seit der letzten Veränderung gestiegen oder gefallen ist.“ Das gilt nicht, wenn sich die Bezugsgröße um weniger als 0,5 Prozentpunkte verändert hat.

Im Klartext heißt dies, daß die dafür maßgebliche Bezugsgröße das geldpolitische Steuerungselement der Europäischen Notenbank ist, das dem bisherigen Diskontsatz der Bundesbank am nächsten kommt. Da dies bei Verabschiedung des Gesetzesentwurfs der Bundesregierung noch nicht feststand, wurde diese etwas umständliche Umschreibung gewählt. Ähnliches gilt für andere Zinsfestschreibungen oder Bezugsgrößen:

- Wenn in einem Gesetz auf den Zinssatz für Kassenkredite (die aufgrund des Vertrages von Maastricht nicht mehr zulässig sind) der Bundesbank an staatliche Stellen Bezug genommen wird, tritt ebenfalls der (dann um 1,5 Prozentpunkte erhöhte) Basiszins an dessen Stelle.
- Der Lombardsatz wird durch das geldpolitische Steuerungsmittel der Europäischen Zentralbank ersetzt, das ihm „am ehesten entspricht“.
- Die „Frankfurt Interbank Offered Rate“ (Fibor) als Zinssatz für die Geldbeschaffung erstklassiger Schuldner wird ersetzt durch den Zinssatz, der ihrer Funktion am besten entspricht. Das ist der Euribor.

Das Gesetz verweist dabei ausdrücklich auf den Grundsatz der Vertragskontinuität: „Die in diesem Gesetz geregelte Ersetzung von Zinssätzen begründet keinen Anspruch auf vorzeitige Kündigung, einseitige Aufhebung oder Abänderung von Verträgen oder Abänderung von Vollstreckungstiteln. Das Recht der Parteien, den Vertrag einvernehmlich zu ändern oder aufzuheben, bleibt davon unberührt.“ Vertragsanpassungen bleiben also möglich.

D-Mark

Was geschieht in der Zeit zwischen 1999 und 2002 mit den nationalen Währungen?

Auch nach dem 1. Januar 1999 wird die D-Mark ebenso wie Franc, Schilling oder Gulden zunächst noch gesetzliches Zahlungsmittel bleiben. Das alte Geld wird aber zunehmend durch den Euro ersetzt – zunächst allerdings nur im Bereich des „Buchgeldes", also auf den Konten und bei Überweisungen. Aber auch an der Börse ist der Euro ab Anfang 1999 die alleinige Währung. Innerhalb des Finanzsektors (Zentralbanken, Banken, Sparkassen, Fonds, Versicherungen) sowie bei vielen anderen Unternehmen wird der Euro ebenfalls lange vor 2002 das zentrale Rechen- und Zahlungsmittel. Die meisten Großunternehmen haben schon 1998 erklärt, daß sie den Euro zum frühestmöglichen Zeitpunkt verwenden würden – viele bereits ab Januar 1999.

Erst im Jahr 2002 wird die D-Mark (ebenso wie Franc, Gulden oder Schilling) auch als physisches Geld – also in Form von Banknoten und Münzen – durch Euro-Scheine und Cent-Stücke ersetzt. Nach einer Übergangszeit, in der die neue und die alten Währungen noch für kurze Zeit nebeneinander benutzt werden können, weil die Ausgabe des neuen Geldes eine Mindestzeit beansprucht, verliert die D-Mark ebenso wie die übrigen Währungen der Mitgliedsländer ihren Status als gesetzliches Zahlungsmittel. Niemand im In- oder Ausland muß dann noch D-Mark, Francs, Gulden oder Schilling zur Begleichung finanzieller Verpflichtungen annehmen.

Achtung: Verträge, die nach dem 31. Dezember 2001 geschlossen werden und Bezug auf D-Mark nehmen, sind rechtlich nicht gültig. Die Bezugnahme auf nicht mehr existierende Währungseinheiten ist nicht möglich. Das gilt auch für Gulden, Francs oder Peseten.

Keine Sorge: Selbst wenn der Wechsel als Big Bang organisiert wird und innerhalb weniger Tage oder Wochen stattfindet, muß niemand fürchten, daß noch vorhandene Bargeldbestände zu wertlosem Müll werden. Die Banken und Sparkassen werden noch für lange Zeit restliche D-Mark-Bestände oder andere europäische Alt-Währungen gegen Euro umtauschen – und zwar zu den Kursen, die 1998 vom Europäischen Rat unwiderruflich festgelegt wurden. Später sind die Zentralbanken dafür zuständig.

Das ist auch deshalb wichtig, weil in vielen Ländern der Welt hohe D-Mark-Bestände gehalten werden. Sie dienen als Devisenreserve oder als Ersatzwährung, weil das Vertrauen in die Wertbeständigkeit des eigenen Geldes verlorengegangen ist. Dies gilt vor allem für viele der früheren Ostblockstaaten und das von einem blutigen Bürgerkrieg zerstörte ehemalige Jugoslawien. Aber auch viele ehemalige türkische „Gastarbeiter“ haben ihre Ersparnisse in der Heimat auf D-Mark-Konten. Diese Fremdwährungskonten können jederzeit auf Euro umgestellt werden. Ähnliches gilt auch für Deutsche, die Auslandskonten unterhalten. Selbst Schwarzgeld kann in Euro umgetauscht werden.

Achtung: Ab Anfang 1999 werden D-Mark, Schilling, Peseten, irische Pfund oder Gulden nicht mehr als eigenständige Währungen betrachtet und daher auch nicht mehr an Devisenbörsen gehandelt. Da sie in einem unwiderruflichen, festen Austauschverhältnis zum Euro stehen, sind sie nur noch nichtdezimale Denominationen des Euro. Nur die gemeinsame Währung wird an den Devisenbörsen gegen Dollar, Yen, Franken und andere Drittwährungen gehandelt. Alle Devisenspekulationen mit den alten nationalen Währungen sind spätestens mit dem 31.12.1998 beendet.

D-Mark-Block

Was wird aus dem D-Mark-Block, der sich in Europa gebildet hat?

Als „D-Mark-Block“ wird die Gruppe der Länder bezeichnet, die sich in der Vergangenheit währungspolitisch sehr eng an die Deutsche Mark angelehnt hatten. Sie bemühten sich, durch eine entsprechende Finanz-, Wirtschafts-, Währungs- und Geldpolitik dafür zu sorgen, daß sich der Kurs ihrer Währungen gegenüber der D-Mark möglichst wenig veränderte. Dies war insbesondere bei Österreich, den Niederlanden und Belgien/Luxemburg der Fall. Aber auch in Frankreich gehörte es seit einigen Jahren zu den vorrangigen Zielen der Wirtschafts- und Finanzpolitik, den Kurs des Franc gegenüber der D-Mark nur in engen Grenzen schwanken zu lassen. Die D-Mark hatte in Europa die Funktion einer Leitwährung übernommen.

Der Grund für diese Bemühungen, die gleichzeitig der Einübung einer gemeinsamen Währungspolitik dienten, war die immer engere wirtschaftliche Verflechtung zwischen den genannten Ländern. Das galt nicht nur für die gegenseitigen Warenlieferungen und den Dienstleistungsverkehr. Ebenso wichtig wurden die kapitalmäßigen Verflechtungen von Unternehmen, die umfangreichen Geldanlagen auch privater Sparer in den Nachbarländern, die gemeinsamen Forschungs- und Entwicklungsprojekte, der ständig wachsende Austausch von Arbeitskräften und die Zusammenarbeit in der militärischen Entwicklung sowie in der Luft- und Raumfahrt. Auch der Tourismus ist für alle beteiligten Länder ein immer wichtigerer Wirtschaftsfaktor geworden.

In der Praxis besteht daher schon seit langem eine Art Währungsunion zwischen diesen Ländern. Sie konnte aber jederzeit durch Unruhen an den Devisenmärkten gestört oder sogar zerstört werden. Weltweite Spekulationswellen, die durch Gerüchte oder Krisen ausgelöst werden, können heute selbst von den großen Notenbanken – auch unter massivem Einsatz ihrer Währungsreserven – kaum noch kontrolliert werden. Denn die Umsätze an den Weltdevisenmärkten, die in den siebziger Jahren bei 70 Milliarden Dollar täglich lagen, stiegen in den neunziger Jahren auf täglich über 1.000 Milliarden Dollar. Die beiden Währungskrisen im Herbst 1992 und im Sommer 1993 haben gezeigt, wie rasch auch das bis dahin scheinbar festgefügte Europäische Währungssystem (EWS) an den Rand des Zusammenbruchs geraten kann, wenn an den internationalen Finanzmärkten Unruhe ausbricht. Nach Schätzung der Deutschen Bank wurde dadurch in den davon betroffenen Ländern das Wirtschaftswachstum um rund ein Prozent reduziert, was allein auf Deutschland und Frankreich bezogen einem Wohlstandsverlust in der Größenordnung von 50 Milliarden Mark entspricht. Das läßt sich in den Verlust einiger hunderttausend Arbeitsplätze umrechnen. Auch die asiatische Währungskrise 1998 oder der Börsencrash in Hongkong haben gezeigt, wie gefährlich solche lokal ausgelösten Krisen für die gesamte Weltwirtschaft und die globalen Finanzmärkte werden können.

Dauerhaft verhindern läßt sich eine direkte Auswirkung auf das europäische Währungssystem bzw. ein Auseinanderbrechen des alten EWS nur durch eine Währungsunion, die – ähnlich wie der riesige Binnenmarkt der USA – eine gegen derartige Turbulenzen besser geschützte Zone schafft.

Dollar

Welche Rolle werden Euro und Dollar in Zukunft spielen?

Der Euro hat aufgrund seines im Vergleich zu den alten europäischen Währungen größeren Gewichts die Chance, neben dem Dollar eine gleichberechtigte Rolle im Weltwährungssystem zu spielen. Aber es wird nicht nur von der Politik der Europäischen Zentralbank, sondern auch von der Wirtschaftspolitik der Mitgliedsländer abhängen, wie stark das Gewicht des Euro wird. Das wird maßgeblich dafür sein, ob die Notenbanken in aller Welt einen mehr oder weniger großen Teil ihrer Währungsreserven in Zukunft in Euro statt in Dollar halten. Die Aussichten sind nicht schlecht: Zwischen 290 und 350 Millionen Menschen (nach weiteren Beitritten) werden im Währungsgebiet des Euro leben und arbeiten. Bereits die gesamtwirtschaftliche Leistung der Gründungsmitglieder liegt mit fast elf Billionen D-Mark (bzw. rund 5,5 Billionen Euro oder 5,1 Billionen Dollar) sehr nahe am Bruttoinlandsprodukt der USA.

Viele amerikanische Politiker, Banker und Manager machen sich daher Gedanken darüber, ob die bisher dominierende Rolle des US-Dollar als Weltleitwährung dadurch verändert werden könnte. Denn eine solche Position hat konkrete Vorteile: Da amerikanische Unternehmen in der Regel ihre Rechnungen in Dollar schreiben, brauchen sie keine teure Kurssicherung zu betreiben. Überdies ist rund die Hälfte aller Dollar-Banknoten im Ausland im Umlauf. Da sie an sich Ansprüche an die US-Notenbank darstellen, für die aber – wie auch sonst beim umlaufenden Bargeld – keine Zinsen gezahlt werden, ist dies einem riesigen, zinslosen Kredit des Auslandes für die amerikanische Volkswirtschaft gleichzusetzen.

Wichtig: Ab 1999 werden die alten nationalen Währungen nicht mehr direkt in Dollar umgetauscht. An den Devisenbörsen wird nur noch der Euro-/Dollar-Kurs notiert. Wer dann zum Beispiel D-Mark in Dollar umtauschen will, muß zunächst die D-Mark (zum feststehenden Umtauschkurs) in Euro umrechnen und diese dann zum jeweils geltenden Tageskurs in Dollar umtauschen.

Beispiel: Ein Tourist will vor einer Reise in die USA die 2.500 D-Mark, die er bar zu Hause hat, in Dollar umtauschen. Das entspricht einer Summe von 1.275,51 Euro. Er ruft am Montag bei seiner Sparkasse an und erkundigt sich, wieviel Dollar er dafür bekommt. Da an diesem Tag der Dollar bei 0,9253 Euro steht, bekommt er die Auskunft: 1.378,48 Dollar. Tatsächlich findet er aber erst am Freitag die Möglichkeit, zur Bank zu gehen. Wegen des festen Umtauschkurses entsprechen seine 2.500 D-Mark weiterhin einem Gegenwert von 1,275,51 Euro. Inzwischen ist aber der Kurs des Dollar gegenüber dem Euro auf 0,9193 gesunken. Deshalb werden ihm nun tatsächlich 1.387,48 Dollar ausbezahlt.

Dollar als Fluchtwährung

Ist es sinnvoll, Ersparnisse oder Lebensversicherungen in US-Dollar anzulegen?

Das ist eine sehr spekulative Überlegung. Der Kurs des US-Dollar hat in den vergangenen Jahren sehr starke Schwankungen aufgewiesen und dabei – langfristig gesehen – einen drastischen Wertverlust erlitten. Seit der Freigabe des Dollar-Kurses am 19. März 1973 fiel er unter Schwankungen von damals 3,66 D-Mark bis auf 1,38 im September 1992. Da es den Amerikanern Ende der neunziger Jahre gelungen ist, ihre hohen staatlichen Defizite nachhaltig zu senken und auch ihre großen Defizite im Außenhandel besser unter Kontrolle zu bekommen, ist der Dollar gegenüber der D-Mark wieder deutlich gestiegen und lag 1997 bereits bei Kursen um 1,80 D-Mark.

Es gibt viele Prognosen, wie sich der Dollar in den nächsten Jahren gegenüber der Euro-Währung entwickeln könnte. Aber das sind Spekulationen, welche mit allen Risiken behaftet sind, die mit solchen Überlegungen einhergehen. Denn da sind nicht nur Annahmen über die gesamtwirtschaftlichen Entwicklungen diesseits und jenseits des Atlantik (wie Inflationsraten, Zinsen, Wirtschaftswachstum, Arbeitsmarktentwicklung, Staatsverschuldung) zu machen. Es ist auch zu berücksichtigen, daß es zu spekulativen Bewegungen an den Finanzmärkten kommen kann. Dazu könnte die Anlage von Fluchtgeldern aus Europa oder Asien in US-Wertpapieren – oder deren Rückfluß – gehören. Das kann zu erheblichen Schwankungen des Dollarkurses führen. Dieser Effekt kann aus der Sicht des einzelnen Anlegers je nach Entwicklung der Aktien- und Anleihemärkte verstärkt oder abgeschwächt werden (siehe Ausländische Aktien). Sichere Prognosen für einen Zeitraum, der über die Jahrtausendwende hinausgeht, kann niemand machen. Daher sollten alle Vorhersagen über die künftige Dollar- oder Aktienentwicklung mit großer Zurückhaltung betrachtet werden. Dies gilt insbesondere, wenn Anlageberater von zweifelhafter Seriosität mit Renditeberechnungen locken, die auf der Basis solcher Prognosen erstellt werden.

Sicher ist nur: Niemand kann eine Garantie dafür abgeben, daß eine Geldanlage in Dollar zu einem angemessenen Gewinn führt oder wenigstens die Kaufkraft der Ersparnisse garantiert. Wenn der Dollar von einem Einstiegskurs von 1,68 D-Mark auch nur um zwölf Pfennige auf 1,56 D-Mark fällt, dann bedeutet dies immerhin schon einen Wertverlust von über sieben Prozent. Das kann durch Gewinne an der Börse kompensiert, durch einen Kursrutsch an der Wall Street aber auch verschärft werden. In diesem Fall müßte der Euro schon von einem schweren inflationären Fieber befallen sein, um einen entsprechend hohen Kaufkraftverlust zu erleiden.

Ähnliche Überlegungen müssen auch bei Geldanlagen in japanischen Yen angestellt werden. Bei allen finanziellen Engagements in einem anderen Währungsgebiet muß stets das Wechselkursrisiko beachtet werden.

Hinweis: Lassen Sie sich bei Anlageentscheidungen auch in der Übergangszeit zum Euro in den Jahren 1999 bis 2002 nicht zu Engagements verleiten, die nicht Ihrem „Risikoprofil" entsprechen oder bei denen Sie selbst nicht genügend Erfahrung haben. Vertrauen Sie lieber den Beratern bei Ihrer Sparkasse oder Bank, mit denen Sie schon lange zusammenarbeiten – und die auch dann noch mit Ihnen im Geschäft bleiben wollen, wenn die sogenannten Anlageberater längst das Weite gesucht haben.

ECU – Europäische Währungseinheit

Ist „Euro" nur eine neue Bezeichnung für die Europäische Währungseinheit ECU?

Bei der Europäischen Währungsunion und dem Euro handelt es sich um einen qualitativen Sprung und nicht nur um eine Namensänderung. Die ECU oder Europäische Währungseinheit war vor allem eine Rechengröße und eine „Kunstwährung". Der Euro dagegen ist eine echte Währung (gesetzliches Zahlungsmittel), in der ab 1999 alle unbaren und ab 2002 auch alle baren Zahlungsvorgänge abgewickelt werden können. ECU diente dagegen überwiegend Verrechnungszwecken innerhalb der Europäischen Gemeinschaft und hatte nur in wenigen Bereichen die Funktion von echtem Geld. ECU ist die Abkürzung für European Currency Unit. Die Bezeichnung erinnert allerdings auch an ein historisches Zahlungsmittel, den französischen Ecu.

Die Europäische Währungseinheit ECU wurde innerhalb der Europäischen Union seit 1984 anstelle der früheren „Europäischen Rechnungseinheit“ (ERE) verwendet und war vor dem Euro die Grundlage für alle finanziellen Transaktionen innerhalb der Gemeinschaft. Dies gilt für den Haushalt der EU ebenso wie für die gemeinsamen Agrarpreise und vor allem für das bisherige Europäische Währungssystem (EWS).

Der ECU-Wert errechnete sich aus einem „Korb“, in dem alle Währungen der Mitgliedsländer enthalten sind und in Annäherung an die wirtschaftliche Bedeutung des jeweiligen Landes gewichtet werden. Diese Zusammensetzung wurde alle fünf Jahre überprüft oder auch dazwischen bei Bedarf verändert. Die letzte Anpassung der Leitkurse fand im März 1997 anläßlich der Aufnahme der griechischen Drachme in den Wechselkursmechanismus des EWS statt. (Griechenland schuf damit eine wichtige Voraussetzung, um im Jahr 2001 der Währungsunion beitreten zu können). Bei der Gewichtung der Leitkurse spielt der Anteil des Landes am Handel innerhalb der Gemeinschaft ebenso eine Rolle wie die Höhe der gesamtwirtschaftlichen Leistung. Der Kurswert der ECU gegenüber dem Dollar wird bis Ende 1998 täglich um 14.30 Uhr von der EG-Kommission aufgrund der Marktkurse der im Korb enthaltenen Währungen an den wichtigen Börsenplätzen ermittelt.

Die D-Mark als die stärkste Währung der Europäischen Gemeinschaft hat auch innerhalb des Währungskorbs, aus dem sich der Wert der Europäischen Währungseinheit errechnet, das größte Gewicht. Da die European Currency Unit ECU nicht nur für das EWS als zentraler Wert dient, sondern auch für alle anderen Transaktionen innerhalb der EG, sind im Korb auch die Währungen der Mitgliedsländer enthalten, die sich nicht am EWS beteiligen. Allerdings wurden die Anteile mit Inkrafttreten des Maastrichter Vertrages Anfang 1993 eingefroren. Das bedeutet auch, daß die Währungen der neuen Mitglieder Österreich, Finnland und Schweden nicht mit in den Korb gelegt wurden. Die Anteile in Prozent:

• Deutsche Mark	30,1	• Spanische Peseta	4,3
• Französischer Franc	19,0	• Dänische Krone	2,7
• Britisches Pfund	13,0	• Irisches Punt	1,0
• Niederländischer Gulden	10,4	• Portugiesischer Escudo	0,7
• Belgischer Franc	8,5	• Griechische Drachme	0,5
• Italienische Lira	7,3	• Luxemburgischer Franc	0,3

Nur in Belgien gibt es ECU-Münzen. Sie können neben dem belgischen Franc als gesetzliches Zahlungsmittel verwendet werden, sind aber praktisch kaum im Umlauf und weitgehend unbekannt. ECU-Banknoten gibt es in keinem Land der EU. Dennoch ist der Besitz und der Handel mit ECU seit 1984 gestattet. Vor allem Währungsbehörden (auch außerhalb der EG) und internationale Währungsinstitutionen wie die Weltbank, der Internationale Währungsfonds oder die Bank für Internationalen Zahlungsausgleich (BIZ) machen davon Gebrauch. Aber auch Unternehmen und Privatpersonen können beispielsweise ECU-Anleihen erwerben oder auf ECU lautende Konten führen. In der Bundesrepublik Deutschland können ECU seit 1989 gehandelt werden.

Innerhalb des Europäischen Währungssystems war die ECU über viele Jahre die zentrale Bezugsgröße und Recheneinheit. Auch die gemeinsamen Agrarpreise wurden in ECU ausgedrückt. Die Haushalte der Europäischen Gemeinschaft, die Beiträge der einzelnen Mitglieder sowie die Leistungen aus den Kassen der EG an die einzelnen Staaten wurden ebenfalls in der Europäischen Währungseinheit ausgedrückt. Die ECU wird daher auch als Vorläuferin der gemeinsamen europäischen Währung betrachtet.

Neben der ECU als europäischer Währungseinheit und Verrechnungsgröße gibt es auch den historischen Ecu, der früher einmal als Zahlungsmittel in Gebrauch war. Der *Ecu d'or* (Goldener Schild) war die älteste französische Goldmünze. Sie wurde zuerst von König Ludwig dem Heiligen um 1270 geprägt. König Philipp IV. ordnete 1337 einen neuen Ecu d'or mit leicht verändertem Gehalt an. Dieser Typ erreichte außerordentliche Beliebtheit und wurde in Südwesteuropa (Navarra, Portugal) nachgeahmt, aber auch in den Niederlanden. Im westlichen Deutschland waren die „Goldenen Schilde" ebenfalls bekannt und wurden zur Unterscheidung vom Gulden „kleine Gulden" genannt. Auch der von Ludwig XI. im Jahr 1475 geschaffene *Ecu d'or au soleil*, die Sonnenkrone, war eine sehr populäre Münze. Die Sonnenkrone, die ihren Namen wegen einer kleinen aufgeprägten Sonne über dem Lilienschild zur Unterscheidung von den früheren Kronen führte, wurde in Frankreich bis 1653 geprägt. Auch diese Münze wurde in den Niederlanden verwendet und hatte Mitte des 16. Jahrhunderts als „Zonnekroon" den Rang einer Haupthandelsmünze.

Ähnlich wie bei der „Lateinischen Münzunion" (1865 bis 1927) gab es also auch in früheren Zeiten in Europa Währungen, die in mehr als einem Land galten. Dazu zählt bis zur Einführung des Euro auch die belgisch-luxemburgische Währungsunion, die trotz der großen wirtschaftlichen Unterschiede zwischen beiden Ländern viele Jahre lang gut funktioniert hat.

ECU-Anleihen

Schützt eine Geldanlage in ECU vor Verlusten bei Einführung des Euro?

Abgesehen von der Frage, ob Sparern beim Übergang in die Währungsunion überhaupt Einbußen drohen, gibt es wie bei (fast) allen Geldanlagen auch bei der Anlage in ECU keine Garantie gegen Verluste. Die European Currency Unit (ECU) ist eine Währungs- oder Recheneinheit, die vor allem Verrechnungszwecken innerhalb der EU dient. Diese Währungseinheit wird seit 1984 verwendet. Sie ist die Grundlage für den EU-Haushalt und demnach für alle finanziellen Transaktionen zwischen den Organen der Gemeinschaft. Sie dient auch als Basis für die Preispolitik im Gemeinsamen Agrarmarkt. Die ECU hat nur in wenigen Bereichen die Funktion von echtem Geld. Dazu gehört die Möglichkeit, Anleihen zu kaufen, die auf ECU lauten. Der Euro dagegen wird alle Eigenschaften gesetzlicher Zahlungsmittel haben.

Insgesamt sind derzeit ECU-Anleihen im Volumen von rund 120 Milliarden im Umlauf. Umgerechnet entspricht dies einer Summe von etwa 222 Milliarden D-Mark. Etwas mehr als die Hälfte dieser Anleihen (rund 62 Milliarden ECU) sind erst nach dem 1. Januar 1999 fällig.

Da ECU derzeit ebenso wie alle ihnen zugrunde liegenden Währungen den Schwankungen am Devisenmarkt unterliegen, kann es sein, daß die Recheneinheit in der Zeit bis zum Eintritt in die Währungsunion gegenüber der D-Mark auf- oder abgewertet wird. Der Kurswert der ECU gegenüber dem Dollar wird täglich um 14.30 Uhr von der EG-Kommission aufgrund der Marktkurse der im Korb enthaltenen Währungen an den wichtigen Börsenplätzen ermittelt.

Deutsche Anleger, die vor einigen Jahren auf ECU lautende Anleihen erworben haben, müssen heute beim Rücktausch in D-Mark einen Kursverlust hinnehmen. In der Vergangenheit ist der ECU-Kurs im Vergleich zur D-Mark überwiegend gefallen. Lag er 1992 noch bei zwei D-Mark, so gab es Anfang 1996 nur 1,85 D-Mark je ECU. Zwölf Monate später war der Kurs gegenüber der D-Mark wieder auf 1,95 gestiegen und das ganze Gerede vom „weichen ECU“ hinfällig. ECU-Anleihen werden 1999 zum Kurs 1:1 in Euro umgetauscht.

Achtung: Sparer, die ihr Geld in ECU angelegt haben, müssen neben einem höheren Zinsertrag auch das Risiko sehen, das in den Anleihebedingungen liegen kann. Hier und auch bei öffentlichen Anleihen muß zudem beachtet werden, daß der Wechselkurs ECU/D-Mark bis Ende 1998 sinken (oder steigen) kann. Erst nach dem letzten Börsentag 1998 kommt es zur unwiderruflichen Fixierung der Umtauschkurse der Währungen gegenüber dem Euro. Spekulationen in ECU unterlagen daher ähnlichen Risiken und Chancen wie jede andere Anlage in Fremdwährungen. Neben den üblichen Kursschwankungen bei Wertpapieren müssen ebenso wie beim Kauf von Immobilien oder bei Auslandskonten immer auch die Wechselkursrisiken beachtet werden.

Da nur jene EU-Länder der Währungsunion beitreten können, die die Konvergenzkriterien erfüllt haben, werden die Wechselkurse zu den Ländern, die zunächst draußen bleiben, über ein EWS II an das Euro-Gebiet angebunden. Dabei übernimmt der Euro die Rolle der Recheneinheit für alle EU-Staaten.

ECU-Umrechnung

Wie werden ECU in Euro umgerechnet?

Die europäische Recheneinheit ECU muß ab Beginn der Europäischen Währungsunion (also ab 1999) immer 1:1 auf Euro umgerechnet werden. Die Umtauschkurse der nationalen Währungen errechnen sich aus ihrem jeweiligen Kurs (Leitkurs) gegenüber der ECU bzw. dem Euro, der ab dem letzten Börsentag des Jahres 1998 unwiderruflich feststeht. Die festen Umtauschverhältnisse gelten sowohl im Verhältnis der alten nationalen Währungen zum Euro als auch in ihrem Verhältnis untereinander. Während die Umtauschkurse der teilnehmenden Länder untereinander schon vorher festgelegt werden konnten, war die Ermittlung des Euro-Kurses erst Ende 1998 endgültig möglich. Dies lag daran, daß das britische Pfund im europäischen Währungskorb enthalten ist und sein frei schwankender Kurs daher auch bis Ende 1998 den Kurs der ECU mitbestimmte.

Grundsätzlich erhalten Besitzer von ECU-Anleihen den Nennwert in Euro. Auch hier gilt das Prinzip der wertgleichen Umstellung. Allerdings muß bei Anleihen von privaten Emittenten darauf geachtet werden, ob die Vertragsbedingungen nicht eine andere Regelung vorsehen. Dies trifft besonders auf ECU-Anleihen zu, die vor Abschluß des Vertrages von Maastricht (7.2.1992) begeben wurden.

Hinweis: Die Umstellung von ECU-Anleihen auf Euro bedeutet für die Besitzer in jedem Fall eine qualitative Verbesserung. Denn während im jetzigen ECU-Währungskorb auch die Währungen von EU-Ländern enthalten sind, die die Stabilitätskriterien nicht erfüllen, basiert der Euro nur auf den Währungen der Länder, die sich für den Eintritt in die EWU qualifiziert haben. Da die Europäische Zentralbank zu einer strikten Stabilitätspolitik verpflichtet ist, wird der Euro auf Dauer mit hoher Wahrscheinlichkeit härter sein, als es die „Kunstwährung" Europäische Währungseinheit bisher war.

EDV-Anpassung: privat

Müssen alle Computer wegen des Euro umgestellt werden?

Soweit in Computerprogrammen Geldgrößen oder entsprechende Zeichen enthalten sind, ist eine Umstellung spätestens bis zum Jahr 2002 notwendig. Ähnlich wie beim Dollar muß auch das Euro-Zeichen in die Tastaturen (Belegung bestimmter Tasten oder Tastenfolgen) integriert werden. Die Programme müssen das Symbol für den Euro auf dem Bildschirm und die Druckertreiber müssen es auf dem Papier darstellen können. Neue Programme (wie Windows 98) sind dazu aber in der Lage. Überdies kann ähnlich wie bei der Deutschen Mark (D-Mark) beim Schreiben mit dem PC für die Währungsbezeichnung die amtliche Abkürzung EUR oder EO gewählt werden.

Beim Geldverkehr müssen Private genau angeben, ob sie D-Mark oder Euro meinen (wichtig auch beim Online-Banking). Die meisten Banken und Sparkassen haben aber bereits seit Anfang 1998 alle Vorbereitungen getroffen, um in der Übergangszeit für ihre Kunden mehrwährungsfähig zu sein. Dazu gehört ab 1999 zum Beispiel, daß sie bei Überweisungen für ihre Kunden D-Mark-Beträge jederzeit in Euro (oder umgekehrt) umrechnen können, wenn deren Konten nicht auf die gleiche Währung lauten wie die Überweisung.

Während die PC von Privatleuten bis 2002 nur in geringem Umfang betroffen sind, müssen Unternehmen sehr sorgfältig prüfen, an welchen Stellen sie ihre EDV anpassen müssen.

EDV-Anpassung: Staat

Wann stellen Behörden und andere staatliche Einrichtungen ihre Datenverarbeitung auf Euro um?

Im öffentlichen Bereich wird die Umstellung viel länger dauern als bei den großen Unternehmen. Da diese von der Einführung des Euro einen unmittelbaren Vorteil haben, nutzen ihn die meisten bereits ab 1999 als „Hauswährung“. Sie haben daher ein großes Interesse daran, daß sie auch im Verkehr mit den Behörden (öffentliche Aufträge, Steuern, Gebühren) und sonstigen öffentlichen Einrichtungen (wie Rentenversicherung, soziale Krankenversicherung) den Euro nutzen können.

Dies wird in weiten Bereichen aber erst im Jahr 2002 der Fall sein. Bund, Länder und Gemeinden haben viel zu spät mit der Vorbereitung begonnen. In rund 80 Prozent aller Kommunen gab es auch Mitte 1998 noch keine klaren Konzepte für die Umstellung. Die Städte und Gemeinden hatten überhaupt noch nichts unternommen. Deshalb wird es in vielen Fällen nur noch schwer möglich sein, die Umstellung der EDV bis 2002 rechtzeitig zu schaffen. Dies liegt nicht nur an den beschränkten Planungskapazitäten. Es besteht auch die Gefahr, daß es sowohl bei den Beratern als auch bei den Lieferanten von Hard- und Software zu erheblichen Engpässen kommt. Für den Staat könnte so die peinliche Situation entstehen, daß er selbst 2002 nicht in der Lage sein wird, in allen Bereichen mit dem dann allein gültigen gesetzlichen Zahlungsmittel Euro zu arbeiten.

EDV-Anpassung: Unternehmen

Welche Anpassungen müssen in der Datenverarbeitung von Unternehmen vorgenommen werden?

Das hängt von der Größe und Art des Unternehmens ab, ist aber meist umfangreicher, als es auf den ersten Blick erscheint. Denn viele Systeme müssen in der Übergangsphase mehrwährungsfähig sein. Betroffen davon sind nahezu alle Rechnersysteme eines Betriebes, soweit darin Währungsfunktionen vorhanden sind. Das gilt für die Finanzbuchhaltung ebenso wie für das Rechnungswesen, die Produktionsplanung, die Warenwirtschaft oder die Personalbuchhaltung. Das Ausmaß der Umstellung oder Anpassung hängt auch davon ab, ob ausschließlich Standardsoftware eines Herstellers verwendet wird, der entsprechend vorbereitete Programme anbietet und für die Programmpflege mitverantwortlich ist, oder ob es eine Vielzahl von EDV-Anlagen und Programmen unterschiedlicher Herkunft gibt.

Schwieriger wird es nämlich, wenn Standardsoftware mehrerer Hersteller verwendet wird. Fast unlösbar kann die Umstellung alter Programme werden, für die es keine Dokumentationen mehr gibt. Das gilt vor allem dann, wenn die ehemaligen Programmierer bereits in den Ruhestand geschickt wurden. Denn hier muß jede Programmzeile überprüft und alle vorhandenen Datenbestände müssen konvertiert werden. Da es bei der Lösung des Jahrtausend- bzw. Doppelnull-Problems ganz ähnliche Schwierigkeiten gibt, dürfen betroffene Unternehmen keine Zeit verlieren. Die Umstellungsprobleme werden nämlich oft unterschätzt, und die Kapazitäten der auf die Lösung dieser Schwierigkeiten spezialisierten Berater wird immer knapper. Doppelnull- plus Europroblematik können bei verspäteter Beschäftigung mit diesen Fragen zu Schwierigkeiten führen, die bis zum kompletten Betriebsstillstand reichen.

Achtung: Die Lösung dieser Probleme ist nicht nur ein Qualitäts-, sondern auch ein Mengenproblem. Allein in Deutschland gibt es über 200.000 Rechenzentren und über zwölf Millionen PC in Unternehmen. Was die bei der Jahrtausendwende kritische Datumsfunktion angeht, sind zudem im Gegensatz zur Euro-Umstellung nicht nur Computer betroffen. Auch jedes Fahrzeug, jede Maschine, jeder Aufzug und sonstige Automat, in dem Steuerungsanlagen mit Datumsfunktion (wie zum Beispiel Wartungsintervalle) stecken, kann unter Umständen am 1. Januar 2001 einfach stehenbleiben. Betriebe, die die Umstellung ihrer Software auf Euro- und Jahrtausendfähigkeit zu lange hinausschieben, handeln grob fahrlässig.

Einführung der neuen Währung

Ab wann werden wir nur noch mit europäischem Geld zahlen?

Der Euro ist ab 1. Januar 1999 die gemeinsame Währung innerhalb der EWU. Allerdings kann er bis 2002 nur im unbaren Verkehr (Schecks, Überweisungen, Kredit- und Geldkarten) als Zahlungsmittel verwendet werden. Bei Barzahlung gelten weiterhin die alten nationalen Währungen (im Einzelhandel, in Restaurants, beim Fahrkartenkauf, bei der Bezahlung von Parktickets, an Geldautomaten der Banken und Sparkassen). Auch da, wo Schwarzgeld eine Rolle spielt, wird weiter allein die D-Mark, der Franc oder Schilling Verwendung finden. Denn wer ohne Rechnung arbeitet und Steuern hinterzieht, möchte nicht, daß davon Spuren auf dem Konto bleiben.

Das erforderliche Bargeld wird erst im Jahr 2002 in ausreichender Menge zur Verfügung stehen. Allein an Münzgeld muß eine Menge geprägt werden, mit der ein Güterzug voll beladen werden könnte, der von Berlin bis Hannover reicht. Der Austausch der alten gegen die neuen Scheine und Münzen muß laut Vertrag in der ersten Jahreshälfte 2002 erfolgen und spätestens am 1. Juli dieses Jahres abgeschlossen sein. Wie lange die Übergangszeit dauert, in der altes und neues Geld gleichzeitig bei Barzahlungen verwendet werden dürfen, bleibt jedem Land überlassen. Die Befürworter eines Big Bang nehmen aber immer mehr zu.

Die schrittweise Einführung des Euro bietet allen die Gelegenheit, sich langsam an das neue Geld und seinen Wert zu gewöhnen:

- Nach der Bekanntgabe des Verfahrens für die Fixierung der Umtauschkurse konnte schon ab Mai 1998 bei allen langfristigen Geschäften, beim Abschluß von Versicherungsverträgen mit Gesellschaften in einem anderen Mitgliedsland sowie bei allen grenzüberschreitenden Zahlungsverpflichtungen ebenso verfahren werden wie früher nur innerhalb der einzelnen Mitgliedsländer. Währungsveränderungen spielen ebenso wie bei Geschäften zwischen Partnern in München und Düsseldorf, Mannheim oder Dessau keine Rolle mehr.
- Innerhalb des Finanzsektors (Börse, Banken, Sparkassen, Versicherungen, Zentralbank, Fonds) und im zwischenstaatlichen Zahlungsverkehr wird ab Anfang 1999 mit der neuen Währung gerechnet. Die Kurse von Aktien und anderen Wertpapieren werden nur noch in Euro berechnet. Unternehmen können wahlweise in alter nationaler Währung oder in Euro Rechnungen stellen, Löhne zah-

len oder Dividenden ausschütten. Viele große Unternehmen in der EU haben sich bereits 1998 entschieden, intern zu einem sehr frühen Zeitpunkt auf Euro umzustellen. Auch private Konten können auf Wunsch jederzeit zwischen 1999 und 2002 auf Euro umgestellt werden.

- An einem Stichtag im Jahr 2002 verlieren die alten nationalen Zahlungsmittel (D-Mark, Franc, Schilling, Gulden, Escudo usw.) ihren Status als gesetzliches Zahlungsmittel. Sie müssen dann zur Erfüllung geldwerter Verpflichtungen nicht mehr akzeptiert werden. Allerdings sind sie damit immer noch nicht völlig wertlos. Denn Banken und Sparkassen werden die alten Scheine und Münzen noch für lange Zeit ohne Wertverlust – also zum einmal festgelegten Umtauschkurs – in Euro wechseln. Das gilt nicht nur für D-Mark, sondern auch für Bargeld aus anderen Mitgliedsländern der Währungsunion.

Selbst wenn einzelne Sparkassen und Banken nach einigen Jahren keine alten Münzen und Scheine mehr annehmen sollten, werden sie weiterhin von den Zentralbanken ohne Abschlag oder Gebühr gegen Euro eingetauscht. Das ist nicht nur für Bundesbürger wichtig, die noch nach längerer Zeit Geld in einem Schuhkarton oder unter der Matratze finden – was bei der Abwicklung von Erbschaftsfällen immer wieder vorkommt. Es ist auch für diejenigen eine Beruhigung, die im Ausland D-Mark als wertbeständiges Zahlungsmittel verwenden. Das gilt beispielsweise für weite Gebiete im ehemaligen Jugoslawien und für viele Regionen im früheren Ostblock. Auch in anderen Ländern mit hoher Inflationsrate vertrauten viele Menschen mehr auf D-Mark oder Francs als auf ihre heimische Währung. Sie alle können die noch vorhandenen Bargeldbestände selbst nach 2002 ohne Wertverlust in Euro tauschen. Sofern sie Dollar als Zahlungsmittel verwenden (wie in weiten Teilen Rußlands), haben sie ohnehin kein Problem.

Angesichts von Millionen von Automaten (für Getränke, Zigaretten, Gebührenmarken, Spiele) kann es schwierig werden, bei einem Big Bang die Umrüstung von D-Mark und Groschen auf Euro und Cent rechtzeitig zu schaffen. Doch das ist dann kein Drama. Solange die Kunden sie weiter mit den noch vorhandenen alten Münzen füttern, können diese von den Betreibern problemlos in Euro umgetauscht werden. Daher sollten die Hinweise aus dem Kreis der Automatenhersteller und der Betreiber auf unzumutbare Belastungen und Kosten als das genommen werden, was sie oft sind: Äußerungen von Interessenvertretern, die bei dieser Gelegenheit etwas für sich herausholen wollen. Berechtigt sind solche Klagen nur da, wo eine Umrüstung der Automaten nicht möglich ist. Dies gilt beispielsweise für viele der älteren Geldausgabeautomaten der Banken und Sparkassen, die sich nicht auf die größeren Euro-Noten umrüsten lassen.

Achtung: Lassen Sie sich nicht täuschen. Obwohl zunächst weiterhin mit dem alten nationalen Geld gezahlt wird, ist es nicht mehr das alte Geld. Da es in einem unwiderruflichen Umtauschverhältnis zum Euro steht, ist es nur noch ein anderer Ausdruck dafür – eine nichtdezimale Denomination des Euro. Das kommt unter anderem dadurch zum Ausdruck, daß es an den Devisenbörsen keine Notierungen mehr für Gulden, Schilling, Lira, Peseta oder D-Mark gibt. Sie alle werden nur noch auf dem Umweg über den Euro untereinander und in fremde Währungen (wie Dollar, Franken, Yen) umgerechnet. Ähnlich wie Groschen oder Pfennig nur Untereinheiten (oder ein anderer Ausdruck) der D-Mark sind, sind ab Januar 1999 auch die alten nationalen Währungen nur noch ein anderer Ausdruck für Euro.

Eigenständige Spekulationen in diesen Währungen sind also nicht mehr möglich. Das sollten auch Anleger beim Kauf bestimmter Optionen beachten.

Einkaufen

Ab wann kann man mit Euro einkaufen?

Da der Euro als Bargeld erst im Jahr 2002 ausgegeben wird, muß in Deutschland und den zehn anderen Partnerländern überall da, wo in Einzelhandelsgeschäften, Restaurants, Theatern oder Kinos überwiegend bar gezahlt wird, die alte nationale Währung verwendet werden. Auch die Preise werden deshalb zunächst in der Mehrzahl der Fälle allein in der gewohnten Währung angegeben.

Doch da, wo unbar gezahlt wird – also mit Schecks oder Kreditkarten –, kann die Rechnung ab 1999 an sich auch in Euro beglichen werden. Voraussetzung ist natürlich, daß die Preise schon in Euro angegeben werden oder das Geschäft zumindest in der Lage ist, an der Kasse die Endsumme entsprechend umzurechnen. Das ist zunächst nur an wenigen Stellen möglich, wird aber immer mehr zunehmen – vor allem da, wo viele Touristen einkaufen. Denn die werden es bald praktischer finden, wenn sie Preise ohne lange Umrechnerei in allen Ländern auf einen Blick vergleichen können. Sogar große britische Kaufhäuser haben bereits 1997 angekündigt, daß sie auf mehrwährungsfähige Kassen umrüsten wollen, da sie unter ihren Kunden sehr viele Iren, Franzosen und Deutsche haben. Aber auch Japaner und Amerikaner werden es zunehmend zu schätzen wissen, wenn sie sich auf ihren Reisen durch mehrere europäische Länder nicht ständig an neue Währungen gewöhnen und immer von neuem lernen müssen, wie man im jeweiligen Land die Preise in Dollar oder Yen umrechnet.

Teilweise hat diese Zukunft schon begonnen, ehe die Währungsunion begonnen hat: In Frankreich setzte die Supermarktkette Leclerc schon 1997 den Anfang, indem sie die Preise nicht nur in Francs, sondern auch in Euro angab. In Österreich war es der Filialist Meinl, der ebenfalls schon 1997 damit begann, in seinen Verbrauchermärkten die Preise in Schilling und in Euro anzugeben. In Deutschland war es die Boutiquenkette Orsay, die bereits Ende 1997 ihre Kassen so programmiert hatte, daß die Endsumme auf den Kassenzetteln in D-Mark und in Euro ausgewiesen wurde. Der nächste Schritt war, auch bei jedem einzelnen Artikel zusätzlich zum D-Mark-Betrag den entsprechenden Euro-Preis auszudrucken. Bei Orsay wurde das nicht nur deswegen gemacht, weil diese Aufgabe 2002 ohnehin gelöst werden muß, sondern weil das Unternehmen seinen Sitz in der Nähe der französischen Grenze hat und daher wußte, daß einige der Wettbewerber den Kunden bereits diesen Service boten.

Besonders bemerkenswert die Initiative der französischen Kleinstadt Sarlat: In diesem von vielen Touristen aus ganz Europa besuchten historischen Ort mit zehntausend Einwohnern zeichnen 120 Händler, Gastwirte und Hoteliers bereits seit dem 18. Oktober 1997 ihre Preise in Francs und in Euro aus. Bis zur endgültigen Fixierung der Umtauschkurse diente der Kurs der europäischen Recheneinheit ECU als Maßstab.

Ab Januar 1999 werden es immer mehr Kunden und Gäste erst chic und dann praktisch finden, per Scheck oder Kreditkarte in Euro zu zahlen. Sie müssen dazu nichts anderes tun, als im Währungsfeld das Eurozeichen oder die offizielle Abkürzung einzutragen. Händler und andere Anbieter, die diesen Trend verschlafen, werden – ähnlich wie bei der Umstellung auf Kreditkarten – der Konkurrenz das Geschäft überlassen.

Einzelhandel

Werden viele Händler bei der Umstellung auf Euro die Preise „aufrunden"?

Das ist die Sorge vieler Verbraucher. Aber vor dem Jahr 2002 kann nicht viel passieren, da bis dahin die meisten Preise noch in den alten nationalen Währungen angegeben werden. Das Euro-Bargeld wird erst am Ende der Übergangszeit ausgegeben. Die Gefahr, bei dieser Gelegenheit übers Ohr gehauen zu werden, ist aber auch dann nicht so groß, wie oft behauptet wird. Wenn der Gesetzgeber – wie bereits 1998 in Österreich – in einzelnen Mitgliedsländern beschließt, daß in der Übergangszeit die Preisauszeichnung doppelt vorgenommen werden muß, kann jeder Kunde leicht nachrechnen, ob beispielsweise ein Händler versucht, die Umstellung für heimliche Preiserhöhungen zu mißbrauchen.

Allerdings führt eine solche doppelte Auszeichnung zu einem erheblichen finanziellen und personellen Aufwand: Sie zwingt zu einer zeitweiligen Umstellung vieler Computerprogramme sowie zur Anschaffung spezieller Preisauszeichnungsgeräte und neuer Etiketten für die Übergangszeit. Denn es handelt sich nicht nur darum, zwei Preise aufzudrucken: Bei vielen Produkten muß sowohl der Preis für die jeweilige Packung als auch der Preis je Kilo angegeben werden. Bei den in vielen Läden installierten Selbstbedienungswaagen für Obst und Gemüse müssen die Preise in Euro und alter Währung angezeigt und ausgedruckt werden. Das ist bei den vorhandenen Waagen aber technisch meist nicht möglich. Auch auf dem Kassenzettel müssen bei einem solchen Verfahren alle Preise und die Summen doppelt ausgedruckt werden, damit der Kunde alles genau überprüfen kann. Hier wie in den anderen Fällen ist dann die Anschaffung neuer Geräte notwendig – die aber nach Ablauf der Übergangszeit schon nicht mehr gebraucht werden.

Das erfordert eine zweifache Umrüstung der Scannerkassen. Denn nach der Übergangszeit mit doppelter Preisangabe muß wieder auf den Normalfall – also alle Preisangaben in Euro – umgerüstet werden. Dabei entstehen Kosten, die in vielen Fällen letztlich der Verbraucher tragen muß: Da alle Händler gleichermaßen davon betroffen sind, fällt es ihnen leichter, die Kosten auf die Kunden abzuwälzen. Außerdem wird ihnen die Erklärung oder Entschuldigung für Preissteigerungen geradezu frei Haus geliefert.

Das alles ist an sich ziemlich überflüssig. Denn angesichts der schrittweisen Einführung des Euro in der Übergangszeit zwischen 1999 und 2000 haben die Verbraucher genügend Zeit, sich an die neue Währung und den Umrechnungskurs zu gewöhnen. An den Börsen etwa wird ab 4. Januar 1999 in Euro gerechnet. Dazu überweisen immer mehr Unternehmen Löhne und Gehälter in Euro oder schicken Rechnungen in der neuen Währung. Und auf den Konten werden die Salden doppelt ausgewiesen.

Viel wichtiger noch: Angesichts des scharfen Wettbewerbs im Einzelhandel ist es nicht sehr wahrscheinlich, daß in größerem Umfang versucht wird, bei der Umstellung zu mogeln. Wenn sich bei der Umrechnung ein Preis von 7,85 Euro ergibt, könnte zwar der eine oder andere Händler in Versuchung geraten, daraus gleich einmal 7,95 Euro zu machen; schließlich liegt das Angebot so immer noch unter der optisch wichtigen Grenze von acht Euro. Aber dann wirbt wahrscheinlich ein Konkurrent damit, daß es bei ihm derartige Anpassungen auf keinen Fall gibt: „Wir rechnen ehrlich." Und schon müssen auch die anderen zurückstecken. In dieser Phase der Umstellung werden die Verbraucher sehr sensibel auf Preismanipulationen reagieren. Außerdem werden viele Medien begierig darauf sein, solche Mogeleien aufzudecken. Die Schlagzeilen der Boulevardpresse kann sich jeder heute schon ausmalen: „Beim X-Markt wird der Kunde für dumm verkauft" oder „Schummelei beim Kaufhaus Y".

Hin und wieder wird es wohl schon gelingen, die Preise aufzurunden. Aber in mindestens ebenso vielen anderen Fällen wird es kaum zu vermeiden sein, den Preis aus optischen Gründen abzurunden. Denn wenn zum Beispiel ein Produkt statt früher 19,90 D-Mark umgerechnet 10,15 Euro kostet, werden die meisten Einzelhändler auf 9,95 Euro gehen. Sonst sieht ihr Angebot zu teuer aus.

Kaum anders wird es bei Handwerkern oder Autoverkäufern sein. Besonders der Kfz-Handel kann sich keine krummen Touren leisten, denn sobald überall in Euro gezahlt wird, läßt sich noch leichter feststellen, ob das gleiche Modell im

Nachbarland billiger angeboten wird. Da es keine Rolle mehr spielen wird, ob ein Auto diesseits oder jenseits der Grenze gekauft wird, werden bei größeren Preisunterschieden die Reimporte zunehmen. Gezahlt wird überall mit der gleichen Währung. Dadurch wird der direkte Preisvergleich ebenso leicht werden wie heute im Inland.

Ob Hosen, Waschmittel, Urlaubsreisen, Autos oder Handwerksleistungen teurer oder billiger angeboten werden, hängt heute wie in Zukunft vor allem von der allgemeinen Wirtschaftslage und vom Wettbewerb ab. Daß der Name der Währung ausgetauscht wird, ändert daran nichts.

Viel größer als im Einzelhandel ist die Gefahr von „Gewinnmitnahmen" bei der Währungsumstellung im öffentlichen Bereich. Bund, Länder und Gemeinden können viel leichter ihre Tarife, Gebühren oder Bußgelder nach oben aufrunden, als dies in der privaten Wirtschaft der Fall ist. Denn in vielen Fällen handelt es sich um gesetzlich festgelegte Gebühren oder um Monopolbereiche. Wettbewerber, die eine solche Preispolitik mit günstigeren Angeboten unterlaufen könnten, gibt es beim Staat nicht.

Hinweis: Sofern vor der Umstellung Verträge geschlossen werden, sieht es ohnehin anders aus. Dann muß der Verkäufer den Preis des Autos, der Waschmaschine oder eines Hauses pfennig- bzw. centgenau umrechnen. Hier gilt der Grundsatz der Vertragskontinuität. Lassen Sie sich in solchen Fällen auf keine Änderungen ein. Sie sind ungesetzlich.

Eröffnungsbilanz

Muß bei der Umstellung auf Euro eine Eröffnungsbilanz aufgestellt werden?

Eröffnungsbilanzen aus währungspolitischen Gründen hat es in Deutschland schon mehrfach gegeben: Dazu gehörte in den zwanziger Jahren die Goldmark-Eröffnungsbilanz, die D-Mark-Eröffnungsbilanz 1948 und die Eröffnungsbilanz nach dem D-Mark-Bilanzgesetz für das Saarland 1959 (siehe auch Beispiele für eine Währungsunion). Im D-Mark-Bilanzgesetz von 1990 stehen die Regeln für die erste D-Mark-Bilanz von Unternehmen im Gebiet der früheren DDR. Eine solche Eröffnungsbilanz ist beim Übergang zum Euro erforderlich.

Eröffnungsbilanzen sind bei jeder Neugründung eines Unternehmens aufzustellen. Grundsätzlich beginnt auch danach jedes neue Jahr mit einer Eröffnungsbilanz. Im Normalfall ist sie aber mit der Abschlußbilanz des Vorjahres identisch. Zwischen dem 1. Januar 1999 und dem Jahr 2002 bleibt es grundsätzlich jedem Unternehmen überlassen, ob und in welchem Umfang es zunächst mit der bisherigen nationalen Währung rechnet, ob es mit dieser und dem Euro gleichzeitig arbeitet oder ob es sich schon vollständig auf Euro umstellt. Spätestens im Jahr 2002 müssen aber auch die Nachzügler ihr Rechnungswesen umstellen. Es wird dann eine D-Mark-Abschlußbilanz und eine Euro-Eröffnungsbilanz geben müssen.

Einzelheiten dazu muß der Gesetzgeber beschließen. Besonders wichtig ist, daß die Eröffnungsbilanz keine steuerrechtlichen Konsequenzen hat und daß es zu keinen Unsicherheiten über Bewertungsfragen kommt. Darüber hinaus wird es zahlreiche Neuregelungen geben. Insgesamt müssen nämlich etwa 3.900 Gesetze mit Blick auf die EWU geändert werden. Dabei geht es zwar in den meisten Fällen nur darum, D-Mark und Pfennig durch die Worte Euro und Cent zu ersetzen. Aber in einigen Fällen müssen auch substantielle Veränderungen vorgenommen werden, die für die betriebliche Praxis von Bedeutung sind. Daher sollte jeder Unternehmer oder Selbständige die Presse, Fachzeitschriften und Verbandsmitteilungen sorgfältig daraufhin lesen, welche Anpassungen beschlossen werden und was davon ihn betrifft. In allen Betrieben sollte es einen Euro-Beauftragten geben, zu dessen Aufgaben es unter anderem gehört, die gesetzgeberische Arbeit und ihre Konsequenzen für das Unternehmen genau zu verfolgen.

Wenn das Geschäftsjahr nicht mit dem Kalenderjahr übereinstimmt, wird es nur dann notwendig, bei der D-Mark-Abschlußbilanz und der Euro-Eröffnungsbilanz ein Rumpfgeschäftsjahr zugrunde zu legen, wenn die Umstellung erst zum letztmöglichen Zeitpunkt – nämlich am 1.1.2002 – stattfindet. Das läßt sich vermeiden, wenn die Umstellung auf Euro früher stattfindet und dann zu Beginn eines neuen Geschäftsjahres. Unternehmen wie die Siemens AG, deren Geschäftsjahr immer am 1. Oktober beginnt, werden deshalb auch zu diesem Datum umstellen. Der Münchner Elektrokonzern hat beschlossen, dies am 1.10.1999 zu tun.

Euribor

Was wird aus den „Referenzzinssätzen" wie Libor oder Fibor in der Europäischen Währungsunion?

Mit der Einführung der gemeinsamen europäischen Währung Euro verlieren die bisherigen Referenzzinssätze für kurzfristige Geldanlagen, wie beispielsweise der Fibor („Frankfurt Interbank Offered Rate"), der Pibor („Paris Interbank Offered Rate") und der Mibor („Mailand Interbank Offered Rate") ihre Bedeutung. Da die Geldmarktgeschäfte in den jeweiligen nationalen Währungen eingestellt werden, erübrigt sich auch die Berechnung der entsprechenden Referenzzinssätze. An ihre Stelle tritt der Euribor. Er wird ab 1. Januar 1999 berechnet. Die Berechnung des Fibor findet ab diesem Tag nicht mehr statt.

Euribor (European Interbank Offered Rate) ist die Abkürzung für den wichtigsten europäischen Referenzzinssatz unter Geschäftsbanken. Er wird als Richtsatz für kurzfristige Geldanlagen bzw. Kreditaufnahmen zwischen Banken in der gemeinsamen europäischen Währung Euro verwendet. Der Euribor löst die bis zur Umsetzung der dritten Stufe der Europäischen Währungsunion verwendeten Referenzzinssätze für Geldanlagen in den jeweiligen nationalen Währungen ab.

Wie schon der Fibor wird der Euribor auch als Basis für revolvierende Darlehen an private Unternehmen sowie Körperschaften öffentlichen Rechts dienen. Der Euribor ist zudem für die Kursermittlung verschiedener Derivate – wie beispielsweise Zinsoptionen – von Bedeutung.

Die Rahmenbedingungen für die Ermittlung des Euribor wurden durch die European Banking Federation in Zusammenarbeit mit den Verbänden der Kreditwirtschaft und der Financial Markets Association entwickelt. Es soll sichergestellt sein, daß der Euribor, dessen Berechnung weitgehend analog zur Berechnung des von ihm abgelösten Fibor erfolgt, möglichst repräsentativ die Angebots- und Nachfragesituation im Markt für kurzfristige Geldanlagen widerspiegelt.

Zur Ermittlung des Euribor melden bis zu 64 Banken, die am Geldmarkt in Euro handeln, darunter auch zwölf deutsche Kreditinstitute (wie die Deutsche Bank, die West LB sowie die Dresdner Bank) Geld- und Briefsätze für Anlagen mit einer Laufzeit von einem bis zwölf Monaten an einen zentralen Informationsdienstleister. Auf Grundlage der gemeldeten Sätze errechnet dieses Dienstleistungsunternehmen einmal täglich einen Durchschnittszins. Der Durchschnittszins kann von allen an das System angeschlossenen Marktteilnehmern, auch Nichtbanken, abgefragt werden. Die Meldung der Geld- und Briefsätze wie auch die Abfrage des Euribor erfolgen ausschließlich per Datennetz.

Wie auch schon beim Fibor ist zu beachten, daß es sich beim Euribor lediglich um einen Referenzzinssatz handelt, an dessen Höhe sich die Marktteilnehmer orientieren können. Ob sich die einzelne Bank zu diesem Satz tatsächlich bei einer anderen Bank bzw. einem Bankenkonsortium refinanzieren kann, hängt entscheidend von der Bonität des Instituts ab. Es gibt Banken, die eine so einwandfreie Bonität besitzen, daß sie sich unterhalb des jeweiligen Referenzzinssatzes Geld beschaffen (refinanzieren) können.

Weil der Libor vor allem für kurzfristige Geldanlagen in US-Dollar berechnet wird und Großbritannien nicht zu den Ländern gehört, die von Beginn an zur europäischen Währungsunion gehören, wird der Libor auch weiterhin berechnet und verwendet.

Euro

Hat die europäische Währung in jedem Land den gleichen Namen?

Die Finanzminister der Union haben sich schon im Dezember 1995 beim Gipfeltreffen in Madrid auf den Namen „Euro“ für die Gemeinschaftswährung geeinigt. Die Bezeichnung für die kleineren Münzen wurde erst beim Treffen in Verona im April 1996 festgelegt. Sie heißen in Zukunft Cent oder Euro-Cent.

Der Name Euro gilt ohne Zusatz. Er darf also in den jeweiligen Ländern nicht als bloße Vorsilbe verwendet werden (wie Euro-Mark, Euro-Gulden oder Euro-Franc). Damit soll sichergestellt werden, daß es an den internationalen Devisenbörsen, im weltweiten Zahlungsverkehr und innerhalb des Finanzsektors nur eine Bezeichnung gibt. Es soll auch der Gefahr vorgebeugt werden, daß sich in der Bevölkerung oder bei Verwendung des Euro im Ausland (zum Beispiel beim Wechseln von Euro in Dollar oder Rubel) inoffizielle Bewertungsunterschiede herausbilden. Beispiel: Der Euro-Franc wird mehr geschätzt als die Euro-Mark (oder umgekehrt) und zu einem etwas besseren Kurs gewechselt. Dazu kann es nämlich keinen Anlaß geben, da jeder Euro-Schein in jedem Mitgliedsland der Währungsunion gleichermaßen gilt und auch äußerlich gleich aussieht.

Bei den Münzen (Euro und Cent) haben die Mitgliedstaaten der Währungsunion einen gewissen nationalen Gestaltungsspielraum. Das liegt auch nahe, da die Münzhoheit in gewissem Umfang bei den einzelnen EU-Staaten verbleibt. Ähnlich wie heute die Bundesländer werden sie das Recht haben, im Rahmen der von der Europäischen Zentralbank erlassenen Richtlinien Münzen zu prägen. Die eine Seite (welche die Wertangabe enthält) wird innerhalb der EWU einheitlich gestaltet. Die andere Seite kann vom jeweiligen Land individuell gestaltet werden. In Deutschland werden das Brandenburger Tor, der Bundesadler und Eichenlaub zu den Gestaltungselementen gehören. Italien hat sich unter anderem für die Venus von Boticelli entschieden.

Daß die Münzhoheit bei den einzelnen Staaten der EWU bleibt, hat nicht nur historische und sentimentale Gründe. Es erlaubt ihnen auch, den sogenannten Münzgewinn einzustreichen. Denn eine Münze im Wert von einem oder fünf Euro kostet in der Herstellung deutlich weniger, als der Nennwert ausmacht. Die Zentralbank kauft den Münzanstalten die Geldstücke aber zum Nennwert ab und bringt sie dann in Umlauf. Ähnlich ist es beim „Scheidegeld“, den kleineren Münzen. Erst bei den unteren Werten (ein, zwei oder fünf Pfennig) deckt der Abgabepreis die Kosten der Produktion in der Regel nicht mehr. Da Euro oder Cent aber eine höhere Kaufkraft haben werden als die heutigen nationalen Währungseinheiten, könnte selbst die Fünf-Cent-Münze dem Staat noch einen Profit bringen. Den bei der Münzprägung entstehenden Gewinn kassieren die jeweiligen Länder und können ihn bei ihrer Haushaltsfinanzierung verwenden. Das entspricht der heute in allen Staaten üblichen Praxis. In Deutschland sind es die Bundesländer, denen der Münzgewinn zufließt. Damit sie diese Geldquelle nicht in unzulässiger Weise anzapfen, dürfen sie aber nur die Mengen prägen, die von der Zentralbank genehmigt sind. Die Europäische Zentralbank wird auch darauf achten, daß die Münzherstellung gerecht auf die verschiedenen Mitglieder der EWU aufgeteilt wird. Das kleine Luxemburg oder Belgien werden deshalb nicht ebenso viele Euro und Cent in Umlauf bringen dürfen wie Deutschland oder Frankreich.

Unabhängig von solchen Überlegungen und vom Sprachgebrauch wird der Euro in allen Ländern, die der Währungsunion beitreten können, den Status des alleinigen gesetzlichen Zahlungsmittels haben. Sechs Monate nach seiner Einführung als Schein und Münze im Jahr 2002 verlieren die alten nationalen Zahlungsmittel ihre Gültigkeit. Sie können aber auch lange Zeit danach noch bei den Kreditinstituten und Zentralbanken zum festgesetzten Umtauschkurs ohne Wertverlust in Euro gewechselt werden.

Euro-Beauftragter

Ist es sinnvoll, in Unternehmen einen Euro-Beauftragten zu bestimmen?

Das ist unbedingt zu empfehlen, denn selbst Unternehmen, die keine Tochtergesellschaften in anderen Ländern der EU haben und nur geringe oder gar keine Import- und Exportgeschäfte tätigen, werden in vielfältiger Form von der Umstellung der Währungseinheit auf Euro betroffen sein. Deshalb sollte in jedem Betrieb ein Euro-Beauftragter bestimmt werden, der ähnlich wie der Datenschutzbeauftragte bereichsübergreifend für alle Aktivitäten zur Vorbereitung der Währungsumstellung zuständig ist.

Überdies ist es sinnvoll, daß bereichsübergreifende Arbeitsgruppen gebildet werden, die untersuchen, welche Abteilungen von der Umstellung berührt sind, welche Vorbereitungen im Unternehmen getroffen werden müssen und wie die gegebenenfalls erforderliche Schulung der Mitarbeiter organisiert wird. Auch die Neugestaltung von Formularen und die notwendigen Änderungen an den Computerprogrammen müssen rechtzeitig eingeleitet werden, damit es am Stichtag der Umstellung nicht zu großen organisatorischen Problemen und zu für den geordneten Geschäftsablauf gefährlichen Engpässen kommt. In vielen vorausschauend geführten Betrieben wurde die Umstellung bereits zur „Chefsache“ erklärt und für die Koordination der damit verbundenen Aufgaben ein Euro-Beauftragter ernannt. Zu den Aufgaben eines Euro-Beauftragten kann unter anderem gehören:

- Erarbeitung einer Euro-Checkliste,
- Aufstellen eines Zeitplans für die notwendigen betrieblichen Maßnahmen,
- Koordination der bereichsübergreifenden Arbeitsgruppen,

- Beobachtung der Gesetzgebung zur Euro-Umstellung,
- Information der Mitarbeiter über Lohnzahlung usw. in Euro,
- Vorbereitung von Schulungen für Mitarbeiter, deren Aufgabenbereiche von der Umstellung berührt werden,
- Kalkulation der Umstellungskosten im Unternehmen,
- Vorbereitung der Vertragsanpassungen bei ausländischen Lieferanten und Kunden,
- frühzeitige Kommunikation mit Banken, Kunden und Lieferanten, um die Umstellungsmaßnahmen zu koordinieren,
- Kontrolle, ob die erforderlichen Maßnahmen in den Abteilungen entsprechend dem Zeitplan durchgeführt werden.

Der Euro-Beauftragte sollte direkt der Geschäftsleitung unterstellt werden und dieser regelmäßig über den Stand der Vorbereitungen, die Einhaltung der Zeitpläne und neue Entwicklungen im Bereich der nationalen und europäischen Gesetzgebung berichten.

Die bereichsübergreifende Diskussion der notwendigen Maßnahmen und die Durchführung der erforderlichen Schritte sollten selbst dann planmäßig durchgeführt werden, wenn bei der Unternehmensführung noch Zweifel darüber bestehen, ob die Währungsunion kommt oder ob der Zeitplan für die Währungsumstellung tatsächlich eingehalten wird. Verspätete Maßnahmen können sonst große Probleme bei der praktischen Umsetzung auslösen, zu stark erhöhten Kosten führen oder rechtliche Schwierigkeiten nach sich ziehen.

Beispiele für mögliche rechtliche Schwierigkeiten bei verspäteter Vorbereitung der Umstellung:

- Wenn die erforderlichen Vertragsanpassungen bei Kunden oder Lieferanten in den USA oder in Asien versäumt wurden,
- wenn keine korrekten Preislisten verfügbar sind,
- wenn die Löhne nicht pünktlich gezahlt werden können, weil die Software nicht angepaßt oder erneuert wurde oder Druckaufträge für die Gehaltsabrechnungsbögen zu spät erteilt wurden,
- wenn Rechnungen nicht korrekt gezahlt werden können,
- wenn es bei der Abführung der Sozialbeiträge zu Schwierigkeiten kommt.

Dies läßt sich durch rechtzeitige Beschaffung von Informationen, eine vorausschauende Planung, frühzeitige Bestellung von Hardware und Kontaktaufnahme zu Banken, Sparkassen, Kammern und anderen Beratern verhindern.

Euro-Checkliste für Unternehmen

Welche Punkte müssen von Betrieben oder Selbständigen bei der Umstellung auf Euro beachtet werden?

Siehe dazu Checkliste für Unternehmen

Euro-Einführungsgesetz

Was steht im Euro-Einführungsgesetz?

Am 24. September 1997 hat das Bundeskabinett das Euro-Einführungsgesetz verabschiedet. Es regelt für wichtige Bereiche der Wirtschaft den Übergang zum Euro. Zudem garantiert es bis zum Jahr 2002 in vielen Bereichen ein Wahlrecht zwischen alter und neuer Währung. So können Wertpapiere privater Emittenten, der Länder und Kommunen zwar nach dem 1. Januar 1999 sofort auf Euro umgestellt werden, sie dürfen aber auch noch bis zum Jahr 2002 in D-Mark notiert werden. Anleihen des Bundes dagegen **müssen** sofort nach Beginn der Währungsunion auf Euro umgestellt werden. Die deutschen Börsen haben allerdings freiwillig beschlossen, Wertpapiere ab 1999 in Euro zu notieren:

Dazu heißt es im Gesetz: „Die Preise für Wertpapiere **können** ab dem 1. Januar 1999 an der Börse in Euro festgestellt werden. .... Die auf Deutsche Mark lautenden und als Bundesanleihen, Bundesobligationen und Bundesschatzanweisungen gehandelten Buchschulden des Bundes, die nach dem 19. Januar 1999 zur Rückzahlung fällig werden, werden mit Wirkung vom 1. Januar 1999 auf Euro umgestellt."

Die Bundesländer und Kommunen sowie Industrieunternehmen **können** bei ihren Schuldtiteln ebenso verfahren. Maßgebend dafür ist (auch für alle anderen Ausleihungen, Forderungen und Verbindlichkeiten) laut Gesetz aber immer der „vom Rat der Europäischen Union gemäß Artikel 1091 Absatz 4 Satz 1 des EG-Vertrages unwiderruflich festgelegte Umrechnungskurs". Das Euro-Einführungsgesetz enthält daneben vor allem folgende Punkte:

- Das Diskontsatz-Überleitungsgesetz, das Ersatzregelungen für den nach dem 1.1.1999 nicht mehr existierenden Diskontsatz der Deutschen Bundesbank schafft.
- Änderungen von Vorschriften auf dem Gebiet des Gesellschaftsrechts, die sich vor allem auf die Umstellung des Grundkapitals bei Aktiengesellschaften und des Gesellschaftskapitals bei Unternehmen anderer Rechtsform beziehen.
- Änderungen auf dem Gebiet des Bilanzrechts.
- Änderungen des Börsenrechts.

- Änderungen im Mietrecht, die sich auf die Höhe und vor allem die Indexierung von Mieten beziehen.

Das Gesetz soll Rechtssicherheit in Fragen der Umstellung von D-Mark auf Euro schaffen und damit einen reibungslosen Übergang in die EWU ermöglichen.

Euro-Einführungsgesetz in Österreich

Bereitet sich Österreich in anderer Form auf den Euro vor als Deutschland?

Trotz vieler Gemeinsamkeiten sind in jedem Land spezielle Fragen zu lösen, oder es herrschen andere Auffassungen über den notwendigen Verbraucherschutz, über Gebührenregelungen usw. Auch die Zusammenarbeit zwischen den Vertretern der unterschiedlichen Interessengruppen gestaltet sich oft anders. So ist man in Österreich nach intensiven Verhandlungen zwischen Verbraucherverbänden und der Unternehmerseite zu einem gemeinsamen Konzept für verbraucherfreundliche Regelungen bei der Einführung des Euro in Österreich gekommen. Die österreichische Bundesregierung hat sich entschlossen, diesem Vorschlag eine gesetzliche Form zu geben. Anders als das erste deutsche Euro-Einführungsgesetz beschäftigt es sich in erster Linie mit Verbraucherfragen.

Das österreichische Euro-Universalgesetz soll zeitlich beschränkt bis zum Ende der Währungsumstellung im Jahr 2002 gelten. Seine wesentlichen Elemente sehen folgendermaßen aus:

- **Doppelte Preisauszeichnung:** Für die drei Monate vor dem Beginn der Parallelwährungsphase (1.1.2002 bis 30.6.2002), während der Parallelwährungsphase sowie für die Zeit nach derem Auslaufen (drei Monate) wird eine doppelte Preisauszeichnung gesetzlich vorgeschrieben. Auch eine einheitliche Anordnung der Währungen bei der Preisangabe wird vorgeschrieben (Schilling links, Euro rechts), um die Konsumenten nicht durch unterschiedliche Anordnung zu verwirren. Der Umrechnungskurs und die Werte der Banknoten sind in Kassennähe in Schilling und Euro durch ein Plakat jedem Kunden sichtbar zu zeigen. Bei langfristigen Verträgen (Versicherungen, Mieten) muß ab 1.1.1999 eine Angabe in Schilling und Euro erfolgen. Bei bereits laufenden Verträgen muß im Jahr 2001 eine entsprechende Preisinformation des Verbrauchers in Schilling und Euro erfolgen.
- **Keine Umstellungskosten:** Für das Umtauschen von Schilling in Euro und umgekehrt dürfen während der Parallelwährungsphase keine Kosten berechnet werden. Auch das Umschreiben von Verträgen, Konten oder Sparbüchern von Schilling auf Euro muß kostenlos erfolgen.

- **Preisüberwachung:** Um den Anbietern die Möglichkeit von Preiserhöhungen bei Umstellung auf den Euro zu nehmen, wird eine Euro-Preiskommission die Verbraucherpreise überwachen.

Um der Bevölkerung die Gewöhnung an den Euro zu erleichtern und vor allem schon früh ein Gefühl für die neuen Größenordnungen bei der Umrechnung zu geben, haben manche österreichische Zeitungen bereits 1997 damit begonnen, bei allen Schilling-Angaben in Klammern auch den Wert in Euro anzugeben (abgeleitet aus dem jeweiligen Kurs der ECU).

Euro-Euro

Wieso gab es schon Euro-Kapitalmärkte, lange bevor es den Euro gab?

Das eine hat mit dem anderen gar nichts zu tun. Es handelt sich vielmehr um eine etwas unglückliche Namensgleichheit, die noch für große Verwirrung sorgen könnte. Unter Euro-Märkten versteht man schon seit Jahrzehnten Kapitalmärkte, an denen von großen, international bekannten Schuldnern Anleihen in Fremdwährung aufgenommen werden können – und zwar außerhalb des Heimatlandes der jeweiligen Währung. So können Dollaranleihen zum Beispiel von einem deutschen oder französischen Konzern bei einem internationalen Bankenkonsortium am Finanzplatz London aufgenommen werden. Auch für Anleihen in einer Fremdwährung, die etwa am Finanzplatz Tokio vereinbart wird, hat sich dieser Begriff durchgesetzt. Wenn ein amerikanisches Unternehmen sich dort zum Beispiel D-Mark besorgt, handelt es sich im Fachjargon ebenfalls um eine „Euro-Anleihe“, in diesem Fall um eine Euro-DM-Anleihe. Je nach Währung gibt es daher für diese Art von Kreditaufnahme die Bezeichnung Euro-Yen-Anleihe, Euro-Dollar-Anleihe, Euro-DM-Anleihe usw.

Nach 1999 wird Euro-Anleihe aber vor allem bedeuten, daß innerhalb der Währungsunion eine Anleihe in der Gemeinschaftswährung Euro aufgenommen wird. Logischerweise müßte eine Anleihe in der Gemeinschaftswährung Euro, die außerhalb des EWU-Gebietes, zum Beispiel in Tokio oder Zürich, vereinbart wird, dann als Euro-Euro-Anleihe bezeichnet werden.

An den internationalen Finanzmärkten wird man sich wohl oder übel etwas einfallen lassen müssen, um diese völlig unterschiedlichen Formen auch begrifflich so zu unterscheiden, daß es nicht zu einer heillosen Verwirrung kommt.

Euro-Konten

Ab wann kann oder muß ich mein Konto auf Euro umstellen?

Spätestens im Laufe des Jahres 2002 müssen alle Konten auf Euro lauten (oder in Form von Fremdwährungskonten geführt werden, die auf Drittwährungen wie Dollar, Yen, Pfund lauten). Die alten Währungen verlieren spätestens am 1. Juli 2002 in allen Mitgliedsländern ihren Status als gesetzliche Zahlungsmittel. Bis dahin können Konten wahlweise in D-Mark oder Euro geführt werden. Aber ob es sinnvoll ist, zu warten, sollte jeder sorgfältig prüfen. Insbesondere für Unternehmen könnte eine späte Umstellung erhebliche Nachteile haben. Auch Privatleute verzichten auf manche Erleichterung – zum Beispiel bei Reisen –, wenn sie bis zum Schluß an den alten nationalen Zahlungsmitteln festhalten. Aber keine Sorge: Auch wenn das eigene Konto weiterhin auf D-Mark lautet, können mit Hilfe der Banken und Sparkassen jederzeit auch Rechnungen in Euro bezahlt werden.

Die deutschen Kreditinstitute haben schon früh beschlossen, daß innerhalb des Sparkassen- und Bankensektors der gesamte Zahlungsverkehr vom 1. Januar 1999 an auf Euro umgestellt wird. Privat- und Firmenkunden können aber weiterhin in der nationalen Währung rechnen. Auch wenn innerhalb des Zahlungsverkehrssystems nur noch der Euro verwendet wird, werden die Banken und Sparkassen im Verhältnis zu ihren Kunden in der Übergangszeit bis zum Jahr 2002 so lange in D-Mark abrechnen, wie diese es wünschen. An der „Schnittstelle" zwischen dem Kreditsektor und dem Kunden findet dann jeweils die Umrechnung in D-Mark oder umgekehrt in Euro statt. Da die Wechselkurse zwischen den nationalen Währungen und dem Euro unwiderruflich festgelegt sind, entstehen daraus keinerlei Wechselkursprobleme oder Wertveränderungen, da es sich stets um eine wertgleiche Umrechnung mit festen Rundungsregeln handelt.

Privat- und Firmenkunden können selbst bestimmen, ab wann sie ihren gesamten Zahlungsverkehr oder Teile davon in Euro abwickeln wollen. Dies wird neben der „emotionalen Komponente" auch davon abhängen, wie frühzeitig oder verspätet sie ihre Computerprogramme oder Formulare auf Euro umstellen.

Euro-Kurs

Zu welchem Kurs findet der Umtausch in Euro statt?

Hier muß zwischen dem Umrechnungskurs des Euro für die alten nationalen Währungen, dem Wechselkurs zu EU-Ländern, die noch nicht im europäischen Währungsclub sind (Dänemark, Großbritannien, Schweden, Griechenland) und dem Wechselkurs zu den Währungen von Drittländern wie USA, Schweiz oder

Japan unterschieden werden. Dabei spielt das Verhältnis zum Dollar eine zentrale Rolle.

Der Dollar-Kurs: Nach dem Vertrag von Maastricht darf sich der Außenwert der European Currency Unit (ECU) bei Beginn der Währungsunion nicht ändern – also keine politisch bestimmte Euro-Dollar-Parität. Das bedeutet: Am 31. Dezember 1998 um 11.30 Uhr erfolgt die Feststellung der Kurse der im EWS-Währungskorb enthaltenen nationalen Währungen gegenüber dem Dollar. Daraus wird der amtliche ECU-/Dollar-Kurs errechnet. Er ist am ersten Börsentag 1999 Ausgangspunkt für den Handel von Euro und Dollar an den internationalen Devisenbörsen. Danach bestimmen – wie früher bei den nationalen Währungen – Angebot und Nachfrage den jeweiligen Tageskurs.

Euro und andere EU-Währungen: Ähnlich wie zuvor im EWS wird ein möglichst stabiles Wechselkursverhältnis zwischen dem Euro und den Währungen der (noch) nicht der Währungsunion angehörenden EU-Länder angestrebt. Der Euro ist dabei die Leitwährung.

Umtauschverhältnis Euro in alte nationale Währungen: Nach der Meldung der Dollarkurse der verschiedenen europäischen Währungen am 31. Dezember 1998 und Berechnung des letzten ECU-Kurses gegenüber dem Dollar erfolgt die Multiplikation dieses Kurses mit dem letzten Wechselkurs der jeweiligen nationalen Währung gegenüber dem Dollar. Das Ergebnis ist der (unwiderrufliche) Umrechnungskurs zum Euro.

Beispiele: Bei einem Wechselkurs Euro/Dollar am 31.12.1998 von 1,10 Dollar für einen Euro und einem letzten Dollar/DM-Kurs von 1,80 D-Mark, errechnet sich der Umrechnungskurs von D-Mark in Euro so: 1,10 x 1,80 = 1,98. Bei einem Wechselkurs Euro/Dollar von 1,08 Dollar für einen Euro und einem letzten Dollar/DM-Kurs von 1,82 D-Mark, ergibt sich ein Umrechnungskurs 1,08 x 1,82 = 1,9656.

Euro-Medaillen

Was ist von den jetzt sehr häufig angebotenen Euro-Münzen und -Medaillen zu halten?

Viele Bundesbürger finden in ihrer Post immer wieder amtlich wirkende Briefe, in denen ihnen „Euro-Münzen“ angeboten werden. Meist wird dieser Begriff allerdings sorgfältig umgangen, und es ist nur die Rede von Sonderprägungen, Ehrenprägungen, Gedenk-Euro usw. Dies ist erforderlich, um nicht mit dem Gesetz in Konflikt zu geraten. Denn das Recht, Euro-Münzen herauszugeben, haben nur die staatlichen Münzanstalten im Auftrag der Europäischen Zentralbank (EZB). Dies wird auch erst im Jahr 2002 stattfinden, wenn der Euro und die Cent-Münzen als Bargeld in Umlauf kommen.

Es handelt sich also nur um Medaillen. Laut Lexikon sind das „münzähnliche Erinnerungsstücke ohne Geldcharakter". Auch wenn sie von einem „Münzkontor" herausgegeben werden, das sich mit dem Namen eines Bundeslandes schmückt, der Brief als „Zuweisungsbescheinigung" aufgemacht ist oder als „Auswahlbescheid" gekennzeichnet wird, eine Kennnummer enthält und eine „gebührenfreie" Zuteilung der „Orginal-Erstausgabe" ankündigt, handelt es sich um nichts anderes als eine private Prägung von Phantasiemünzen. Auch der Begriff „Orginal-Erstausgabe" hat keine wirkliche Bedeutung.

Hinweis: Wer Spaß an solchen Medaillen hat und bereit ist, dafür zum Beispiel zehn D-Mark auszugeben, kann dies natürlich tun. Einen echten Sammlerwert haben derartige Prägungen nicht. Sie lassen sich in der Regel nicht an andere Sammler weiterverkaufen und bringen noch seltener später einen Gewinn. Der Metallwert liegt weit unter dem geforderten Preis.

Europäische Regierung

Kann eine Währungsunion ohne eine Europäische Regierung auf die Dauer funktionieren?

Ob es in Europa jemals zu einer supranationalen Regierung, zu den Vereinigten Staaten von Europa, kommt, kann heute niemand sagen. Bis aus der Europäischen Union die „Vereinigten Staaten von Europa" werden, ist es noch ein weiter Weg. Wie das Beispiel der belgisch-luxemburgischen Währungsunion oder die stillschweigende Währungsunion zwischen Deutschland, Österreich und den Niederlanden (D-Mark-Block) zeigen, kann eine gemeinsame Währungspolitik dennoch sehr erfolgreich sein.

Überdies übersehen diejenigen, die behaupten, eine gemeinsame Währung und Europäische Zentralbank setzten auch eine Zentralregierung voraus, daß die künftige Europäische Notenbank – ebenso wie heute die Bundesbank – völlig unabhängig von den Weisungen irgendeiner Regierung über die Stabilität des Geldwertes wachen soll. Dann ist logischerweise auch die Existenz einer solchen Europäischen Regierung keine zwingende Voraussetzung für das Funktionieren der Währungsunion. Eher könnte das Gegenteil der Fall sein. Denn in der Bundesrepublik haben zum Beispiel die Länder viel weniger Möglichkeiten als die Bundesregierung, die Politik der Bundesbank in der einen oder anderen Form zu beeinflussen. Überdies wollen die teilnehmenden Staaten gleichzeitig mit der Währungsunion eine Wirtschaftsunion bilden sowie ihre Wirtschafts- und Finanzpolitik eng verzahnen. Sie haben zudem bereits seit Jahren viele nationale Kompetenzen auf wirtschaftlichem und sozialem Gebiet auf die Kommission und den Europäischen Rat übertragen.

Europäische Zentralbank (EZB)

Nach welchen Grundsätzen arbeitet die Europäische Zentralbank?

Die Europäische Zentralbank hat ihren Sitz in Frankfurt. Sie wurde nach dem Vorbild der Bundesbank aufgebaut und hat die gleichen Aufgaben. So wie die Bundesbank unterliegt sie keinen Weisungen der Regierungen der EU-Länder oder des Europäischen Ministerrates. Ihre wichtigste Aufgabe ist es, über die Stabilität des Geldwertes zu wachen und mit geeigneten geldpolitischen Maßnahmen gegen inflationäre Tendenzen vorzugehen. Die Verantwortung dafür hat allein der unabhängige Europäische Zentralbankrat.

Es ist der EZB ausdrücklich verboten, einzelnen Regierungen Geld zur Finanzierung von Haushaltsdefiziten zur Verfügung zu stellen. Das soll verhindern, daß eine unsolide Haushaltspolitik über die Druckerpresse möglich ist. Ergänzt wird dies durch den Stabilitätspakt, der die europäischen Regierungen auch nach dem Beitritt zur Währungsunion verpflichten soll, die Stabilitäts- bzw. Konvergenzkriterien einzuhalten.

Die Geschäfte der EZB führt das Direktorium. Seine Mitglieder sind für acht Jahre gewählt und danach nicht wieder wählbar. Die lange Amtsdauer einerseits und das Verbot der Wiederwahl andererseits sollen sie gegen politische Einflußnahme unempfindlich machen.

Die Statuten der EZB beruhen auf einem internationalen Vertrag, der nur mit Zustimmung aller Mitglieder geändert werden kann. Dadurch haben sie praktisch Verfassungsrang. Das Bundesbankgesetz dagegen konnte in der Zeit der geldpolitischen „Alleinherrschaft“ der Bundesbank jederzeit mit einfacher Mehrheit geändert werden. Dadurch hätte theoretisch die Unabhängigkeit der Bundesbank aufgehoben werden können.

Europäische Zentralbank: Eigentümer

Wem gehört die Europäische Notenbank?

Da die Europäische Zentralbank in Frankfurt ihre Geldpolitik in völliger Unabhängigkeit betreiben soll und die Regierungen kein Weisungsrecht haben, sollen sie auch nicht als „Aktionäre“ der EZB auftreten. Das erforderliche Grundkapital in Form von Währungsreserven (wie Gold, Dollar, Yen) stellen vielmehr die unabhängigen Notenbanken der Mitgliedsländer zur Verfügung. Wenn bereits 1999 alle EWU-Staaten beitreten würden oder könnten, müßten sie der gemeinsamen Zentralbank umgerechnet etwas mehr als 50 Milliarden Euro als Währungsreserven zur Verfügung stellen. Da ein Teil der EU-Länder erst später beitritt, ist aber nicht sofort ab 1999 eine so hohe Reservehaltung erforderlich.

Jedes Mitgliedsland beteiligt sich an der Auffüllung der notwendigen Währungsreserven der EZB entsprechend seinem Anteil an der Gesamtbevölkerung sowie der gesamtwirtschaftlichen Leistung (Bruttoinlandsprodukt). Das bedeutet, daß Deutschland in der Endstufe einen Anteil von 22,95 Prozent (oder knapp 11,5 Milliarden Euro) aus den Währungsreserven der Bundesbank beisteuern muß. Frankreich muß 16,2 Prozent (8,1 Milliarden Euro) und das kleine Luxemburg nur 0,15 Prozent (0,075 Milliarden Euro) nach Frankfurt überweisen. Wie hoch die Anteile der einzelnen Länder tatsächlich sein werden, hängt davon ab, wie viele Mitglieder die EWU jeweils hat. Mit jedem neuen Beitritt sinkt der prozentuale Anteil der bisherigen Länder entsprechend. Das macht bei einem Land wie Griechenland angesichts seines geringen Gewichts nicht viel aus, wird aber vor allem dann zu einer deutlicheren Verschiebung führen, wenn sich Großbritannien einmal zur vollen Mitgliedschaft entschließt.

Da die Bundesbank 1998 über Währungsreserven in Höhe von rund 120 Milliarden D-Mark (oder etwa 61 Milliarden Euro) verfügte, bedeutet dies, daß sie weniger als ein Fünftel davon für die gemeinsame Währungspolitik zur Verfügung stellen muß. Deutschland bzw. die Bundesbank bleibt überdies (ähnlich wie ein Aktionär) weiterhin Eigentümer dieses Kapitalanteils und wird auch dementsprechend an den Gewinnen der gemeinsamen Notenbank beteiligt. Denn ähnlich wie früher die Bundesbank erzielt auch die EZB aus ihrer Geschäftstätigkeit in jedem Jahr Überschüsse. Diese werden auf die Mitgliedsländer entsprechend ihren Kapitalanteilen verteilt. Es gibt allerdings Bedenken gegen den Schlüssel für die Gewinnverteilung, da Deutschland und andere Länder dabei benachteiligt werden könnten.

Europäischer Zentralbankrat

Wie ist der Europäische Zentralbankrat zusammengesetzt? Wie unabhängig ist die EZB?

Die Europäische Zentralbank (EZB) mit Sitz in Frankfurt geht aus dem für den Übergang geschaffenen und ebenfalls in Frankfurt arbeitenden Europäischen Währungsinstitut (EWI) hervor und baut auf dessen Vorarbeiten auf. Die Europäische Zentralbank ist weitgehend nach dem Vorbild der Bundesbank geschaffen worden, hat aber sogar eine noch weitergehende Sicherung ihrer Unabhängigkeit gegenüber den Regierungen oder anderen staatlichen oder supranationalen Einrichtungen.

Das oberste Entscheidungsgremium der EZB, der Rat der Europäischen Zentralbank (vergleichbar mit dem Zentralbankrat der Bundesbank), setzt sich aus dem geschäftsführenden Direktorium der EZB und den Notenbankpräsidenten der Länder zusammen, die sich für einen Beitritt zur Währungsunion qualifiziert haben. Wichtigste Aufgabe des Zentralbankrates ist es laut Vertrag von Maastricht, die Stabilität der Euro-Währung zu gewährleisten. Der Rat legt die zur Erreichung dieses Ziels erforderlichen Leitlinien der Geldpolitik fest. Er bestimmt, welche geldpolitischen Mittel (Diskontsatz, Offenmarktpolitik, Mindestreserven oder dergleichen) eingesetzt werden. Er hat das alleinige Recht, die Ausgabe von Banknoten zu genehmigen.

Für die Umsetzung der Leitlinien ist das Direktorium der EZB verantwortlich. Weder der Rat insgesamt noch das Direktorium sind Weisungen von anderen Stellen unterworfen – also auch nicht von seiten der Regierungen der teilnehmenden Länder, der Brüsseler Kommission oder des EU-Ministerrates. Allerdings haben – entsprechend den Regelungen bei der Bundesbank – ein Mitglied der EG-Kommission und der Präsident des Ministerrates der EU das Recht, an Sitzungen des Zentralbankrates teilzunehmen. Sie können dabei Vorschläge machen, nicht aber an den Abstimmungen teilnehmen. Umgekehrt kann der Präsident des Zentralbankrates an Tagungen des Ministerrates teilnehmen, wenn dort Fragen beraten werden, die Ziele und Aufgaben der EZB berühren.

Die Mitglieder des Direktoriums der EZB sind der Präsident und der Vizepräsident sowie bis zu vier weitere Mitglieder. Sie werden vom Europäischen Rat (auf der Ebene der Staats- und Regierungschefs) ernannt. Die vorgesehenen Mitglieder müssen Persönlichkeiten sein, die als Bank- und Währungsfachleute anerkannt sind. Vor ihrer Ernennung müssen das Europäische Parlament und der Rat der Zentralbank dazu gehört werden. Die Auswahl und Ernennung durch den Ministerrat muß einvernehmlich erfolgen.

Die Mitglieder des Direktoriums werden auf die Dauer von acht Jahren ernannt. Eine Wiederernennung ist nicht zulässig. Dadurch soll verhindert werden, daß sich Mitglieder des Direktoriums gegenüber den Regierungen gefällig erweisen, um für eine weitere Amtsperiode ernannt zu werden. Da sie die erforderlichen Qualifikationen und Erfahrungen in der Regel erst in einem fortgeschrittenen Alter vorweisen können, wird für die meisten Mitglieder des Direktoriums am Ende ihrer Amtszeit auch keine andere politische Position mehr in Frage kommen. So soll sichergestellt werden, daß sie keinen Anlaß haben, einer bestimmten Regierung oder politischen Gruppierung Gefälligkeiten zu erweisen, die ihren Pflichten als Mitglied des Zentralbankrates zuwiderlaufen. Die nationalen Notenbankpräsidenten werden für fünf Jahre ernannt und können wiedergewählt werden.

Alle Länder haben sich im Vertrag von Maastricht ausdrücklich verpflichtet, „nicht zu versuchen, die Mitglieder der Beschlußorgane der EZB oder der nationalen Zentralbanken bei der Wahrnehmung ihrer Aufgabe zu beeinflussen“ (Artikel 107).

Der Rat der EZB entscheidet in der Regel mit einfacher Mehrheit. Jedes Mitglied hat dabei gleiches Stimmrecht. Nur bei Stimmengleichheit gibt die Stimme des EZB-Präsidenten den Ausschlag. Anders wird bei der Verwendung des Gewinns der Zentralbank abgestimmt. Hierbei haben die Mitglieder des Direktoriums kein Stimmrecht. Die Notenbankpräsidenten entscheiden mit Zweidrittelmehrheit. In diesem Fall werden die Stimmen allerdings unterschiedlich gewichtet. Sie richten sich danach, welche Anteile die verschiedenen nationalen Zentralbanken am Kapital der EZB haben. Diese werden entsprechend der Anteile festgelegt, die ein Land aufgrund seiner Bevölkerungszahl und seines Bruttoinlandsprodukts (BIP) hat.

Wichtig: Auch die Notenbankpräsidenten der Mitgliedsländer unterliegen keinen Weisungen ihrer Regierungen. Im Vertrag von Maastricht haben sich alle EU-Länder verpflichtet, ihren Zentralbanken den gleichen unabhängigen Status zu geben, wie ihn auch die Bundesbank besitzt.

Europäisches System der Zentralbanken (ESZB)

Worin unterscheidet sich das Europäische System der Zentralbanken von der Europäischen Zentralbank?

Die Europäische Zentralbank (EZB) ist das Spitzeninstitut des Europäischen Systems der Zentralbanken (ESZB) und mit der Bundesbank vergleichbar. Die EZB allein ist für die Stabilität des Geldwertes verantwortlich, bestimmt die Geldpolitik innerhalb der gesamten Europäischen Währungsunion (EWU) und genehmigt die Ausgabe von Euro-Banknoten und -Münzen. Ihr oberstes Entscheidungsgremium ist der Europäische Zentralbankrat, dem neben dem Direktorium die Notenbankpräsidenten der Länder angehören, die Mitglied der Währungsunion sind.

Diese Noten- oder Zentralbanken bilden die zweite Stufe des gemeinschaftlichen Zentralbanksystems. Die Struktur des Europäischen Systems der Zentralbanken entspricht damit dem deutschen Modell (mit der Bundesbank an der Spitze und den ihr nachgeordneten Landeszentralbanken). Alle Länder der EU haben sich verpflichtet, ihren Notenbanken die gleiche Unabhängigkeit von der jeweiligen Regierung oder anderen Institutionen zu geben, wie sie die Bundesbank und ab 1999 die Europäische Zentralbank besitzen. Ebenso wie diese sind die nationalen Zentralbanken vor allem dem Ziel verpflichtet, die Geldwertstabilität zu sichern. Auch die nationalen Zentralbanken unterliegen dabei keinerlei Weisung von seiten der Regierung, von Institutionen der EU oder anderen Stellen. Um diese Punkte des Vertrages zu erfüllen, waren in einigen EU-Ländern Verfassungsänderungen erforderlich. Denn alle Länder haben sich verpflichtet, die Satzungen ihrer Zentralbanken mit den Bestimmungen des Maastrichter Vertrages und der Satzung des ESZB in Übereinstimmung zu bringen.

Die nationalen Zentralbanken sind für die Ausführung der Beschlüsse der Europäischen Zentralbank zuständig. Sie können mit Genehmigung der EZB Banknoten ausgeben. Die Mitgliedstaaten haben das Recht, Münzen auszugeben (ebenso wie heute die Bundesländer). Den Wert der insgesamt umlaufenden Münzen, der Euro-Cents, bestimmt allein die EZB. Dadurch ist sichergestellt, daß die Regierungen auch über den Umweg der Münzprägung keine Möglichkeit haben, die umlaufende Geldmenge gegen den Willen der Europäischen Zentralbank zu erhöhen.

Europäisches Währungsinstitut (EWI)

Welche Aufgaben hatte das Europäische Währungsinstitut in Frankfurt?

Das EWI ist Wegbereiter der Europäischen Zentralbank gewesen und geht in ihr auf. Nach dem Vertrag von Maastricht über die Europäische Union sollte es als Vorläufer der künftigen Europäischen Zentralbank den Übergang vom bereits bestehenden Europäischen Währungssystem auf die Währungsunion vorbereiten. Das Währungsinstitut sollte bis zum 31. Dezember 1996 „in regulatorischer, organisatorischer und logistischer Hinsicht" den Rahmen festlegen, den das künftige Europäische System der Zentralbanken (ESZB) zur Erfüllung seiner Aufgaben braucht.

Das Europäische Währungsinstitut hatte keine exekutiven Befugnisse, konnte also nicht in die Währungspolitik der einzelnen Mitgliedsländer der EU eingreifen. Es durfte den nationalen Notenbanken noch keine Weisungen erteilen. Es sollte aber die Voraussetzungen für eine Koordination der Geldpolitik der europäischen Staaten schaffen.

Das EWI sollte überdies die Verwendung der Europäischen Währungseinheit ECU in der Finanz- und Geschäftswelt fördern. Es mußte vor Entscheidungen der EU oder einzelner Mitgliedsländer, die für die Geldpolitik von Bedeutung waren, gehört werden. An die Spitze des EWI wurde zunächst der Belgier Alexandre Lamfalussy berufen, der von dem Niederländer Wim Duisenberg abgelöst wurde..

Der Vertrag über die Europäische Union und das ihm angefügte Protokoll über die Satzung des EWl definieren Ziele, Aufgaben und Funktionen des Währungsinstituts. Es sollte:

- die Zusammenarbeit zwischen den Zentralbanken fördern und die Koordinierung der nationalen Geldpolitik verbessern;
- die Vorarbeiten leisten, die für die Errichtung des Europäischen Systems der Zentralbanken und die Durchführung einer einheitlichen Geldpolitik sowie für die Schaffung einer einheitlichen Währung in der dritten Stufe erforderlich sind. Dazu gehört zum Beispiel auch die Einrichtung der für die Übergangszeit notwendigen Konvertoren zur Umrechnung der alten und der neuen Währung.

Das EWI war vor allem auch eine Plattform für den Austausch von Meinungen und Informationen über die mit der Einführung der europäischen Währung zusammenhängenden rechtlichen und wirtschaftspolitischen Fragen. Die Durchführung der Geldpolitik blieb aber bis zur Einrichtung einer Europäischen Zentralbank in der ausschließlichen Verantwortung der nationalen Behörden.

Das EWI sollte auch die Voraussetzungen für ein handlungsfähiges Europäisches System der Zentralbanken (ESZB) schaffen. Das bedeutet vor allem:

- die Entwicklung von Konzepten und Verfahren für die Durchführung der einheitlichen Geldpolitik und die Erarbeitung der operativen Regeln und Vorgehensweisen für das ESZB;
- die Durchführung einer einheitlichen Währungspolitik;
- die Förderung der Effizienz des grenzüberschreitenden Warenverkehrs;
- soweit erforderlich die Erhebung und Harmonisierung von verläßlichen und zeitnahen Statistiken, um die Verwirklichung der einheitlichen Geldpolitik zu unterstützen;
- die Überwachung der technischen Vorarbeiten für den Druck und die Ausgabe der europäischen Banknoten;
- eine Harmonisierung von Rechnungslegungsregeln und -standards der nationalen Zentralbanken sowie die Entwicklung eines geeigneten Informationssystems für das ESZB.

Das Entscheidungsgremium des EWI war der EWI-Rat. Der Rat bestand aus dem Präsidenten des EWI und den Präsidenten der nationalen Zentralbanken. Der Präsident des Rates der EU und ein Mitglied der Europäischen Kommission konnten an den Sitzungen teilnehmen – aber ohne Stimmrecht. Der EWI-Rat, dessen Aussprachen vertraulich sind, tritt mindestens zehnmal im Jahr zusammen.

Europäisches Währungssystem (EWS)

Worin liegt der Unterschied zwischen dem alten Europäischen Währungssystem (EWS) und der Währungsunion?

Beim Europäischen Währungssystem handelt es sich um einen Mechanismus, der dafür sorgen sollte, daß die Währungen der EU-Länder untereinander zu möglichst stabilen Kursen getauscht wurden. Allerdings waren die Wechselkursschwankungen immer noch recht hoch. Bei Eintritt eines Landes in die Währungsunion existiert dieses Problem nicht mehr. Während im EWS noch jede nationale Notenbank eine eigenständige Geldpolitik verfolgte, gibt es in der EWU nur noch eine Instanz, die für die Stabilität des Geldwertes verantwortlich ist, nämlich die Europäische Zentralbank (EZB). Wechselkursschwankungen und

Störungen des Binnenhandels innerhalb des gemeinsamen Währungsgebiets gehören ebenso der Vergangenheit an wie zuvor zwischen den 16 Ländern der Bundesrepublik.

Das EWS bestand aus zwei Grundelementen: der Europäischen Währungseinheit ECU (European Currency Unit) und dem Wechselkursmechanismus. Die ECU diente als „gemeinsamer Nenner" oder Bezugsgröße für den Wert der Währungen untereinander. In welchem Austauschverhältnis die Währungen standen, legten zwar formal die Regierungen fest. Sie mußten dabei aber die Situation am Devisenmarkt berücksichtigen, weil bei unrealistischen Kursen schon nach kurzer Zeit spekulative Käufe oder Verkäufe einsetzten. Aufgabe der Notenbanken war es, durch geeignete Maßnahmen dafür zu sorgen, daß die Wechselkurse auch tatsächlich eingehalten wurden. Der von den Regierungen festgelegte Wechselkurs galt allerdings nur als Mittelwert. Je nach Angebot und Nachfrage bei den verschiedenen Währungen durften die Kurse innerhalb festgelegter Grenzen nach oben oder unten abweichen, ehe die Notenbanken durch Käufe und Verkäufe regulierend in das Marktgeschehen eingreifen mußten.

Das Europäische Währungssystem sollte nach dem Willen seiner Gründer dazu dienen, ein möglichst stabiles Austauschverhältnis zwischen den Währungen der verschiedenen Länder der Europäischen Union herzustellen, um so dem Handel zwischen den Mitgliedstaaten eine verläßlichere Grundlage zu geben. Das konnte aber nur gelingen, wenn die beteiligten Regierungen und Notenbanken ihre Politik so aufeinander abstimmten, daß es zu keinen Spannungen im Währungssystem kam. Insofern war das EWS immer auch als Vorstufe zu einer Währungsunion gedacht. In den Jahren vor Beginn der Währungsunion konnten die vereinbarten Kurse immer besser eingehalten werden.

Das EWS wurde am 13. März 1979 aus der Taufe gehoben und sollte nach einer Zeit starker Erschütterungen der Devisenmärkte zumindest innerhalb Europas eine Zone stabiler Wechselkurse schaffen. Das ist zeitweise auch gelungen. Allerdings haben nie alle Mitglieder der Gemeinschaft dem Währungssystem kontinuierlich angehört. Nicht alle waren fähig, die wirtschaftspolitischen Anforderungen dauerhaft zu erfüllen: Die griechische Drachme hat bis März 1998 nie dem EWS angehört. Italien und Großbritannien sind am 17.9.1992 aus dem Wechselkursmechanismus ausgeschieden, formell aber Mitglieder des EWS geblieben. Zuvor (1986) war der französische Franc schon einmal aus dem Wechselkursmechanismus ausgegliedert worden – allerdings nur für wenige Tage, bis sich die beteiligten Regierungen auf neue, marktgerechte Kurse geeinigt hatten. Bis zum 1.8.1993 betrug die maximale Schwankungsbreite um die Leitkurse 2,25 Prozent in beiden Richtungen. Ausnahmen stellten der portugiesische Escudo und die spanische Peseta dar. Sie durften schon damals um bis zu sechs Prozent nach oben und unten vom Mittelkurs abweichen. Seit dem 2. August 1993 brauchten die Notenbanken deshalb erst dann an den Devisenmärkten einzugreifen, wenn sich der Kurs einer Währung um mehr als 15 Prozent nach oben oder unten vom festgelegten Leitkurs zu entfernen drohte.

Der Grund: Im Juli 1993 hatte als Folge unterschiedlicher wirtschaftlicher Entwicklungen (Wirtschaftswachstum, Inflationsraten, Außenhandel, Staatsverschuldung) wieder einmal die Spekulation auf eine notwendige Anpassung der Kurse zu starken Spannungen innerhalb des Wechselkurssystems geführt. Die bisher längste Zeit ohne Wechselkursanpassung lag zwischen dem 12.1.1987 und dem 13.9.1992, als die Lira abgewertet und alle anderen EG-Währungen aufgewertet wurden. Bis zur Erweiterung der Bandbreiten am 2.8.1993 war es bereits 15mal zu Auf- oder Abwertungen (bzw. am 17.9.1992 zum Austritt von Italien und Großbritannien) gekommen, mit denen auf die unterschiedliche wirtschaftliche Entwicklung der verschiedenen EU-Länder und die dadurch ausgelösten Währungsspekulationen reagiert wurde. Um die Währungen in den vereinbarten Schwankungsbreiten zu halten, mußte allein die Deutsche Bundesbank in der letzten Juliwoche 1993 rund 60 Milliarden D-Mark für Interventionen an den Devisenmärkten einsetzen. Besonders der französische Franc war zu dieser Zeit Gegenstand massiver Spekulation.

Nachdem die Notenbanken bereits Milliardenbeträge aus ihren Devisenreserven aufwendet hatten, um durch den Verkauf starker und den Kauf schwacher und daher abwertungsverdächtiger Währungen die vereinbarten Kurse zu verteidigen, beschlossen die beteiligten Regierungen zwar keine offizielle Veränderung der geltenden Mittelkurse. Sie erlaubten aber weit größere Schwankungen um diesen Wert als bisher. Daraus ergaben sich insbesondere für die europäische Landwirtschaft große Probleme. Und der Exportwirtschaft entstanden nicht nur erhebliche Unsicherheiten bei der langfristigen Planung, sondern auch hohe Transaktionskosten.

Um diese Nachteile zu vermeiden, haben die Länder des sogenannten D-Mark-Blocks ihre Währungen enger aneinander gebunden, als es das EWS-Abkommen vorschreibt. Sie sind damit dem Ziel einer Währungsunion in der Praxis schon vor 1999 sehr nahe gekommen.

EWS II

Warum ist trotz der Währungsunion ein EWS II erforderlich?

Nicht alle EU-Länder konnten oder wollten der Wirtschafts- und Währungsunion schon 1999 beitreten. Bei einigen dieser Länder wird ein Beitritt vielleicht schon bald möglich sein, bei anderen ist nicht abzusehen, wann sie einen Aufnahmeantrag stellen. Da stabile Wechselkurse aber eine wichtige Voraussetzung für das Funktionieren des Binnenmarktes und die Zusammenarbeit bei Forschung und Entwicklung, für die Gemeinsame Agrarpolitik, für wechselseitige Investitionen und einen möglichst ungehinderten Austausch von Kapital sind, muß versucht werden, die Währungsrelationen dennoch so stabil wie möglich zu gestalten. Das soll durch ein neues Europäisches Währungssystem oder ein EWS II geschehen, durch das die „Ins“ und „Outs“ währungspolitisch so eng wie möglich zusammengehalten werden. Bei ihrem Treffen in Verona im April 1996 haben die Finanzminister und Notenbankchefs der EU-Länder die Grundzüge eines EWS II beschlossen, das diese Aufgabe erfüllen und einige Schwächen des bisherigen EWS vermeiden soll. Dabei geht es vor allem um vier Punkte:

- Leitwährung ist der Euro. Die Währungen der Außenseiter sollen in einem festen Wechselkurs zu ihm stehen. Ihr Kurs darf nur innerhalb festgelegter Bandbreiten schwanken. Die Kursrelationen der „Outs“ können aber verändert werden, wenn die wirtschaftlichen Verhältnisse dies erzwingen. Das wird vor allem dann der Fall sein, wenn die jeweilige Währung einem starken Kaufkraftschwund unterliegt und wenn daraufhin eine Abwertungsspekulation einsetzt, die es für die EZB und die jeweilige nationale Zentralbank schwer oder unmöglich macht, den festgelegten Kurs zu verteidigen.
- Bei der Aufrechterhaltung der festgelegten Kurse soll es eine „asymmetrische Zuständigkeit“ geben. Das bedeutet, daß in erster Linie die Zentralbank des betroffenen EU-Landes zu Interventionen am Devisenmarkt verpflichtet ist. Sie muß dafür sorgen, daß der Wechselkurs ihrer Währung innerhalb der vereinbarten Bandbreiten bleibt. Die Europäische Zentralbank greift nur dann ein, wenn dies ohne Schaden für die Geldwertstabilität innerhalb der Währungsunion geschehen kann. Dadurch soll sichergestellt werden, daß die Länder der EWU nicht für den ökonomischen Schlendrian in einem außenstehenden EU-Land aufkommen müssen. Da dieses allein aber kaum in der Lage ist, fundamentale Ungleichgewichte durch Interventionen am Devisenmarkt dauerhaft auszugleichen, muß die Wechselkursstabilität über eine solide Geld- und Finanzpolitik erreicht werden. Dieser Zwang zur wirtschaftlichen Stabilität ist durchaus gewollt. Er soll dazu beitragen, die Außenseiter so schnell wie möglich für einen Eintritt in die Währungsunion fit zu machen.
- Änderungen der Leitkurse (Paritätsveränderungen) sollen aus dem gleichen Grund nicht mehr wie bisher Angelegenheit der einzelnen Länder sein. Das Initiativrecht wird statt dessen bei der Europäischen Zentralbank (EZB) liegen. Die letzte Entscheidung über eine Anpassung der Kurse bleibt dem Rat der Wirtschafts- und Finanzminister vorbehalten. Dadurch soll verhindert werden, daß sich einzelne Länder durch fundamental nicht gerechtfertigte Abwertungen ihrer Währung gegenüber dem Euro einen ungerechtfertigten Wettbewerbsvorteil gegenüber den anderen EU-Staaten verschaffen. Das würde nämlich zur Folge haben, daß es in wirtschaftlich schwierigen Situationen zu einem „Abwertungswettlauf“ kommt.

- Wie bisher soll es für die verschiedenen Währungen unterschiedliche Bandbreiten geben. Je weiter das jeweilige EU-Land vom Stabilitätsziel entfernt ist, um so größer wird die Bandbreite sein, innerhalb derer seine Währung um den Euro-Leitkurs schwanken darf.

Daraus ergibt sich, daß der Euro innerhalb der Europäischen Union die „Sonne“ sein wird, um die die schwächeren Währungen kreisen. Über viele Einzelfragen, die in diesem Zusammenhang noch gelöst werden müssen, wird es sicher noch heftige Auseinandersetzungen geben.

Festverzinsliche Wertpapiere

Was geschieht mit festverzinslichen Wertpapieren bei der Umstellung von D-Mark auf Euro?

Bei festverzinslichen Wertpapieren (Anleihen, Pfandbriefe, Sparbriefe, Kommunalobligationen usw.) erfolgt wie bei allen anderen Geldwerten einfach die Umrechnung in Euro. Das gilt für den jeweiligen Börsenkurs ebenso wie für den Rückzahlungsbetrag oder Nominalwert und die regelmäßigen Zinszahlungen – nicht aber für den Zinssatz. Der bleibt beim festgelegten Satz. Die Rendite verändert sich bei der Umstellung der Währung also nicht.

Beispiel: Sie haben eine Anleihe im Nennwert von 100 D-Mark und mit einer Verzinsung von sechs Prozent. Wenn diese Anleihe am Tag der Umstellung an der Börse mit 94 D-Mark bzw. Prozent notiert wird, werden diese Zahlen mit dem Umstellungsfaktor D-Mark/Euro umgerechnet. Das ergibt dann zum Beispiel in der neuen Währung:

• den Nennwert	51,02	
• den Börsenkurs am Tag der Umstellung	47,96	
• die Zinszahlung	3,06	
• und als Zinssatz weiterhin	6,0	Prozent.

Da auch alle Preise, Löhne, Steuern usw. mit dem gleichen Faktor umgerechnet werden (grob gerechnet: halbiert werden), ändert sich am realen Wert der Ersparnisse nichts.

Fixierung der Umtauschkurse

Wie werden die Kurse der alten Währungen zum Euro umgerechnet?

Die Festlegung der Umtauschverhältnisse der alten nationalen Währungen in die europäische Gemeinschaftswährung ist kein Akt politischer Willkür. Zunächst mußten alle EU-Staaten, die der Währungsunion beitreten wollten, ihre Wirtschafts-, Geld- und Finanzpolitik so gestalten, daß die Konvergenzkriterien erfüllt wurden. Das hat dazu geführt, daß sich die Wechselkurse von D-Mark, Franc, Schilling, Gulden, Peseta usw. an den Devisenmärkten schon im Vorfeld der Währungsunion untereinander immer mehr stabilisiert haben, also immer geringere Schwankungen zeigten. Die Außenwerte von D-Mark, Schilling oder Gulden und der anderen Währungen, die direkt oder indirekt zum sogenannten D-Mark-Block gehören, waren bereits seit Jahren fast ohne Schwankungen. Die EU-Währungen lagen damit immer dichter an den Leitkursen im Europäischen Währungssystem.

Die Leitkurse, die seit langem vom Markt akzeptiert wurden, sind auch die Basis für den Umtausch der nationalen Währungen der beitretenden Länder untereinander und zum Euro. Um Spekulationen in letzter Minute zu verhindern, wurde das Verfahren für die Umrechnung bereits vor Beginn des Jahres 1999 fixiert.

Durch die Festlegung der Kurse zum Euro und den Umtauschkurs der nationalen Währungen untereinander soll sichergestellt werden, daß es ebenso wie innerhalb der Länder auch im Verhältnis der alten nationalen Währungen untereinander zu einem wertgleichen Übergang zum Euro kommt.

Beispiel: Wenn sich im Laufe der Jahre zwischen D-Mark und Franc ein Wechselkurs von rund 1:3 herausgebildet hat, dann wird dieses Austauschverhältnis mit Beginn der Währungsunion dauerhaft festgeschrieben. Er ist auch die Basis für den späteren Umtauschkurs von Franc und D-Mark in Euro. Das bedeutet, daß ein Franzose in Francs gerechnet immer eine dreifach höhere Summe für einen Euro zahlen muß als ein Deutscher, der seine D-Mark umtauscht.

Nach der endgültigen Kursfixierung kann innerhalb des Finanzsektors (Banken, Sparkassen, Versicherungen, Zentralbank, Fonds) und im zwischenstaatlichen Zahlungsverkehr bereits mit der neuen Währung gerechnet werden. Die Unternehmen können wahlweise in nationaler oder europäischer Währung zahlen. Privatleute werden auf Wunsch ebenfalls schon vor dem Jahr 2002 Konten unterhalten können, die auf Euro lauten.

Devisenspekulationen mit den Währungen der Länder, die sich für den Beitritt zur Währungsunion qualifiziert haben, sind in der Zeit zwischen der unwiderruflichen Fixierung der Wechselkurse und der Ausgabe von Euro-Banknoten nicht länger möglich, da es keine Kursschwankungen mehr geben kann. Nur Gebühren beim Umwechseln von Bargeld werden Unternehmen und Verbraucher bis zur Einführung des Euro als Transaktionskosten noch belasten.

Hinweis: Die Umrechnung der alten Währungen in Euro und der alten nationalen Währungen untereinander muß immer über den Euro erfolgen. Dabei muß mit sechs signifikanten Ziffern gearbeitet werden. Rundungen beim Umrechnungskurs sind ebensowenig erlaubt wie die Bildung inverser Kurse. Das soll zu einem Höchstmaß an Genauigkeit führen und Streitereien über Auf- oder Abrundungen vermeiden.

Fluchtwährungen

Was versteht man unter Fluchtwährungen im Zusammenhang mit dem Euro?

Als Fluchtwährungen werden Währungen bezeichnet, die für Ausländer attraktiver sind als die heimische Währung. Dafür kann es viele Gründe geben:

- eine hohe einheimische Steuerbelastung,
- kriminelle Herkunft der Gelder,
- Devisenbewirtschaftung im eigenen Land,
- Angst vor einer Entwertung des ersparten Geldes wegen hoher Inflationsraten,
- Angst vor einer künftigen Abwertung.

Mit Blick auf den Euro kommen nur die letzten zwei Gründe in Betracht, denn die beiden ersten sind davon unabhängig. Als Fluchtwährung kommen dann fremde Währungen in Frage, deren Innen- und Außenwert als stabil gilt, die also nur eine vergleichsweise geringe Inflationsrate aufweisen und deren Wechselkurs gegenüber anderen wichtigen Währungen nicht allzu stark schwankt. Wichtig ist auch, daß in den jeweiligen Ländern politische Stabilität und Rechtssicherheit herrschen oder daß die steuerlichen Regelungen günstig sind. Oft sind allerdings nicht alle diese Bedingungen gleichermaßen erfüllt. Deshalb kommt es darauf an, welche Faktoren für die Anleger bei ihrer Kapitalflucht jeweils ausschlaggebend sind.

Vor allem Kapital aus Ländern, in denen eine galoppierende Inflation herrscht, die von Abwertungen und Devisenzwangswirtschaft begleitet ist, wird in den sogenannten Fluchtwährungen angelegt, um den Kapitalwert zu erhalten. Auf diese Weise soll inflationären Gefahren, politischer Unsicherheit oder starken Reglementierungen, durch die dem Besitzer die Verfügungsgewalt über sein Geld weitgehend entzogen wird, entgangen werden. Zu den großen Fluchtwährungen im oben genannten Sinne gehören neben dem Dollar vor allem die D-Mark und der japanische Yen Allerdings können es auch steuerliche Gründe sein, die dazu führen, daß Inhaber größerer Vermögen oder überdurchschnittlich hoher Einkommen ihr Geld in „sichere Häfen" bringen, wo es nicht nur gegen übermäßigen Wertverlust durch Inflation, sondern auch vor dem Zugriff des Finanzamtes besser geschützt ist. Unter steuerlichen Gesichtspunkten gehören vor allem die Schweiz, Luxemburg, Liechtenstein, aber auch bestimmte exotische Länder (wie die Bahamas oder die Cayman-Inseln) zu den Fluchtpunkten des Kapitals. Das heißt allerdings nicht, daß das Geld dort in der jeweiligen Landeswährung angelegt wird. Meist handelt es sich auch in diesen Ländern um Dollar-, Mark- oder Yen-Konten, denn die heimische Währung gilt oft als schwach und unsicher.

Das gilt nicht für Anlagen in Schweizer Franken oder Konten in Luxemburg. Allerdings hat es wenig Sinn, Geld in Luxemburg anzulegen, wenn die Angst vor dem Euro das Motiv ist. Denn daß sich das Großherzogtum mit seinen glänzenden Wirtschaftsdaten für den Beitritt zur Währungsunion qualifizieren würde, war schon lange vorher absehbar.

Mit Blick auf die Europäische Währungsunion zählen daher vor allem Dollar, Yen und Franken zu den bevorzugten Fluchtwährungen. Allerdings halten die dabei angestellten Kalkulationen einer näheren Prüfung oft nicht stand. Abgesehen davon, daß sich die Angst vor einer nach der Umstellung stark zunehmenden Geldentwertung oder Inflationsgefahr innerhalb der Europäischen Währungsunion rational nur schwer begründen läßt, drohen den Anlegern bei unüberlegter Kapitalflucht möglicherweise erheblich größere Risiken. Das gilt vor allem bei einer Anlage in Schweizer Franken. Aber auch Yen und Dollar eignen sich für risikoscheue Sparer in diesem Zusammenhang nur bedingt als Fluchtwährungen.

Vorsicht: Es ist immer größte Zurückhaltung angebracht, wenn sogenannte Anlageberater Angst vor dem Euro zu wecken versuchen und zur Geldanlage im Ausland raten. Hier handelt es sich sehr oft um unseriöse Angebote, die mit einem totalen Verlust enden können.

Formulare, Listen, Drucksachen

Müssen bei der Umstellung auf Euro Formulare und andere Drucksachen angepaßt werden?

Das wird unvermeidlich sein. Egal, ob es sich um Rechnungen oder Kalkulationsunterlagen handelt, um die Lohnabrechnung oder um Preislisten, um Steuererklärungen oder Werbematerial für in- und ausländische Kunden: Überall müssen die bisherigen nationalen Währungen durch Euro ersetzt oder während der Übergangszeit doppelt genannt werden. Wo dies sinnvoll oder unvermeidlich ist, das müssen bereichsübergreifende Arbeitsgruppen in den Unternehmen möglichst frühzeitig klären. Während in einigen Großunternehmen diese Vorarbeiten zum Teil schon weitgehend erledigt wurden, haben sehr viele mittelständische Betriebe die Bedeutung einer frühzeitigen Planung und Durchführung der erforderlichen Maßnahmen im Betrieb noch nicht erkannt.

Die Druckaufträge für die erforderlichen Formulare und andere Print-Materialien müssen aber ebenso wie die Umstellung der zahlreichen mit D-Mark und Pfennigen arbeitenden Computerprogramme frühzeitig in Auftrag gegeben werden. Die Kapazitäten von Druckereien und Software-Häusern sind begrenzt. Bei verspäteter Planung und Auftragsvergabe ist nicht nur mit deutlich erhöhten Kosten, sondern auch damit zu rechnen, daß die Umstellung nicht mehr rechtzeitig erfolgen kann. Wenn Unternehmen deshalb nach 2002 zum Beispiel für längere Zeit keine Rechnungen versenden können oder mit der Rechnungsbegleichung, der Lohnzahlung oder der Abführung der Sozialabgaben in Verzug geraten, kann dies sehr ernste Konsequenzen haben.

Deshalb sollten alle Unternehmen so früh wie möglich einen Euro-Beauftragten ernennen und einen Zeitplan für alle erforderlichen Umstellungsmaßnahmen im Betrieb aufstellen.

Aber auch Kommunen und vor allem die Finanzämter müssen dafür sorgen, daß die Vorschriften angepaßt werden und daß die erforderlichen Formulare rechtzeitig vorliegen, damit die Betroffenen zum Beispiel ihre Steuererklärungen in korrekter Form abgeben können. Frühzeitige Information durch die Behörden ist aber auch notwendig, damit die entsprechenden Computerprogramme der Unternehmen (für die Steuerberechnung, Lohnzahlung, Abführung der Beiträge zur Sozialversicherung, statistische Meldungen) angepaßt oder umgeschrieben werden können.

Franken als Fluchtwährung

Soll man Geld in der Schweiz anlegen und abwarten, wie stabil die europäische Währung wird?

Das ist ein riskanter Rat. Es ist zwar nicht verboten, Geld im Ausland anzulegen – jedenfalls solange es regulär versteuert wird, also kein Schwarzgeld ist. Der Schweizer Franken ist aber recht hoch bewertet. Bei einer allgemeinen Kapitalflucht könnte sein Wechselkurs in den Jahren bis 2002 weiter steigen. Das wäre eine große Gefahr für die Schweizer Wirtschaft, die im Export und Tourismus wegen des teuren Franken mit starken Einbußen und Arbeitsplatzverlusten zu kämpfen hat, und würde mit Sicherheit zu entsprechenden Abwehrmaßnahmen der eidgenössischen Notenbank führen. Die Schweiz hat schon früher „Strafzinsen" auf unerwünschtes ausländisches Kapital erhoben. Zeitweise waren dies bis zu zehn Prozent – und zwar alle drei Monate. Als 1979 der Kurs der Schweizer Währung immer weiter nach oben getrieben wurde, führte die Nationalbank Negativzinsen ein, die so lange erhoben wurden, bis der Zustrom von Auslandsgeldern und damit auch der Frankenkurs wieder zurückgingen.

Wegen massiver Devisenzuflüsse senkte die Schweizerische Nationalbank bereits Ende September 1996 den Diskontsatz auf ein Prozent. Damit wurde der frühere Tiefstand von 1979 wieder erreicht. Dies war die Reaktion darauf, daß es bis dahin nicht gelungen war, den Kurs des Franken auf ein Niveau zu drücken, das mit den Interessen der Schweizer Exportwirtschaft und der Tourismusbranche vereinbar war. Die Gefahr für den Währungsflüchtling besteht also darin, daß:

- der Schweizer Franken zunächst teuer eingekauft wird;
- das Kapital während des Parkens auf einem Konto in Zürich viel niedrigere Zinsen bringt als in Deutschland (das Zinsniveau liegt in der Regel um gut zwei Prozent niedriger) oder sogar
- Strafzinsen bezahlt werden müssen und schließlich
- der Franken bei einer Rückführung des Geldes nur mit Kursverlust verkauft werden kann;
- die Schweiz wegen der starken Verflechtung mit den Ländern der EWU früher oder später den Kurs des Franken an den Euro bindet (wie Österreich dies aus einem ähnlichen Grund mit der D-Mark gemacht hat).

Das alles muß nicht unbedingt so kommen. Aber jeder, der sein Kapital ins Ausland bringt, muß wissen, daß er damit ein spekulatives Geschäft betreibt. Wer sich dazu entschließt, sein Geld ins Schweizer Exil zu schicken, wird irgendwann vielleicht zu dem Ergebnis kommen müssen, daß es kein gutes Geschäft war. Denn wenn es Strafzinsen hagelt und die Europäische Währung entgegen gezielten Unkenrufen stabil bleibt, kann ein allgemeiner Ausstieg aus dem Franken die Folge sein. Das könnte dann bei den Spekulanten zu erheblichen Kurseinbußen führen. Schließlich überlegen neben den Deutschen auch Österreicher, Holländer, Franzosen und andere, ob sie ihre Schäfchen nicht erst einmal aufs Trockene bringen. Wenn sie sie später wieder zurückholen möchten, kann es aber sein, daß sie dabei ziemlich naß werden: Gebühren und Kursverluste beim Hin- und Rücktausch sowie Zinseinbußen können sich auch ohne so hohe Strafzinsen wie in den siebziger Jahren im Laufe der Zeit leicht zu einer realen Entwertung der Ersparnisse um 20 oder 30 Prozent im Vergleich zu einer Anlage in Euro addieren. Sollte die Schweiz zu Strafzinsen alter Art greifen, könnten in kürzester Zeit sogar 50 Prozent der Ersparnisse weg sein. Es müßte daher in der Union schon bald nach der Währungsumstellung zu einer galoppierenden Inflation kommen, damit sich die Flucht in die Schweiz lohnt. Doch das glauben nicht einmal die schlimmsten Euro-Pessimisten.

Die D-Mark hat im Laufe ihrer Geschichte seit 1948 eine durchschnittliche Inflationsrate von 3,5 Prozent gehabt. Erst wenn der Euro über eine längere Zeit hinweg einen höheren Verlust an Kaufkraft hätte, wäre er weniger stabil als die D-Mark. Da die Währungen aller Teilnehmerländer in der zweiten Hälfte der neunziger Jahre sinkende Inflationsraten hatten und deutlich unter dem langjährigen Inflationsdurchschnitt der D-Mark lagen, besteht kein Grund zu der Annahme, daß der Euro schon nach kurzer Zeit weich werden sollte.

Hinweis: Hier wie bei allen anderen Formen der Geldanlage gilt der Rat: Lassen Sie sich nicht auf Geschäfte ein, die Sie unter anderen Umständen auch nicht machen würden. Angst ist immer ein schlechter Ratgeber, und die Gefahr, daß Sie an die falschen Berater geraten, ist in solchen Situationen groß. Immer wieder versuchen dubiose Anlageberater die Unsicherheit vieler Sparer für ihre Zwecke zu nutzen.

Fremdwährungskonten

Müssen Fremdwährungskonten in Deutschland auf Euro umgestellt werden?

Wenn ein Bankkunde bei seinem Kreditinstitut ein Konto unterhält, das auf Francs, Gulden, Schilling oder eine der anderen Währungen lautet, die ab 1. Januar 1999 nur noch ein anderer Ausdruck für den Euro sind (siehe nichtdezimale Denomination), wird es spätestens 2002 auf Euro umgestellt. Es empfiehlt sich in der Regel, dies früher zu tun, da Überweisungen oder Wertpapierkäufe innerhalb der EWU in jedem Fall in Euro schneller, kostengünstiger und ohne Rundungsprobleme abgewickelt werden können als bei Verwendung der alten nationalen Währung im grenzüberschreitenden Zahlungsverkehr.

Handelt es sich dagegen um ein inländisches Konto, das beispielsweise auf Dollar, Schweizer Franken oder Yen lautet, kann es auch über das Jahr 2002 hinaus unverändert weitergeführt werden wie bisher.

Hinweis: Das bietet sich unter anderem für Anleger an, die beispielsweise auf Dollar lautende Aktien, Anleihen oder Fonds an der Wall Street kaufen und mit Rücksicht auf die Transaktionskosten (wie Wechselgebühren) oder Kursschwankungen nicht bei jedem Kauf den Umweg über die heimische Währung gehen wollen.

Gehaltskonten/Girokonten

Was ändert sich bei Lohn- oder Gehaltskonten?

Alle Guthaben (oder Überziehungskredite) auf Giro-, Lohn- oder Gehaltskonten werden nach dem festgelegten Umrechnungsfaktor auf die künftige Euro-Währung umgestellt. Da auch Löhne, Preise, Zinsen usw. nach dem gleichen Verfahren wertgleich umgerechnet werden, ändert sich an der Kaufkraft – also dem realen Wert der Guthaben – nichts. Deshalb spielt es auch keine Rolle, daß die

Beträge nach der Umstellung nominal niedriger sind. Denn auch alle Schulden und sonstigen Zahlungsverpflichtungen (Mieten, Steuern, Gebühren, Einzelhandelspreise usw.) werden in gleicher Form und mit dem gleichen Faktor umgerechnet.

Die Währungsumstellung hat deshalb auch nichts mit einer Währungsreform zu tun, bei der die Ersparnisse abgewertet werden, um die Schulden des Staates zu bezahlen. Zum besseren Verständnis dient vielleicht folgender Vergleich: Bei der Umrechnung der Leistungsangaben bei Motoren von PS auf Kilowatt ergeben sich zwar ebenfalls niedrigere Werte, aber die tatsächliche Leistung der Motoren bleibt gleich.

Kunden können bereits ab 1999 mit ihrer Sparkasse oder Bank vereinbaren, daß Konten in Euro geführt werden. Aber sie können damit auch bis zum Jahr 2002 warten. Dann aber muß umgestellt werden, da die D-Mark ab diesem Zeitpunkt ebenso wie die nationalen Währungen der übrigen teilnehmenden Länder ihre Funktion als gesetzliches Zahlungsmittel verliert. Bis dahin kann aber auf Wunsch weiter mit der vertrauten D-Mark gerechnet werden.

Geldpolitik

Welche Mittel wird die Europäische Zentralbank einsetzen, um ihre Aufgabe zu erfüllen, den Geldwert stabil zu erhalten?

Die Entscheidung darüber, welche Mittel der Geldpolitik eingesetzt werden, um das oberste Ziel zu erreichen, das der Europäischen Zentralbank im Vertrag von Maastricht gesetzt wurde, sollte das Europäische Währungsinstitut (EWI) in Frankfurt vorbereiten. Das letzte Wort hat aber der Europäische Zentralbankrat.

Die einzelnen EU-Länder haben in der Vergangenheit sehr unterschiedliche Instrumente der Geldpolitik angewendet und jeweils ihre eigene „Stabilitätsphilosophie“ entwickelt. Manche haben lange Zeit versucht, das Wirtschaftswachstum über eine „Politik des leichten Geldes“ anzukurbeln, und nahmen die damit verbundene Inflation in der Hoffnung auf zusätzliche Arbeitsplätze in Kauf. Zudem waren nicht alle Notenbanken von Weisungen ihrer Regierung unabhängig.

Das hat sich in den letzten Jahren gründlich geändert. Die Regierungen der EU haben begriffen, daß sich eine inflationäre Politik langfristig nicht auszahlt und schließlich nur zu mehr Arbeitslosigkeit und immer höherer Staatsverschuldung führt. Im Vertrag von Maastricht haben sich daher alle Regierungen der EU verpflichtet, ihre Zentralbanken weitgehend nach dem Vorbild der Bundesbank zu reformieren, sie von Weisungen der Regierungen unabhängig zu machen und sie auf das oberste Ziel der Geldwertstabilität zu verpflichten. Dies ist inzwischen überall geschehen. Die entsprechenden Regeln haben in den einzelnen Mitgliedsländern praktisch Verfassungsrang. Sie können nämlich nicht mehr einseitig geändert werden, da es sich um zwingende vertragliche Bindungen handelt.

Nicht vom Vertrag festgelegt wurde dagegen, wie das gemeinsame und bindende Ziel der Preisstabilität in der Praxis umgesetzt werden soll. Denn nicht alle Instrumente der Bundesbank – wie Geldmengenziel, Mindestreservepolitik, Diskontsatz, Offenmarktpolitik – wurden bisher von allen anderen Zentralbanken eingesetzt, oder es geschah mit unterschiedlicher Intensität und unterschiedlichem Erfolg. Allerdings ist es in den Jahren vor Beginn der EWU bereits zu einer starken Annäherung beim Einsatz und der Bewertung der verschiedenen geldpolitischen Instrumente gekommen. Die Europäische Zentralbank ist aber frei darin, welche Instrumente sie im Lauf der Jahre einsetzt. Dies ist auch deshalb notwendig, weil es immer wieder zu neuen Erfahrungen und Erkenntnissen hinsichtlich der Wirksamkeit geldpolitischer Instrumente kommt.

Hinweis: In der Übergangszeit bis 2002 ersetzt der Basiszins den nicht mehr vorhandenen Diskontsatz, und an die Stelle des Fibor tritt der Euribor. Durch diesen Austausch der Referenzzinssätze wird aber nicht der Grundsatz der Vertragskontinuität durchbrochen.

Gesetzgebung

Wie viele Gesetze müssen für den Euro geändert werden?

Allein auf Bundesebene müssen für die Umstellung auf Euro als gesetzliches Zahlungsmittel rund 3.900 Gesetze und Rechtsvorschriften geändert werden, in denen bisher von D-Mark oder Pfennig gesprochen wird. Auch auf Landesebene und im Bereich der Kommunen muß eine große Zahl von Gesetzen und Vorschriften angepaßt werden. In der überwiegenden Zahl der Fälle geht es dabei allerdings um eine bloße redaktionelle Korrektur: Statt D-Mark und Pfennig heißt es dann Euro und Cent.

In den anderen Fällen dagegen geht es um substantielle Änderungen. So mußte im Euro-Einführungsgesetz zum Beispiel verankert werden, daß Aktien oder Anleihen auch einen „krummen" Nennwert haben dürfen und daß in Deutschland – wie bereits seit langem in anderen großen Industrieländern üblich – nennwertlose Wertpapiere zugelassen werden. Der deutsche oder europäische Gesetzgeber muß zudem entscheiden, ob in der Übergangszeit eine doppelte Preisauszeichnung nur freigestellt oder vorgeschrieben wird. Auch zur D-Mark-Abschluß- und Euro-Eröffnungsbilanz müssen Ausführungsbestimmungen erlassen werden. Ein weiteres Beispiel betrifft die Frage, wie Bußgelder nach der Umstellung auf Euro bemessen werden. Im kommunalen Bereich muß ebenfalls spätestens bis zum Jahr 2001 Klarheit darüber geschaffen werden, wie die Gebühren umgerechnet oder die Tarife der öffentlichen Verkehrsmittel gestaltet werden, wenn 2002 die Zeit der Parallelwährung endet. Ein Arbeitsstab der Bundesregierung suchte daher schon 1998 nach fairen Lösungen für den Bereich der administrierten Preise. Auch bei den „Signalbeträgen" wie Kindergeld oder Pauschbeträgen im Steuerrecht muß für die Umrechnung ein politisch verträglicher Weg gefunden werden.

Gesetzliche Zahlungsmittel

Was bedeutet es, wenn der Euro gesetzliches Zahlungsmittel wird?

Der Euro ist ab 1.1.1999 gesetzliches Zahlungsmittel. Aber auch die alten nationalen Währungen behalten diesen Status noch bis ins Jahr 2002. So lange können Zahlungsverpflichtungen wahlweise in der einen oder anderen Währung erbracht werden. Spätestens vom 1. Juli 2002 an sind D-Mark, Francs, Lire usw. aber keine gesetzlichen Zahlungsmittel mehr. Von dem Tag an können alle in Geld ausgedrückten Verpflichtungen oder Leistungen nur noch in Euro erfüllt werden – und zwar gleichermaßen in allen Mitgliedsländern der Europäischen Währungsunion (EWU). Jeder Schuldner kann seine Kredite damit zurückzahlen. Die Schulden werden aber entsprechend umgerechnet: Nur rund die Hälfte des alten D-Mark-Betrages muß dem Gläubiger dann in Euro gezahlt werden. Auch alle Löhne werden spätestens ab 1.7.2002 in Euro berechnet und ausgezahlt. Alle Guthaben auf Gehaltskonten lauten dann auf Euro. Die Preisumstellung muß abgeschlossen werden.

Am gleichen Tag verlieren die bisherigen nationalen Zahlungsmittel (D-Mark, Schilling, Gulden, Francs usw.) ihre Gültigkeit. Sie können aber noch lange nach diesem Datum bei allen Banken und Sparkassen zum festgesetzten Umtauschkurs gegen Euro eingewechselt werden. Wer später noch altes Geld in einer Schublade findet, muß daher keinen Verlust befürchten. Das gilt auch für die Restbestände in der Urlaubskasse (sofern es sich um Währungen von Mitgliedsländern der EWU handelt).

Dollar sowie Schweizer Franken oder andere Währungen, die nicht aus Ländern der Union stammen, können ebenso wie heute jederzeit gegen Euro gekauft und wieder zurückgewechselt werden. Wie sich der Kurs des Euro gegenüber den Währungen von Drittländern entwickelt und welche Wechselkursrisiken dadurch entstehen, bleibt abzuwarten. Dies sollte immer bedacht werden, wenn Geldanlagen in fremden Währungen stattfinden. Das gilt insbesondere dann, wenn aus der Sorge heraus, der Euro könne weniger stabil sein als die D-Mark, Geld in die sogenannten Fluchtwährungen fließt. Ratschläge, das Ersparte auf diese Art in Sicherheit zu bringen, müssen daher immer sehr sorgfältig geprüft werden. Denn daß die

Inflationsgefahr nach Eintritt in die Währungsunion größer wird, als sie es (unter sonst gleichen Umständen) bei Erhalt der D-Mark sein würde, ist nicht mehr als eine Behauptung. Es gibt viele Experten, die umgekehrt der Ansicht sind, daß Zinsen und Preise wegen des Stabilitätspaktes einerseits und des verschärften Wettbewerbs andererseits tendenziös niedriger sein werden, als bei Erhalt der alten Währungen zu erwarten gewesen wäre.

Gold

Sind diejenigen, die rechtzeitig Gold kaufen, bei der Umstellung von der D-Mark auf Euro auf der „sicheren Seite"?

Das wäre nur dann der Fall, wenn der Goldpreis in den kommenden Jahren deutlich steigt, und das ist aus heutiger Sicht keineswegs sicher. Bis 1974/75 ist der Goldpreis unter Schwankungen fast ständig gestiegen. 1976 gab es einen scharfen Rückgang. Bis 1980/81 stieg der Goldpreis dann extrem an. Seither ist er nie wieder auch nur annähernd an die damaligen Spitzenwerte herangekommen. Vielmehr ist er in den 17 Jahren bis 1998 – von kurzfristigen Ausschlägen nach oben abgesehen – stark gefallen. Wer damals eingestiegen ist, hat also ein Verlustgeschäft gemacht. Gold ist keine Garantie für Werterhalt, sondern ebenfalls nur ein Spekulationsobjekt, das im Preis je nach Angebot und Nachfrage stark schwankt. 1997/98 fiel der Preis von rund 385 Dollar je Feinunze zeitweise auf 275 Dollar.

Hinzu kommt, daß Gold im Gegensatz zu anderen Geldanlagen weder Zinsen noch Dividenden bringt. Es verursacht statt dessen unter Umständen noch Lagerungskosten und ist mit Kauf- und Verkaufsspesen sowie eventuell mit Steuerzahlungen belastet. Selbst ein stabiler Goldpreis führt daher zu einem empfindlichen Verlust gegenüber Geldanlagen in festverzinslichen Werten oder anderen rentierlichen Investitionen. Wer das gelbe Metall selbst verwahrt, spart zwar Depotgebühren, geht aber das Risiko ein, daß ihm sein Schatz geraubt wird.

Nur wenn der Goldpreis regelmäßig mit einer Jahresrate steigt, die über dem Zins für festverzinsliche Wertpapiere liegt, entstehen keine Verluste im Vergleich zu dieser Anlagealternative. Eine solche Prognose der Goldpreisentwicklung kann aber niemand geben. Die Erfahrung der letzten Jahre spricht auch eher gegen eine solche Entwicklung. In jedem Fall bedeutet der Kauf von Gold Zinsverlust und je nach Aufbewahrungsart noch Lagerkosten.

Daher gilt: Während es beim Euro keinen schlüssigen Beweis dafür gibt, daß die Inflationsrate auf mittlere Sicht nennenswert höher ausfallen wird, als es unter sonst gleichen Umständen bei der D-Mark der Fall wäre, spricht viel für die Vermutung, daß die Anlage in Gold mit Verlusten verbunden ist.

Hinweis für Anleger: Wer in den Jahren 1982 bis 1998 Aktien erworben hat, ist in jedem Fall besser gefahren. Trotz gelegentlicher Rückschläge sind die Kurse an den Weltbörsen langfristig gesehen deutlich gestiegen. Allein zwischen 1985 und 1996 kletterte der Weltaktienindex von 200 auf 800.

Goldzertifikate

Kann man durch den Kauf von Goldzertifikaten möglichen Verlusten bei Einführung des Euro vorbeugen?

Da die Umstellung aller Guthaben, Anleihen, Aktien, Kredite usw. wertgleich stattfindet, sind keine Verluste zu befürchten. Die könnten erst dann eintreten, wenn der Euro langfristig einer größeren Inflationsgefahr ausgesetzt wäre, als es die nationalen Währungen bisher waren.

Goldzertifikate oder die manchmal von gleicher Seite empfohlenen Devisen-Optionsscheine sind hochspekulative Geldanlagen, deren Kauf immer mit hohem Risiko verbunden ist. Wer sich auf derartige Anlageempfehlungen einläßt, kann zwar unter Umständen einen Gewinn machen, muß aber immer die Möglichkeit einkalkulieren, daß es zu einem totalen Verlust der eingesetzten Mittel kommt. Das verschweigen diejenigen meist, die mit dem Verkauf solcher Papiere ihr Geschäft machen.

Auf Spekulationsgeschäfte dieser Art sollten sich daher nur solche Anleger einlassen, die sich damit gut auskennen und die auch ohne die künftige EWU bereit wären, einen Teil ihrer Ersparnisse in solche risikoreichen Formen zu investieren. Ob derartige Papiere auf Dollar, Schweizer Franken oder Gold lauten, spielt unter dem Gesichtspunkt der Sicherheit übrigens keine Rolle. Aber auch bei einer Flucht in weniger riskante Anlagen, die auf Dollar oder Schweizer Franken lauten, ist nicht sicher, daß damit der gewünschte Zweck erreicht wird. Denn dabei muß stets das Wechselkursrisiko im Auge behalten werden.

Außerdem ist bei Anlageberatern, die mit der Angst vor dem Euro um Kunden werben, größte Zurückhaltung zu empfehlen. Jahr für Jahr verlieren deutsche Sparer Hunderte von Millionen Mark, weil sie den Versprechungen dieser meist sehr redegewandten, aber wenig fachkundigen oder auch unseriösen Verkäufer vertraut haben.

Vorsicht: Wenn „Anlageberater“ solche oder ähnliche Papiere am Telefon anbieten, sollten Sie immer Ihre Bank um Rat fragen oder – noch besser – gleich den Hörer auflegen.

Griechenland

Wann kann dieses Land der EWU beitreten?

Nach den Bedingungen des Vertrags von Maastricht kann Griechenland frühestens im März 2001 der Europäischen Währungsunion (EWU) beitreten. Denn zu den Konvergenzkriterien gehört eine mindestens zweijährige Mitgliedschaft im Europäischen Währungssystem (EWS). In dieser Zeit darf es zudem keine Auf- oder Abwertungen geben, und die jeweilige Währung (hier also die Drachme) darf um nicht mehr als 15 Prozent nach oben oder unten vom festgelegten Leitkurs gegenüber der Europäischen Währungseinheit (bis Ende 1998 ECU, danach Euro) abweichen. Dieser Leitkurs wurde beim Beitritt Griechenlands zum EWS im März 1998 auf 357 Drachmen festgelegt. Das bedeutet, daß die Drachme gegenüber dem Euro auf höchstens 410,55 steigen und nicht tiefer als 303,45 sinken darf. Es ist Aufgabe der griechischen Notenbank, gegebenenfalls durch Käufe oder Verkäufe am Devisenmarkt dafür zu sorgen, daß sich die Drachme gegenüber der Leitwährung Euro in diesem Korridor hält.

Griechenland war bei der „Reifeprüfung" im April/Mai 1998 das einzige beitrittswillige EU-Land, das nicht schon beim Start dabeisein konnte, da es 1997 keines der Konvergenzkriterien erfüllt hatte: Die Inflationsrate lag bei 5,4 Prozent, die Neuverschuldung bei 4,0 Prozent des BIP, die Gesamtverschuldung bei 108,7 Prozent der gesamtwirtschaftlichen Leistung und der langfristige Zins bei 100 Prozent.

Hinweis für Spekulanten: Griechische Anleihen brachten zum Zeitpunkt des Beitritts zum EWS deutlich höhere Renditen als entsprechende Wertpapiere der Euro-Länder. Ähnlich wie früher bei Italien, Spanien, Irland oder Portugal werden die Zinsen und Kurse sich aber denen im Euro-Gebiet annähern, je wahrscheinlicher ein Beitritt Griechenlands zur WEU wird. Auch bei griechischen Aktien sind entsprechende Kursbewegungen zu erwarten. Risikobereite Anleger könnten in diesem Fall mit beträchtlichen Gewinnen rechnen.

Groschen

Was geschieht mit dem alten Kleingeld?

In Deutschland sind rund 47 Milliarden Pfennige, Groschen und Mark-Stücke im Umlauf. Ab 2002 werden sie nicht mehr gebraucht. Sie werden dann als Altmetall verschrottet. Bei den 50-Pfennig-Stücken und den Mark-Münzen handelt es sich um Kupfer-Nickel-Legierungen, die teilweise für die neuen Euro-Münzen weiterverwendet werden können.

Die Pfennige bestehen aus Stahl und Kupfer. Diese Materialien müssen getrennt werden, um sie für industrielle Zwecke verwenden zu können.

Gültigkeit alter Banknoten und Münzen

Wann verlieren die alten nationalen Zahlungsmittel ihre Gültigkeit?

Bis zum Jahr 2002 gilt hinsichtlich der Frage Euro oder D-Mark das Prinzip „Kein Zwang – keine Behinderung". Das bedeutet: Jeder kann selbst entscheiden, mit welchem Geld er zahlen will.

Der Euro wird zunächst nur unbar verwendet. Erst im Jahr 2002 werden auch Münzen und Banknoten ausgegeben. Im Finanzsektor (Zentral- und Geschäftsbanken, Versicherungen, Fonds) ist der Euro schon ab 1999 allgemeines Zahlungsmittel und Recheneinheit. Um rasch die Vorteile des Euro zu nutzen und die Bürger an das gemeinsame Geld zu gewöhnen, sollen Anleihen des Bundes, anderer EU-Länder und der Europäischen Gemeinschaft nach 1999 nur noch in Euro aufgelegt werden. Auch Banken und große Unternehmen wählen diesen Weg, weil ihnen dann ohne Währungsrisiko der gesamte Kapitalmarkt der EWU zur Verfügung steht. An der Börse werden Aktien ab dem ersten Börsentag 1999 nur noch in Euro notiert. Nach den Großunternehmen werden immer mehr kleine und mittlere Unternehmen intern ebenfalls auf Euro umstellen.

Auch jedes andere Unternehmen und jeder Bürger kann ab 1999 mit der europäischen Einheitswährung rechnen, sein Konto führen, Überweisungen vornehmen oder Aktien und Anleihen kaufen. Doch niemand wird dazu gezwungen. Die nationalen Zahlungsmittel der Mitgliedsländer der EWU gelten zunächst noch weiter und behalten vor allem ihre Funktion als **Bargeld**.

Dennoch sind es keine selbständigen Währungen mehr, sondern nur noch Untereinheiten des Euro (nichtdezimale Denominationen). Ihre Wechselkurse sind unwiderruflich fixiert. Sie können nicht mehr an den Devisenbörsen gehandelt werden. Es spielt somit an sich auch keine Rolle mehr, in welcher Währung ein Bürger der Union sein Geld anlegt, da es jederzeit ohne Kursschwankungen umgetauscht werden kann (so wie dies bei D-Mark und Schilling oder Gulden in der Praxis schon lange der Fall ist). Nur die bei einem Umtausch fälligen Gebühren der Kreditinstitute müssen noch als Transaktionskosten berücksichtigt werden.

Vom Jahr 2002 an wird der Euro auch in Form von Münzen und Scheinen ausgegeben. Bis dahin müssen die riesigen Bargeldmengen, die dafür erforderlich sind, in den dafür zugelassenen Betrieben hergestellt werden. Spätestens sechs Monate nach der Einführung des Euro als Schein und Münze verlieren die alten nationalen Geldeinheiten ihre Gültigkeit als gesetzliches Zahlungsmittel. Damit sind sie aber nicht wertlos geworden: Sie können bei den Kreditinstituten, Landeszentralbanken und der Europäischen Zentralbank noch für unbegrenzte Zeit und ohne Wertverlust zum garantierten Kurs in Euro umgetauscht werden.

Hinweis: Alte Geldscheine oder Münzen als Geldanlage aufzubewahren oder darauf zu hoffen, daß sie später wieder gültig werden, wäre mit Sicherheit ein Fehler und würde mit einem Verlust für den Spekulanten enden. Denn auch wenn die alten Währungen unbegrenzt in Euro umgetauscht werden, entsteht zumindest ein Zinsverlust. Dazu kommt das Verlust- und Diebstahlrisiko. Als Notreserve taugen sie ebensowenig: Selbst bei einem späteren Scheitern der Währungsunion würden die alten Scheine nie wieder gesetzliche Zahlungsmittel. Es würden neue Banknoten ausgegeben. Auch als Sammlerobjekte werden die meisten Münzen und Scheine für sehr lange Zeit nur einen geringen Wert haben, da es zu viele davon gibt.

Haftpflicht

Muß die Haftpflichtversicherung angepaßt werden, wenn die Umstellung auf Euro stattfindet?

Wie bei allen anderen Verträgen gilt auch hier der Grundsatz der Vertragskontinuität. Es findet also nur eine Umrechnung der Versicherungsbeiträge und der versicherten Summen von einer in die andere Währung statt. Auch wenn das Versicherungsunternehmen die Verträge schon auf Euro umstellt, während Ihr Konto noch auf D-Mark lautet, ist das kein Problem. Sie können die Beiträge problemlos zahlen, indem Sie bei der Überweisung oder dem Dauerauftrag angeben, daß der Auftrag von der Bank in Euro ausgeführt werden soll. Das Kreditinstitut bucht dann den entsprechenden D-Mark-Betrag von Ihrem Konto ohne zusätzliche Kosten ab.

Bei eventuellen Schäden, für die der Versicherer eintreten muß, wird ähnlich verfahren: Auch wenn die Versicherungsgesellschaft die Summe in Euro überweist, wird sie dem Empfänger bis 2002 in der Währung gutgeschrieben, auf die sein Konto lautet. Zur leichteren Kontrolle wird dabei immer auch der ursprüngliche Euro-Betrag auf dem Konto ausgewiesen.

Hinweis: Wenn der Versicherer Ihnen vorschlägt, anläßlich der Umstellung des Vertrages auf Euro auch andere Vertragsbedingungen zu ändern – zum Beispiel die Deckungssumme zu erhöhen –, brauchen Sie sich darauf nicht einzulassen. Sie sollten Vertragsänderungen nur zustimmen, wenn Sie in Ihrem Interesse liegen. Das einzige, was Sie hinnehmen müssen, ist eine (wertgleiche) Umrechnung von Beiträgen und Deckungssummen.

Handel

Ist damit zu rechnen, daß der Handel die mit der Umstellung auf Euro verbundenen Kosten auf die Verbraucher abwälzt?

Damit drohen die Interessenverbände immer wieder, weil sie dadurch Zugeständnisse des Gesetzgebers zu erreichen hoffen. Sie verweisen dabei auf hohe Investitionen für neue Kassen, Software oder die Belastung durch die Preisumstellung Aber sie erwähnen natürlich nicht, daß der Handel durch den Wegfall der Transaktionskosten erhebliche Einsparungen erzielt. Denn da in allen europäischen Ländern jeweils ein sehr großer Teil des Angebots aus Produkten besteht, die aus den Nachbarstaaten stammen, ist im Handel der Vorteil durch die Gemeinschaftswährung besonders groß.

Während der Interessenverband „Hauptgemeinschaft des deutschen Einzelhandels“ (HDE) immer wieder auf angebliche Umstellungskosten in Höhe von 30 Milliarden D-Mark (oder 15 Milliarden Euro) verweist, rechnet das Euro-Handelsinstitut in einem Gutachten unter dem Strich nur mit Umstellungskosten von sieben Milliarden D-Mark (oder rund 3,5 Milliarden Euro). Dabei muß immer auch berücksichtigt werden, daß den einmaligen Umstellungskosten im Handel ebenso wie in der Industrie dauerhafte Einsparungen gegenüberstehen.

Es hängt natürlich auch vom Gesetzgeber ab, wie hoch die Umstellungskosten in den einzelnen Ländern der EWU sein werden. Je komplizierter die Umstellung (auch unter dem Druck von Verbraucherschützern) gemacht wird, um so teurer wird sie. Wenn für die kurze Übergangszeit im ersten Halbjahr 2002 zum Beispiel eine lückenlose doppelte Preisauszeichnung durchgesetzt wird, dann entstehen in der Tat sehr hohe Kosten, denen aber in Wirklichkeit nur ein sehr geringer Effekt gegenübersteht. Die wirksamste Kontrolle bei allen Marktpreisen ist der Wettbewerb.

Handwerker

Die meisten Handwerker arbeiten für den lokalen Markt und selten für den Export. Sind sie von der Währungsumstellung überhaupt betroffen?

Handwerker müssen sich ebenso wie der Handel oder die Industrie innerhalb des Betriebes auf die Einführung der neuen Währung einstellen. Sie müssen sich zwischen 1999 und 2002 darauf vorbereiten, Rechnungen in Euro zu schreiben, Zahlungen in Euro anzunehmen, Löhne, Steuern und Abgaben in Euro zu bezahlen oder ihre Kalkulationen und Angebote in Euro zu machen. Das zwingt zu Umstellungen und Anpassungen im Rechnungswesen und bei der eingesetzten Software.

Wer hier zu spät handelt, könnte am Ende der Übergangsfrist große Schwierigkeiten haben, rechtzeitig mit den erforderlichen Drucksachen oder mit eurofähiger Software beliefert zu werden oder professionelle Beratung zu erhalten. Deshalb sollte jeder Handwerker ebenso wie Selbständige und andere Gewerbetreibende eine Checkliste machen, um den Umstellungsbedarf zu ermitteln, und sich rechtzeitig von der Handwerkskammer oder darauf spezialisierten Instituten beraten lassen. Dazu gehört zum Beispiel die Exportberatungsstelle Handwerk in Baden-Württemberg (Postfach 10 21 55, 70017 Stuttgart).

Ebenso wichtig ist aber, sich Gedanken darüber zu machen, wie die Einführung des Euro die Marktverhältnisse ändert. Das gilt nicht nur für Handwerker in grenznahen Regionen. Der Euro macht einerseits bei Fertigprodukten oder Dienstleistungen die Angebote leichter vergleichbar. Andererseits wird er auch im Bereich des Handwerks zu einem stärkeren Wettbewerb führen. Umgekehrt kann der Handwerker davon profitieren, daß er beim Einkauf von Werkzeug und Material grenzenlos einkaufen kann. Dazu muß er nicht mit einem Transporter kreuz und quer durch Euro-Land fahren: Fast täglich nehmen die Angebote im Internet zu. Am PC kann geprüft werden, wo jeweils der günstigste Anbieter sitzt. Noch schneller als in anderen Bereichen werden die Preise in diesem Medium auf Euro umgestellt. Das macht Vergleiche noch leichter als bisher. Und: Ein Währungsrisiko beim europaweiten Einkauf gibt es nicht mehr.

Historische Beispiele

Ist die europäische Währungsunion ein einmaliges Wagnis, oder gibt es dafür historische Vorbilder?

Es ist immer schwierig, geschichtliche Vorgänge miteinander zu vergleichen. Unter Berücksichtigung dieser Einschränkung gibt es aber durchaus vergleichbare Fälle. Dazu gehört die seit 1922 bestehende faktische Währungsunion zwischen Belgien und Luxemburg. Es gibt aber auch andere Beispiele für eine solche Zusammenarbeit souveräner Staaten. Dazu gehören die lateinische Münzunion und der deutsche Vereinstaler.

Für Deutschland ist vor allem interessant, daß sich im vergangenen Jahrhundert auf deutschem Boden eine Entwicklung vollzog, die in vielen Punkten eine erstaunliche Ähnlichkeit mit der gegenwärtigen Entwicklung in der EU hat: Der deutsche Zollverein von 1934 bemühte sich nicht nur um eine Beseitigung der zahlreichen Handelsschranken zwischen den deutschen Kleinststaaten. Er schuf auch die Voraussetzungen für ein einheitliches Gewichts-, Maß und Münzsystem. Vor allem die Vereinheitlichung des Geldwesens war eine zentrale Aufgabe, da in den damals 39 deutschen Klein- und Kleinstaaten etwa hundert verschiedene Münzen mit den

unterschiedlichsten Namen und Werten im Umlauf waren. Aufgrund der Wiener Münzkonvention von 1857 wurde ein „Vereinstaler“ geschaffen. Wieder eine Parallele zum Euro: Er war nicht alleiniges Zahlungsmittel. Die Währungen der einzelnen Staaten galten weiter, standen aber in einem festen Austauschverhältnis zum Vereinstaler. Der gemeinsame Taler war auch die Voraussetzung dafür, daß nach der Reichsgründung durch Bismarck schon 1871 die Reichsmark (eine Mark gleich 100 Pfennig) eingeführt werden konnte.
Der Vereinstaler wurde im Verhältnis 1:3 gegen Mark getauscht, blieb aber noch bis 1907 gültiges Zahlungsmittel. Die Parallelen zur Europäischen Währungsunion sind erstaunlich:

- Damals 39 (heute elf) souveräne Staaten einigten sich auf eine gemeinsame Währung.
- Auch ohne gemeinsame Regierung entstand ein einheitlicher Währungsraum, der 14 Jahre lang funktionierte.
- Die alten Währungen blieben zunächst noch gültig, standen aber in einem festen Austauschverhältnis zur Gemeinschaftswährung.
- Nicht alle Staaten beteiligten sich damals (wie heute) schon zu Beginn an der gemeinsamen Währung.

Eine historische Spekulation: Wäre die Mark nicht im Jahre 1871 zur gemeinsamen deutschen Währung geworden, besäßen die 16 deutschen Bundesländer vielleicht bis heute ihre eigenen Währungen. Dann würde die Frage, ob sich Länder wie Bayern und das Saarland, Mecklenburg-Vorpommern und Baden-Württemberg oder Brandenburg und Nordrhein-Westfalen ohne Gefahr für die Stabilität des Geldes zu einer Währungsunion zusammenschließen könnten und welche Risiken damit verbunden sein könnten, heute sicherlich ebenso heftig diskutiert wie die Frage, ob die Europäische Währungsunion eine Gefahr für die Stabilität des Geldwertes bedeutet.

Hypotheken

In welcher Währung müssen Hypotheken eingetragen werden?

Bis 2002 kann dafür sowohl die D-Mark als auch ein entsprechender Betrag in Euro gewählt werden. Es empfiehlt sich aber, so früh wie möglich Euro zu wählen. Das erspart später Korrekturen und „krumme Beträge“ bei der Umrechnung.

Nach der „Verordnung über Grundpfandrechte in ausländischer Währung und in Euro“ vom 30. Oktober 1997 können Grundschulden, Hypotheken und Rentenschulden „auch in der Währung Euro“ angegeben werden. Das bedeutet, daß Amtsrichter vom 1. Januar 1999 an Grundbucheinträge in der neuen Währung vornehmen können.

Immobilien und andere Sachwerte

Bleibt der Wert von Immobilien und anderen Sachwerten erhalten, wenn der Euro weich wird?

Bei der Anlage der Ersparnisse in Immobilien muß immer – also ganz unabhängig von der Währungsunion – überlegt werden, welche Anlageziele verfolgt werden. Grundstücke und Wohnungen, die nicht zu eigenen Wohnzwecken erworben werden, können beim späteren Wiederverkauf zu relativ hohen Gewinnen führen. Aber das setzt voraus, daß der Erwerber lange genug warten kann. Solche Wertsteigerungen treten in der Regel erst nach Jahren ein. Außerdem erfordert der Kauf von Grundstücken und Häusern Sachverstand oder seriöse Beratung durch Experten.

Da gesteigerte Inflationsängste im Zusammenhang mit der Währungsunion aus heutiger Sicht unbegründet sind (der Euro wird auf keinen Fall sofort zu einer weichen Währung oder durch eine galoppierende Inflation schon nach kurzer Zeit in seiner Kaufkraft ausgehöhlt werden), empfiehlt es sich, auch beim Kauf von Sachwerten nicht von den Anlageentscheidungen abzuweichen, die man unter normalen Umständen treffen würde.

Immobilien, die nur unter dem Gesichtspunkt gekauft werden, erspartes Geld vor den inflationären Gefahren zu schützen, denen der Euro nach Ansicht mancher Kritiker ausgesetzt sein könnte, werden nur in den seltensten Fällen die erhoffte Sicherheit oder gar satte Gewinne bringen. Angst ist bei Geldgeschäften immer ein schlechter Ratgeber. Groß ist dagegen die Gefahr, daß clevere Geschäftemacher die Gunst der Stunde nutzen, um unerfahrenen Kunden Grundstücke und Häuser anzudrehen, für die sie sonst nur schwer und zu niedrigeren Preisen einen Interessenten finden können.

Sachwerte, zu denen neben Kunstgegenständen auch Münzen, Bilder und Briefmarken oder Gold gehören, sollten vor allem dann erworben werden, wenn man sich wirklich dafür interessiert oder Gefallen daran findet. Gewinne sind oft nur schwer zu realisieren, und eine Verzinsung gibt es ohnehin nicht. Wer mit Blick auf den Euro auf Zinsen verzichtet, muß schon mit mindestens vier bis sechs Prozent jährlichem Wertzuwachs bei seinem Grundstück rechnen, um mit unverzinslichen Sachanlagen nicht schlechter zu fahren als beispielsweise mit Anleihen. Ob ein späterer Wiederverkauf möglich ist, hängt zudem bei Immobilien von der Marktlage ab. In der zweiten Hälfte der neunziger Jahre war der Immobilienmarkt in einer ziemlich schlechten Verfassung. Grundstücke, Wohnungen und Geschäftsräume ließen sich in vielen Regionen nur mit Verlust veräußern.

Hinweis: Wenn Ihnen ein Anbieter Immobilien mit dem Hinweis anbietet, dies sei ein sicherer Schutz vor Währungsrisiken, dann sollten Sie sich immer fragen, warum er Ihnen das angeblich wertsichere Grundstück verkaufen will und selbst dafür das nach seinen Worten gefährdete Geld nimmt. Prüfen Sie, ob es sich um einen Samariter handelt oder um jemanden, der Ängste schürt, um Geschäfte zu machen. Kaufen Sie nur, wenn Sie auch unter anderen Umständen gekauft hätten: weil Sie bauen wollen, weil Sie Geld sinnvoll anlegen wollen, weil sie von künftigen Wertsteigerungen des betreffenden Grundstücks überzeugt sind.

Indexanleihen

Werden dem Sparer in Zukunft auch Indexanleihen angeboten, die einen Schutz gegen Kaufkraftverluste bieten?

Auf Initiative des französischen Finanzministeriums soll die Ausgabe von Indexanleihen in allen Staaten möglich sein, die der Europäischen Währungsunion angehören. Die Emission von Indexanleihen war früher in Deutschland nur schwer möglich, da hierfür eine Genehmigung der Bundesbank notwendig war, die aber nur in Ausnahmefällen erteilt wurde.

Bei Indexanleihen ist die reale Rendite nicht vom Nominalzins und vom Kurs bei Kauf der Anleihe abhängig. Die reale Verzinsung ist vielmehr von vornherein festgelegt. Sie wird durch Anpassung von Nominalzins und/oder Rückzahlungsbetrag gesichert. Eine Indexanleihe schützt den Anleger daher vor einem Kaufkraftverlust seiner Ersparnisse.

Bei einer „normalen" Anleihe sind der Kurs, zu dem der Anleger seine Anleihe gekauft hat, und der Nominalzins, der auf die Anleihe gezahlt wird, ausschlaggebend für die reale Rendite. Kaufkraftverluste (Inflation), die während der Laufzeit der Anleihe auftreten, mindern die reale Rendite, also den Realzins der Anleihe. Indexanleihen sichern dem Anleger dagegen eine feste Realverzinsung.

Inflationsgefahr

Muß befürchtet werden, daß nach dem Ende der D-Mark die Gefahr einer Inflation wächst und Ersparnisse dadurch an Wert verlieren?

Am Tag der Einführung wird der Euro eine größere Kaufkraft besitzen als die D-Mark. Das hängt mit dem Faktor der Umrechnung zusammen, bedeutet aber wegen des wertgleichen Umtauschs keine Änderung der realen Einkommen. Da der EWU nur Länder beitreten können, die über eine stabile Währung verfügen (mit Inflationsraten, die 1995 und 1996 sowie 1997 zum Teil deutlich niedriger waren als die deutsche Geldentwertungsrate), ist nicht zu erwarten, daß der Euro „von Geburt an" weicher sein wird als die D-Mark. Dies könnte allenfalls im Laufe einiger

Jahre eintreten; ebensogut kann es aber auch umgekehrt kommen. Das Europäische Währungsinstitut in Frankfurt hat zu Recht darauf hingewiesen, daß den Mitgliedsländern nach dem Eintritt in die Währungsunion das Schuldenmachen wesentlich erschwert wird, was bewirken kann, daß sie nicht mehr so robust wie bisher als Konkurrenten um das knappe Kapital auftreten können. Das könnte durchaus zu einem dauerhaft niedrigeren Zinsniveau führen als sonst unter vergleichbaren Umständen. Doch das ist ebenso eine Spekulation wie die Behauptung, daß die Zinsen steigen werden und die Geldentwertung zunehmen wird.

Es gibt auch keine Garantie dafür, daß die geringen Preissteigerungsraten, die in der ersten Hälfte der neunziger Jahre in Deutschland registriert wurden, auf die Dauer zu halten sind. Die Bundesbank hat die Geldentwertung nicht immer auf einem so niedrigen Niveau halten können wie Mitte der neunziger Jahre. Zwischen 1971 und 1975 stiegen die Preise im Durchschnitt um 6,2 Prozent. Ähnliche Inflationsraten hatten wir 1981 und 1982. Wenn der Staat und die Tarifvertragsparteien nicht mitspielen, haben es die Währungshüter schwer, ihre Aufgabe zu erfüllen.

Heute haben die Staaten, die eine Chance haben, der Währungsunion beizutreten, ähnlich niedrige Inflationsraten wie Deutschland – und zum Teil sogar niedrigere. Die Unabhängigkeit und die Kompetenzen der künftigen europäischen Notenbank bieten alle Voraussetzungen dafür, daß sie ihre Aufgabe nicht schlechter erfüllt als bisher die Bundesbank.

Inhaberschuldverschreibungen

Müssen Inhaberschuldverschreibungen von Sparkassen oder anderen Emittenten wegen der Einführung des Euro verkauft werden?

Inhaberschuldverschreibungen der Sparkassen oder Sparkassenbriefe werden wie alle anderen Geldwerte bei der Einführung des Euro nur umgestellt – und zwar wertgleich. Das gilt sowohl für den Rückzahlungsbetrag wie für die Zinszahlungen (die Zinssätze bleiben ohnehin unverändert) – so wie bei allen anderen Anleihen

Inhaberschuldverschreibungen der Sparkassen werden ähnlich wie festverzinsliche Wertpapiere mit einem Kurs gehandelt. Sie können während der Laufzeit jederzeit zurückgegeben werden. Auch wenn dies nach 1999 stattfindet, erhält der Anleger also D-Mark, weil der Euro zunächst nur innerhalb des Finanzsektors eingesetzt wird, während im privaten Bereich zunächst weiterhin in D-Mark (bzw. Francs, Gulden, Schilling usw.) gerechnet wird. Erst wenn eine Rückgabe nach dem Jahr 2002 stattfindet, wird die Auszahlung in Euro vorgenommen. Das ist aber kein Nachteil, weil dann auch alle anderen Geldgrößen (Löhne, Preise, Mieten, Steuern usw.) in Euro ausgedrückt werden.

Es handelt sich nur um eine Umrechnung und nicht um eine Währungsreform

Ins und Outs

Was versteht man im Zusammenhang mit der Europäischen Währungsunion unter „Ins“ und „Outs“?

Das ist nichts anderes als ein Anglizismus für jene Länder, die die Aufnahmebedingungen (Konvergenzkriterien) für den Beitritt zur Europäischen Währungsunion erfüllen (Ins), und für die anderen, die es zumindest im ersten Anlauf 1999 nicht schaffen oder die zunächst noch freiwillig abseits stehen (Outs). Es wird aber über ein EWS II enge Bindungen zwischen den Teilnehmern und dem zunächst abgelehnten EU-Land (Griechenland) sowie den freiwilligen Outs (Großbritannien, Dänemark, Schweden) geben.

Internet

Was ändert sich durch den Euro im Internet?

Nicht nur von Jahr zu Jahr, sondern von Monat zu Monat nimmt die Zahl der Unternehmen zu, die ihre Produkte oder Dienste im Internet anbieten. Die Einführung des Euro als gemeinsame Währung von 300 Millionen Verbrauchern gibt dem „electronic commerce“ oder „e-business“ noch mehr Auftrieb. Denn dadurch können auch kleine Unternehmen, Handwerker und Verbraucher innerhalb der EWU ohne Währungsprobleme und Währungsrisiken im Internet einkaufen. Unternehmen, die dies gezielt für Vertrieb und Einkauf nutzen, erzielen erhebliche Wettbewerbsvorteile.

Inverse Kurse

Warum darf bei der Umrechnung der alten Währungen untereinander und in Euro nicht mit inversen Kursen gerechnet werden?

Während der Übergangsfrist bis zur endgültigen Abschaffung der alten nationalen Währungen im Jahr 2002 wird es zu millionenfachen Umrechnungen kommen. Das gilt nicht nur beim grenzüberschreitenden Tausch von Francs gegen D-Mark, Schilling, Peseten oder Gulden. Es gilt auch für den innerstaatlichen Zahlungsverkehr zwischen Unternehmen oder Privatleuten untereinander. Denn wenn die einen schon in Euro rechnen, während die anderen noch an der D-Mark festhalten, muß die Bank die Beträge entsprechend umwandeln, also immer wieder die eine Währung in die andere umrechnen. Dabei darf es nur zu minimalen Rundungsdifferenzen kommen, damit niemand beim Umrechnen geschädigt wird.

Um dies zu verhindern, gibt es eine EU-Vorschrift, wonach alle Rechnungen dieser Art mit sechs signifikanten Ziffern (in Deutschland mit mindestens einer Stelle vor dem Komma und sechs Stellen nach dem Komma) durchgeführt werden müssen. Erst danach darf nach den üblichen kaufmännischen Rundungsregeln verfahren werden.

Damit diese Rechnungen immer zum gleichen Ergebnis führen, müssen sie stets auf dem Umweg über den Euro ausgeführt werden. Die D-Mark (oder der Franc, Schilling, Gulden) muß also immer durch den entsprechenden Euro-Kurs (zum Beispiel 1,96453) dividiert werden. Es darf nicht umgekehrt (oder invers) der Euro-Betrag mit dem entsprechenden D-Mark-Umrechnungsfaktor (0,50902) multipliziert werden. Das würde beim einmaligen Umrechnen kleiner Summen zwar nicht weiter ins Gewicht fallen, bei größeren Beträgen oder häufigem Umrechnen auch geringerer Summen aber zu erheblichen realen Rundungsdifferenzen führen.

Aus dem gleichen Grund müssen auch die alten nationalen Währungen immer auf dem vorgeschriebenen Weg über den Euro umgerechnet werden und nicht direkt von einer Währung in die andere. Das gilt auch für jede Überweisung oder Abbuchung vom Konto, bei der der Zahlbetrag von der Währung abweicht, in der das Konto geführt wird.

Investmentfonds

Gibt es bei Fondsanteilen Unterschiede zu anderen Wertpapieren bei der Umstellung?

Anteile an Investmentfonds werden wie alle anderen Geld- und Vermögenswerte behandelt. Das heißt: Es findet eine wertgleiche Umrechnung in die neue Währung statt. Das gleiche gilt für Löhne, Preise, Steuern usw. Im Grundsatz wird die Umstellung ähnlich vorgenommen wie bei Aktien oder Anleihen.

In jedem Fall gilt: Der bloße Wechsel von der D-Mark oder dem Franc zum Euro beeinflußt den realen Wert von Fondsanteilen in keiner Weise. Zu einem Stichtag werden die Ausgabe- und Rücknahmepreise – ebenso wie Anleihen und alle anderen in Geld ausgedrückten Größen – durch einen einfachen Rechenvorgang in die neue Währung umgerechnet. An ihrem realen Wert oder der Kaufkraft ändert sich dadurch nichts. Es findet ein wertgleicher Umtausch statt. Das läßt sich auch an folgendem Beispiel erläutern: Wenn die Motorleistung eines Pkw statt in PS in Kilowatt (kW) ausgedrückt wird, sinkt die angegebene Leistung beispielsweise von 170 PS auf 125 kW. Aber die tatsächliche Leistung ändert sich durch die Berechnungsweise selbstverständlich nicht.

Achtung: Bei Geldanlagen im „grauen Kapitalmarkt“ ist neben vielen anderen Risiken auch damit zu rechnen, daß die geltenden Regeln für die Umrechnung und für die Rundung von Beträgen nicht beachtet werden. Achten Sie sorgfältig darauf, daß nicht zu Ihren Ungunsten unzulässige Umrechnungskurse (zum Beispiel inverse Kurse) verwendet werden.

Jetons

Behalten die Jetons der Spielbanken ihre Gültigkeit?

Die unterschiedlichen Werte der verschiedenen Jetons bei Spielbanken werden nur durch Zahlen und nicht durch Währungsangaben gekennzeichnet. Niemand sieht ihnen an, ob sie mit D-Mark oder Euro bezahlt wurden. Da sie bei Verlassen des Casinos oft nicht zurückgegeben werden, könnte ein Spieler die gegen D-Mark erworbenen Chips nach der endgültigen Geldumstellung im Jahr 2002 gegen Euro einlösen. Da hundert Euro aber rund doppelt soviel wert sind wie die früher dafür ausgegebenen hundert D-Mark, würde ein Spieler – diesmal ohne jedes Risiko – einen schönen Gewinn auf Kosten der Spielbank machen. Es würde sich lohnen, Jetons zu horten.

Deshalb wird den Casinos in allen Ländern der EWU wohl keine andere Wahl bleiben, als spätestens 2002 neue Jetons einzuführen, die nur mit Euro bezahlt werden können und sich deutlich von älteren Spielmarken unterscheiden.

Kassen

Müssen bei Einführung des Euro die Kassen im Einzelhandel umgerüstet werden?

Da zwischen 1999 und 2002 die alten Banknoten und Münzen als Bargeld weiterverwendet werden, wird der Austausch oder das Umrüsten der Kassen im Einzelhandel und an anderen Stellen, wo noch bar gezahlt wird, erst 2002 erfolgen. Es muß aber damit gerechnet werden, daß zunehmend mehr Besitzer von Kreditkarten ihre Rechnungen in Restaurants, beim Kauf von Flugscheinen, Bahn- oder Theaterkarten und im Einzelhandel bereits vor dem Jahr 2002 mit Euro bezahlen wollen. Deshalb müssen auch dafür entsprechende Vorkehrungen getroffen werden. Die betroffenen Unternehmen sind daher gut beraten, wenn sie schon sehr frühzeitig die erforderlichen Umstellungsmaßnahmen planen.

Das beginnt damit, daß die Euro-Banknoten größer sind als die D-Mark-Scheine. Deshalb müssen die Geldfächer der Kassen angepaßt werden. Es muß aber auch bedacht werden, daß in der Zeit der Doppelwährung im Jahr 2002, wenn Euro und altes Geld noch eine gewisse Zeit gemeinsam umlaufen, an vielen Zahlstellen zwei Geldfächer vorhanden sein müssen und auch zusätzlicher Tresorraum geschaffen werden muß, um Euro- und D-Mark-Bestände getrennt zu lagern. Außerdem sollten frühzeitig Münzzählgeräte bestellt werden, die auf Euro-Münzen eingestellt werden können.

Ein besonderes Problem kann sich in den Euro-Ländern ergeben, in denen für eine begrenzte Zeit eine doppelte Preisauszeichnung nicht nur freiwillig oder bei einzelnen Produkten vorgenommen wird, sondern vom Gesetzgeber bei allen Preisangaben vorgeschrieben werden sollte: an den Regalen und auf der Ware, auf Kassenzetteln und gedruckten Verpackungen, bei Preislisten und in der Werbung, auf Speisekarten und Rechnungen in Restaurants usw.

Achtung: Für Handel, Parkhäuser, Kinos, Restaurants und alle anderen Betriebe, bei denen eine größere Kassenhaltung üblich ist, können erhebliche Probleme entstehen, wenn die mit der Umstellung verbundenen Probleme nicht rechtzeitig durchdacht, die Umstellung sorgfältig geplant und erforderliche Maschinen und Geräte nicht rechtzeitig bestellt werden. Es bietet sich an, mit der Euro-Umstellung auch das Problem der „Doppelnull" zu lösen. Dadurch kann meist kostengünstiger umgestellt werden.

Kaufkraft

Wird der Euro die gleiche Kaufkraft haben wie die D-Mark oder weniger wert sein?

Die Kaufkraft des Euro wird in den meisten Mitgliedsländern der europäischen Währungsgemeinschaft deutlich höher sein als die Kaufkraft der bisherigen nationalen Währung – allerdings ohne daß die Bürger dadurch reicher werden. Das ist zunächst überraschend, aber einfach zu erklären:

Beim Umtausch von D-Mark, Gulden, Franc, Schilling oder Krone werden die Umtauschrelationen zugrunde gelegt, die auch vorher zwischen den Währungen der beteiligten Länder untereinander und der europäischen Recheneinheit ECU bestanden (Wechselkurse). Maßstab dafür sind die Leitkurse im Europäischen Währungssystem (EWS), die sich in den letzten Jahren vor Beginn der Währungsunion immer mehr stabilisiert haben. Diese Kurse werden ab Beginn der EWU unwiderruflich fixiert und sind die Basis für den Umtausch der nationalen in die gemeinsame Währung. Die Politiker haben also nicht willkürlich irgendwelche Umrechnungsfaktoren festgelegt. Die Märkte haben letztlich den Umtauschkurs sanktioniert.

Beispiel: Wenn ein Euro rund zwei D-Mark kostet und ein Franzose früher rund drei Francs für eine D-Mark zahlen mußte, dann ergibt sich daraus, daß er für einen

Euro auch dreimal soviel in Francs zahlen muß wie ein deutscher in D-Mark. Ein Franzose mußte dementsprechend für einen Euro gut sechs Francs hergeben, ein Niederländer etwas über zwei Gulden und ein Österreicher siebenmal soviel Schilling wie ein Deutscher D-Mark. Dabei gewinnt oder verliert aber niemand etwas. Es wird nur optisch alles billiger. Das gilt erst recht für die Italiener, denn die müssen bei einer überschlägigen Rechnung alle früheren Preise, Löhne oder Mieten durch 2.000 teilen. Nur die Iren werden für ihr Pfund nominal mehr bekommen. Ein irisches Pfund war 1998 etwa 2,50 D-Mark wert, also mehr als ein Euro. Aus ihrer Sicht werden daher Preise, Mieten, Löhne, Bankguthaben, Kredite usw. nominal höher sein: Was vorher ein Pfund kostete, wird in Euro mit rund 1,25 berechnet.

Aber auch hier gilt, daß sich alle Geldwerte nur optisch verändern. Die Relationen bleiben gleich. Daher bekommt ein Deutscher, der nach Beginn der EWU nach Dublin fährt, dort für sein Geld real nicht mehr und nicht weniger als vorher. Der einzige Unterschied ist, daß er nicht mehr in die Wechselstube gehen muß, sondern auch in Dublin oder Cork mit den Euro zahlt, die er in Düsseldorf oder Bremen von seinem Konto abgehoben hat. Und wenn er in den Schaufenstern Markenprodukte sieht, die in ganz Europa verkauft werden, dann hängt in Dublin, Paris oder Mailand oft der gleiche Preis in Euro dran.

Da auch die Preise, Mieten, Schulden, Guthaben, Löhne usw. mit dem gleichen Faktor umgerechnet werden, sinken oder steigen sie in jedem Land entsprechend. Das bedeutet: Für einen Euro erhält man in Deutschland, Belgien, Frankreich oder Österreich mehr als vorher für eine D-Mark, einen Franc, einen Gulden oder einen Schilling. In Irland dagegen gibt es für einen Euro weniger als zuvor für ein Pfund. Die jeweiligen Realeinkommen verändern sich durch die Umrechnung in Euro nicht. Aber in Zukunft können alle bei Auslandsreisen besser vergleichen, was sie jeweils verdienen und wieviel davon sie für den Lebensunterhalt ausgeben müssen, denn alle rechnen nur noch in einer Währung – so wie ein Münchner und ein Hamburger, die schon immer ohne kompliziertes Umrechnen vergleichen konnten, was sie für ihr Geld in der eigenen oder der fremden Stadt bekommen.

Beispiel: Ein Deutscher, der für einen bestimmten Kühlschrank rund 600 D-Mark zahlen mußte, braucht nach der Umstellung nur noch etwa 300 Euro hinzulegen. In Frankreich kostet der gleiche Kühlschrank statt 1.800 Francs ebenfalls nur noch 300 Euro. Der Italiener, der vorher ein Preisschild mit 600.000 Lire gesehen hatte, sieht voller Erstaunen, daß er jetzt ebenfalls mit 300 Euro auskommt. Aber vielleicht kann er sich das Gerät dennoch nicht leisten, denn auch sein Lohn wird durch 2.000 geteilt. Die Umrechnung betrifft alle Geldgrößen, also auch die Löhne. Die Preisumstellung erfolgt wertneutral: Am Umtausch ist daher weder etwas zu verdienen noch etwas zu verlieren.

Wegen des Umtauschkurses wird also der „innere Wert" oder die Kaufkraft des Euro für die meisten EU-Bürger höher sein als die der bisherigen nationalen Währungseinheit.

Kommunikationspolitik

Muß ein Unternehmen bekanntmachen, wie und wann es die Umstellung auf Euro plant, und wer muß unterrichtet werden?

Das ist dringend anzuraten, damit es bei Kunden, Lieferanten, Banken und auch den eigenen Mitarbeitern nicht zu Verwirrung und Mißverständnissen kommt. Denn auch sie müssen sich alle auf den Wechsel einstellen und brauchen dazu Informationen.

Wenn ein Unternehmen Arbeitsgruppen gebildet hat, die alle Bereiche untersuchen, welche von der Umstellung der Währung auf Euro berührt werden, und anhand einer Euro-Checkliste alle erforderlichen Maßnahmen definiert wurden, sollte auch ein Kommunikationsplan erstellt werden. Er listet auf, wann wer über die geplanten Maßnahmen unterrichtet werden muß und in welcher Form die Zusammenarbeit mit Dritten (Kunden, Lieferanten, Banken, Behörden) gesucht wird. Vor allem der Zeitplan, nach dem im internen und externen Verkehr der Euro als Rechengröße und Zahlungsmittel eingesetzt werden soll, muß allen davon Betroffenen bekanntgemacht werden, damit sie ihre eigenen Dispositionen darauf einstellen können. Bei der Kommunikation der geplanten Maßnahmen im Zusammenhang mit der Umstellung auf Euro muß vor allem an die folgenden Gruppen gedacht werden, die informiert und gegebenenfalls zur Beschäftigung mit dem Thema motiviert werden müssen:

1. Mitarbeiter, insbesondere in den Bereichen
   - Außendienst,
   - Service,
   - Finanzwirtschaft,
   - Rechnungswesen,
   - Controlling,
   - Marketing, Werbung,
   - Beschaffung.

   Wichtig ist auch, die erforderlichen Schulungsmaßnahmen der Mitarbeiter rechtzeitig zu planen, vorzubereiten und durchzuführen.

2. Kunden,
3. Lieferanten,
4. Behörden,
5. Kreditinstitute.

Dazu müssen die für den jeweiligen Adressatenkreis geeigneten Medien vorbereitet werden. Dazu zählen etwa Informationsbroschüren, Arbeitskreise, Schulungen, Briefe oder persönliche Gespräche.

Konto/Kontoführung

Wann müssen die Konten von D-Mark auf Euro umgestellt werden?

Auch hier gilt der Grundsatz „Kein Zwang – keine Behinderung". Unternehmen sowie Arbeitnehmer, Rentner, Studenten, Selbständige oder Behörden können ab dem 1. Januar 1999 ihre Konten in Euro führen. Sie dürfen aber auch bis zum Jahr 2002 mit der Umstellung warten. In der Übergangszeit können sie selbst entscheiden, wann eine Umstellung für sie zweckmäßig ist. Es gibt jedenfalls keine Notwendigkeit, zwei parallele Konten zu führen. Wenn eine Umrechnung notwendig ist (beispielsweise bei der Überweisung von einem D-Mark- auf ein Euro-Konto), übernehmen die Sparkassen und Banken diese Dienstleistung. Grundsätzlich gilt:

- Konten können in D-Mark oder Euro geführt werden,
- eine Umstellung kann jederzeit vorgenommen werden,
- die Umstellung findet wertgleich statt,
- bei der Umstellung bleibt die Kontonummer erhalten,
- Zahlungsaufträge können dem Kreditinstitut unabhängig von der Kontowährung wahlweise in D-Mark oder Euro erteilt werden,
- Gutschriften werden (wertgleich) in der jeweiligen Kontowährung vorgenommen – unabhängig von der Währung, in welcher der Betrag angewiesen wurde.

Der Kontoauszug weist aber in jedem Fall aus, in welcher Währung die Überweisung in Auftrag gegeben wurde. So kann der Empfänger kontrollieren, ob die Überweisung und Umrechnung korrekt vorgenommen wurde. Um dies deutlich erkennbar zu machen, gibt es neue Vordrucke für inländische Überweisungen, Schecks und Lastschriften, in denen neben dem Betrag die jeweilige Währung vermerkt werden muß. Bei Überweisungen in andere EWU-Länder erfolgt die Umrechnung immer über den Euro, nicht mehr wie früher über die bilateralen Kurse (Verbot inverser Umrechnungen).

Entsprechendes gilt für **Darlehenskonten**. Sie können bei fast allen Banken und Sparkassen auf Wunsch in Euro geführt werden. Die Umstellung kann aber auch erst 2002 vorgenommen werden. Es gilt der Grundsatz der Vertragskontinuität. Das bedeutet, daß Laufzeit und Zinskonditionen unverändert bleiben. Soweit Referenzzinssätze vereinbart wurden (Diskontsatz, Fibor, Libor), die es in der EWU nicht mehr gibt, treten an ihre Stelle die entsprechenden Nachfolgezinssätze (wie der gesetzlich geregelte Basiszins und der Euribor).

Wichtig: Die Sparkassen und Banken nehmen Umrechnungen von D-Mark in Euro und umgekehrt *spesenfrei* vor. Sie müssen lediglich darauf achten, daß Sie bei Zahlungsaufträgen immer angeben, in welcher Währung der Betrag überwiesen werden soll.

Tip: Überweisen Sie bis zum Jahr 2002 Rechnungsbeträge usw. immer in der Währung, in der die Rechnung gestellt wurde – unabhängig davon, ob Sie Ihr Konto schon in Euro oder noch in D-Mark führen. So vermeiden Sie (ohne zusätzliche Kosten) Fehler, Mahnungen oder lästigen Schriftwechsel. Wer selbst umrechnet, riskiert Rechenfehler oder Verstöße gegen die Rundungsregeln. Da von den Kreditinstituten immer wertgleich umgerechnet wird, enstehen Ihnen weder Vor- noch Nachteile, wenn Sie so verfahren.

Konvergenzkriterien

Welche Voraussetzungen mußten die EU-Staaten erfüllen, die von Anfang an der Währungsunion angehören wollten?

Für das Recht zum Beitritt wurden im Vertrag von Maastricht bestimmte Voraussetzungen festgelegt (Konvergenzkriterien), die von jedem Beitrittskandidaten erfüllt werden mußten. Dadurch sollte erreicht werden, daß die Währungsunion vom Start weg bereits eine Stabilitätsgemeinschaft ist. Die Konvergenzkriterien sehen folgendermaßen aus:

- Der Anstieg der Verbraucherpreise darf das Mittel der drei preisstabilsten Länder höchstens um 1,5 Prozentpunkte übersteigen. Diese für die Preisstabilität entscheidende Bedingung erfüllten 1997 (dem Referenzjahr für die Prüfung) alle elf Länder, die von Beginn an dabeisein wollten. Von der Obergrenze 2,7 Prozent waren selbst die fünf Staaten mit der stärksten Preissteigerung (1,9 Prozent) noch sehr deutlich entfernt.
- Die Währung des betroffenen Landes muß bereits dem Europäischen Währungssystem (EWS) angehören und darf in den letzten beiden Jahren nicht abgewertet worden sein. Diese Bedingung erfüllten alle elf Gründungsmitglieder.
- Das Niveau der langfristigen Zinsen mußte zeigen, daß die internationalen Kapitalmärkte der Stabilitätspolitik des jeweiligen Mitgliedstaates vertrauten. Das Zinsniveau durfte deshalb das Mittel der drei bestplazierten Mitgliedstaaten nicht um mehr als zwei Zinspunkte übersteigen. Auch diese Bedingung wurde von allen elf Euro-Kandidaten problemlos erfüllt. Selbst Italien war mit 6,5 Prozent deutlich unterhalb des Referenzwertes von 7,8 Prozent.

Eine Momentaufnahme allein reichte aber nicht. Die Beitrittskandidaten (auch künftige) müssen durch ihre Haushaltspolitik die Gewähr dafür bieten, daß sie auch innerhalb der Währungsunion eine solide Budgetpolitik betreiben werden:

- Die jährliche Neuverschuldung darf 3,0 Prozent des Bruttoinlandsprodukts nicht überschreiten. Auch diese besonders in Deutschland zum Politikum erhobene Bedingung erfüllten alle elf Kandidaten bei der „Reifeprüfung" im April/Mai 1998. Italien schnitt mit einer Netto-Neuverschuldung des Staates von 2,6 Prozent der gesamtwirtschaftlichen Leistung sogar noch besser ab als der Stabilitätslehrmeister Deutschland (2,7 Prozent). Nur Frankreich erreichte die Obergrenze für die staatliche Verschuldung.
- Die gesamte Staatsschuld durfte nicht über 60 Prozent des jährlichen Bruttoinlandsprodukts liegen. Diese Bedingung wurde nur von drei Kandidaten erfüllt: Luxemburg, Frankreich und Finnland. Deutschland lag mit 61,3 Prozent zwar nur knapp darüber, hatte sich aber in den Jahren zuvor der Obergrenze von unten genähert. Belgien und Italien mit der mit Abstand größten Schuldenlast innerhalb der EU lagen mit 118,5 und 119,0 Prozent öffentlicher Schulden (gemessen am BIP) zwar sehr weit oberhalb des gesetzten Limits, hatten sich aber in den Jahren vor dem Beitritt dem 60-Prozent-Ziel von oben genähert.

Im Vertrag sind für die Verschuldung keine völlig starren Maßstäbe festgelegt worden. Neben der Erreichung oder Annäherung an die Zielpunkte muß nämlich außerdem berücksichtigt werden, ob die Politik des jeweiligen Landes die Gewähr dafür bietet, daß Stabilität auch weiterhin ein vorrangiges Ziel der Wirtschafts- und Finanzpolitik darstellt. Diese Einbeziehung qualitativer Bewertungsmaßstäbe ist sinnvoll, weil es mehr auf die Richtung als auf ein bestimmtes Ergebnis an einem Stichtag ankommt. Überdies gibt es keine wissenschaftliche Begründung für die Konvergenzkriterien. Sie entsprechen eher zufällig den Durchschnittswerten der EU-Länder bei Vertragsabschluß 1992.

Konvertoren

Was bedeuten die vom Europäischen Währungsinstitut in Frankfurt entwickelten Konvertoren?

Bei der stufenweisen Einführung einer gemeinsamen europäischen Währung müssen bis 2002 die nationale und die europäische Währung nebeneinander verwendet werden, da die neue Währung zunächst nur im unbaren Zahlungsverkehr gilt. Um sie in wirtschaftlich und rechtlich einwandfreier Form im täglichen Zahlungsverkehr in die Währungen der teilnehmenden Staaten umrechnen zu können, werden daher geeignete Umrechnungsfaktoren und Computerprogramme – die Konvertoren – benötigt. Sie sollen dazu dienen, die in Euro, der Europäischen Währungseinheit, ausgestellten Schecks oder Überweisungen zu den unwiderruflich festgelegten Umrechnungskursen in nationale Währungseinheiten umzurechnen und umgekehrt. Denn zu Beginn der Währungsunion lauteten die meisten Konten von Unternehmen und fast alle privaten Konten auf nationale Währung.

Dabei war davon auszugehen, daß die künftige gemeinsame Rechnungseinheit zunächst vor allem im Finanzsektor (Zentralbanken, Banken, Sparkassen, Versicherungen oder Fonds) verwendet werden wird. Bei kleinen und mittleren Unternehmen sowie im Bereich des privaten Verbrauchs werden die bisherigen nationalen Zahlungsmittel (D-Mark, Franc, Schilling, Krone, Gulden usw.) noch bis ins Jahr 2002 im Gebrauch sein. Um dennoch einen reibungslosen Zahlungsverkehr zu gewährleisten, mußten für diese Übergangszeit geeignete Vorkehrungen getroffen werden.

Die Konvertoren bestehen aus Regeln (oder Algorithmen), die festlegen, wie auf die Europäische Währungseinheit lautende Beträge in die nationalen Währungseinheiten umgerechnet werden können und umgekehrt. Sie beruhen an sich nur auf einer einfachen Multiplikation bzw. Division mit einem zuvor definierten Betrag, nämlich dem festgelegten Umrechnungskurs (siehe Umrechnung in Euro). Diese Umrechnungsregeln müssen als sogenannte Konvertoren in die Rechnersysteme integriert werden.

Auch alle sonstigen Daten über den Zahlungsverkehr – zum Beispiel für statistische Zwecke – können auf diese Art ausgetauscht werden. Die Finanzinstitute können in nationalen Währungseinheiten ausgedrückte Informationen über ihre Geschäfte der jeweils zuständigen Zentralbank zuleiten, oder ihre Kontoauszüge können entsprechende Angaben enthalten. Als Teil des Europäischen Zentralbanksystems werden die nationalen Zentralbanken sämtliche Transaktionen in der Europäischen Währungseinheit verbuchen. Dabei geht es täglich um hohe Milliardenbeträge.

Die von den nationalen Zentralbanken zur Verfügung gestellten Konvertoren werden spätestens dann außer Betrieb genommen, wenn die nationalen Banknoten und Währungseinheiten ihre Gültigkeit als gesetzliches Zahlungsmittel verlieren. Denn von 2002 an werden alle finanziellen Transaktionen innerhalb des gemeinsamen Währungsraumes in der dann allein geltenden Währung, dem Euro, ausgedrückt.

Wichtig war die Festlegung der zu verwendenden Dezimalstellen bei der gegenseitigen Umrechnung der nationalen Währungseinheiten. Vor allem beim mehrfachen Umrechnen von eingezahlten Beträgen könnten sich sonst Probleme ergeben. Angenommen, der Umrechnungskurs einer nationalen Währung in die neue Gemeinschaftswährung ist drei. Dann würde ein Zahlungsbetrag in Höhe von beispielsweise 1.000.000 in nationalen Währungseinheiten nach Umrechnung einen Betrag von 333.333,33 Euro und nach erneuter Umrechnung zurück in die nationale Währungseinheit nur 999.999,99 ergeben. Das ist zwar wirtschaftlich unerheblich, könnte aber dennoch zu rechtlichen Auseinandersetzungen führen. Deshalb wird mit sechs signifikanten Ziffern gerechnet. Der Weg geht dabei immer über den Euro. Inverse Kursbildungen sind nicht zulässig.

Kreative Buchführung

Was versteht man unter „kreativer Buchführung" im Zusammenhang mit der Währungsunion?

Damit werden allerlei Tricks bezeichnet, mit deren Hilfe vor allem die öffentlichen Schulden in der Statistik niedriger erscheinen sollen, als sie tatsächlich sind. Auf diese Art haben nach Ansicht von Kritikern einige Staaten versucht, die Konvergenzkriterien scheinbar zu erfüllen, um trotz unsolider Haushaltsführung doch noch den Beitritt zur Währungsunion zum 1. Januar 1999 zu schaffen.

Doch die Statistiker der Europäischen Kommission (Eurostat) haben dem einen Riegel vorgeschoben. Sie haben schon Anfang Februar 1997 gemeinsame Regeln für die Berechnung der öffentlichen Verschuldung in den Mitgliedsländern vorgelegt. Dies sollte verhindern, daß sich einzelne Länder „gesundrechnen".

Die EU-Länder müssen auch weiterhin alle haushaltspolitischen Maßnahmen nach Brüssel melden. Sie werden dann von Eurostat auf Grundlage der für alle verbindlichen volkswirtschaftlichen Gesamtrechnung bewertet. Zusammen mit den statistischen Ämtern der Mitgliedsländer und den Notenbanken wurden strikte Regeln für die Vergleichbarkeit der Daten entwickelt.

Auf der Grundlage der so ermittelten Zahlen für das Jahr 1997 haben die EU-Kommission, die Bundesbank, die Regierung in Bonn und das Parlament sowie schließlich die Staats- und Regierungschefs der Europäischen Union im April/Mai 1998 festgestellt, welche Länder die Aufnahmebedingungen (Konvergenzkriterien) für den Beitritt zur EWU erfüllt haben. Die Experten von Eurostat werden aber auch in Zukunft die Haushaltsbücher der Mitgliedsländer prüfen müssen. Denn der Stabilitätspakt verpflichtet die Euro-Länder, auch weiterhin Haushaltsdisziplin zu wahren. Andernfalls werden empfindliche Bußgelder fällig.

Kredite/Schulden

Was geschieht mit Krediten und sonstigen Schulden bei der Umstellung auf Euro?

Alle Kredite – öffentliche wie private – werden mit einem festgelegten Umrechnungsfaktor auf Euro-Beträge umgestellt. Das gilt für Schulden ebenso wie bei allen anderen Geldgrößen. Wer vorher mit 10.000 D-Mark in der Kreide stand, wird nachher rund 5.000 Euro zurückzahlen müssen. Das ist aber weder für den Schuldner noch für den Kreditgeber ein Vor- oder Nachteil. Denn da auch bei allen anderen in Geld ausgedrückten Werten (Löhne, Preise, Mieten, Pachten, Gehaltskonten usw.) die Umrechnung mit dem gleichen Faktor stattfindet, (also in Deutschland etwa eine Halbierung der alten Beträge), kann dadurch niemand etwas gewinnen oder verlieren.

Die Zinssätze bleiben zwar auf der vertraglich fixierten Höhe. Die Zinszahlungen aber werden – in Euro ausgedrückt – ebenfalls umgerechnet und daher entsprechend geringer sein. Zinsgewinne (oder -verluste) sind also auf diese Art nicht möglich. Die Umstellung findet hier wie in anderen Bereichen wertgleich statt.

Wichtig: Wenn in Verträgen auf den Diskontsatz Bezug genommen wird, muß beachtet werden, daß es diesen Bundesbankzins ebenso wie den Fibor ab 1999 nicht mehr gibt. An seine Stelle tritt zunächst der im Euro-Einführungsgesetz beschriebene Basiszins. Der Fibor wird durch den Euribor ersetzt.

Kreditkarten

Was ändert sich bei den Kreditkarten?

Eigentlich wenig. Denn wenn der Euro kommt, ist das in dieser Hinsicht nur eine weitere Währung. Zwar kann es sein, daß immer mehr Besitzer von Kreditkarten ein Euro-Konto besitzen und ihre Rechnungen in Restaurants, beim Kauf von Flugscheinen, Bahn- oder Theaterkarten und im Einzelhandel bereits vor dem Jahr 2002 mit Euro bezahlen wollen. Das ist aber grundsätzlich kein Problem. Denn der Handel, die Hotels oder Restaurants sind schon seit Jahren in der Lage, auch im Ausland ausgestellte Kreditkarten zu akzeptieren – unabhängig davon, ob das Konto des Karteninhabers auf Dollar, Franc, Pfund, Lira oder Peseta lautet. Mit dem Euro kommt jetzt nur noch eine weitere Währung hinzu.

Selbst wenn die Rechnung auf D-Mark lautet, kann ein Amerikaner diese mit seinem auf Dollar lautenden Konto in Deutschland ohne weiteres per Kreditkarte bezahlen. Ähnlich geht es einem Deutschen in Frankreich. Für die Kreditkartenunternehmen wird es durch den Euro eher einfacher als bisher, da spätestens ab 2002 eine Reihe von Währungen verschwindet. Allerdings stellt sich die Frage, ob es gerechtfertigt ist, einem Deutschen, der in Frankreich mit Euro per Kreditkarte bezahlt, eine Bearbeitungsgebühr für den Auslandseinsatz der Karte in Rechnung zu stellen. Ein Hamburger, der in München per Kreditkarte einkauft, wird dafür schließlich auch nicht durch höhere Gebühren bestraft.

Hinweis: In einem einheitlichen Währungsraum macht es keinen Sinn mehr, das „Territorialprinzip" aufrechtzuerhalten, wonach ein Deutscher in der Regel nur von einem in Deutschland ansässigen Kreditkartenunternehmen sein Plastikgeld erhielt und ein Franzose nur von einer französischen Bank. Das bedeutet: Mehr Wettbewerb zum Vorteil der Kunden.

Kurzläufer

„DM-Kurzläufer" wurden oft als eine geeignete Form der Geldanlage vor Einführung des Euro empfohlen.

Tatsächlich wurden diese auf D-Mark lautenden „Kurzläufer" (Anleihen mit relativ kurzer Restlaufzeit bis zur Einlösung durch den Schuldner) oft empfohlen. Die Überlegung dabei war: Wenn Länder wie Italien, Portugal oder Spanien einen Beitritt im ersten Anlauf nicht geschafft hätten, wäre der Kurs ihrer Währungen unter Druck geraten. Wer Anleihen solcher Länder hat, hätte also mit empfindlichen Währungsverlusten rechnen müssen. Oder: Wenn die Währungsunion verschoben worden wäre, hätte dies mit hoher Wahrscheinlichkeit zu einer starken Aufwertung der D-Mark geführt. Auch in diesem Fall hätten deutschen Sparern, die ihr Geld in ausländischen Anleihen angelegt hatten, währungsbedingte Verluste gedroht: Beim Umtausch aus der fremden Währung hätten sie weniger D-Mark erhalten, als sie ursprünglich aufgewendet hatten. Das hätte den durch die höheren Zinsen im Ausland erzielten Ertrag bei weitem überschritten.

Sowohl in dem einen wie in dem anderen Fall hätte deutschen Anlegern nichts passieren können, wenn sie ihr Geld in DM-Anleihen angelegt hätten. Diese werden in jedem Fall zum Nennwert zurückgezahlt. Doch für alle, die frühzeitig davon ausgegangen waren, daß die Währungsunion zum vorgesehenen Termin (1. Januar 1999) verwirklicht würde, waren deutsche Kurzläufer nicht die beste Wahl. Sie brachten geringere Zinsen als inländische Langläufer oder viele ausländische Anleihen. Wer dagegen lange genug vor der Entscheidung über die Beitrittskandidaten Anleihen irischer, italienischer oder spanischer Schuldner erworben hatte, konnte sich freuen. Er sicherte sich die damals noch hohen Zinsen und Kursgewinne und erhält sein Geld später ebenso in Euro wie ein Käufer deutscher Anleihen.

Landwirtschaft

Welche Folgen hat die Währungsunion für die europäischen Landwirte?

Die europäischen Marktordnungspreise für landwirtschaftliche Produkte wurden seit vielen Jahren in der Europäischen Währungseinheit ECU festgelegt. Das bedeutete zwar einheitliche Agrarpreise in Europa, führte aber immer zu erheblichen Schwierigkeiten für die betroffenen Landwirte, wenn es zu Turbulenzen an den Devisenmärkten kam und als Folge davon zu Auf- und Abwertungen. Denn wenn zum Beispiel die D-Mark gegenüber den Währungen der übrigen EU-Länder aufgewertet wurde – was in der Vergangenheit immer wieder geschehen ist –, dann stieg damit auch automatisch ihr Kurs im Verhältnis zur Recheneinheit ECU.

Das bedeutet, daß deutsche Bauern in D-Mark gerechnet weniger Geld für ihre Produkte erhielten. Umgekehrt profitierten die Landwirte in den EU-Staaten, deren Währungen abgewertet wurden, von dieser Entwicklung. Denn für einen ECU erhielten sie mehr Lire oder Francs als zuvor.

Da dies zu einer ungerechtfertigten Benachteiligung der Landwirte in den Ländern mit starker nationaler Währung führte, mußten ihnen Ausgleichszahlungen gewährt werden. Aufgrund der zeitweise sehr heftigen Schwankungen der Devisenkurse wurden umfangreiche und komplizierte Berechnungen notwendig. Die Ausgleichszahlungen führten zu einer entsprechenden Belastung der öffentlichen Kassen, ohne daß die Landwirte davon wirklich profitierten. Diese Probleme existieren nicht mehr, wenn überall mit gleicher Münze gezahlt wird.

Langläufer

War es falsch, DM-Anleihen zu erwerben, die erst nach Beginn der Währungsunion zurückgezahlt werden?

Grundsätzlich gilt: Alle Wertpapiere – Aktien wie Anleihen – werden wertgleich auf Euro umgestellt. Wer rechtzeitig auf D-Mark lautende Anleihen erworben hat, die erst einige Jahre nach Beginn der Währungsunion vom Schuldner eingelöst werden, hat mehrere Vorteile:

- Der deutsche Käufer von DM-Langläufern blieb zunächst in der vertrauten Währung,
- er konnte höhere Zinsen kassieren als bei Kurzläufern,
- er konnte und kann die Wertpapiere jederzeit an der Börse verkaufen, wenn sich bessere Anlagemöglichkeiten bieten oder Bargeld benötigt wird.
- Die Anleihen werden zwar an der Börse ab 1999 in Euro notiert. Beim Verkauf oder bei der Rückzahlung wird der Betrag aber bis zum Jahr 2002 in D-Mark

gutgeschrieben (sofern das Konto weiterhin in D-Mark geführt wird). Beispiel: Für eine Anleihe über 1.000 D-Mark, die an der Börse mit 510 Euro gehandelt wird, werden beim Verkauf oder der Rückzahlung bis zum Jahr 2002 daher auch 1.000 D-Mark auf das eigene Konto überwiesen. Erst nach dem Ende der Übergangszeit wird die Rückzahlung in jedem Fall in Euro vorgenommen.

Natürlich werden weder in Deutschland noch in den anderen EU-Ländern, die der Währungsunion angehören, die Zinsen dauerhaft so niedrig bleiben wie in den Jahren 1996 bis 1998. Solche Niedrigzinsphasen dauern nicht ewig.

Langläufer in Dollar, die vor Eintritt in die Währungsunion erworben wurden, brachten zwar deutlich höhere Zinsen als DM-Langläufer. Bei zehnjährigen Dollar-Anleihen kann bis zum Tag der Einlösung (oder eines früheren Verkaufs) auch noch ein Kursanstieg des Dollar hinzukommen. Neben dem höheren Zins winkt dann noch ein Währungsgewinn. Aber Achtung: Das ist eine Spekulation, für die alle die Vorbehalte gelten, die bei jedem Blick auf den Dollar als Fluchtwährung beachtet werden müssen. Denn es kann auch umgekehrt kommen. Sinkt der Dollarkurs gegenüber dem Euro, dann zehrt dies einen Teil der zuvor erzielten höheren Zinsen wieder auf.

Laufzeiten von Anleihen

Ist es mit Blick auf die Währungsunion ratsam, Anleihen mit langer Laufzeit zu kaufen?

Diese Überlegung ist unabhängig vom Euro. Denn lang- wie kurzlaufende Anleihen werden ebenso wie alle anderen Werte ohne Wertverlust in die neue Währung umgerechnet. Da die Zinsen in Deutschland zwischen 1996 und 1999 ungewöhnlich niedrig waren, ist langfristig eher wieder mit steigenden Zinsen zu rechnen – ganz unabhängig vom Euro. Das führt dann zu Kursverlusten bei Langläufern. Sollten allerdings die Zinsen noch weiter sinken, wäre eine Anleihe, die erst nach mehreren Jahren zurückgezahlt wird und bis dahin die vereinbarten höheren Zinsen bringt, von Vorteil. Dies gilt aber generell und hat nichts mit dem Übergang zur Gemeinschaftswährung zu tun.

Eine Spekulation ist der Kauf höherverzinster Anleihen aus Ländern, die der Währungsunion erst später beitreten können (wie Griechenland) oder wollen (wie Großbritannien, Schweden, Dänemark), solange sie mit ihren Zinsen über dem EWU-Durchschnitt liegen. Denn nach einem Beitritt zur Währungsunion werden auch die von diesen Staaten begebenen Anleihen in Euro umgerechnet und später in dieser Währung zurückgezahlt. Wechselkursverluste sind dann nicht mehr zu befürchten. Dagegen besteht die Möglichkeit, bis zur Rückzahlung von höheren Zinssätzen zu profitieren, mit denen diese Anleihen ausgestattet sind.

Allerdings handelt es sich hier eben um eine Spekulation, die mit dem Risiko behaftet ist, daß der Beitritt des Landes zur Währungsunion doch nicht möglich ist. Das könnte dazu führen, daß der Kurs der entsprechenden Währung sinkt. Dann droht bei Rückzahlung der Anleihe ein Währungsverlust.

Hinweis: Öffentliche Anleihen werden ab 1999 auf Euro umgestellt. Dabei kann es in der Übergangszeit zu „krummen Nennwerten" kommen. Dies hat aber auf den Wert der Anleihe keinen Einfluß. Bis 2002 werden auch bereits auf Euro umgestellte Anleihen auf Wunsch bei Verkauf oder Fälligkeit in D-Mark gutgeschrieben. Näheres unter Bundesanleihen

Lebensversicherungen

Was passiert mit auf D-Mark abgeschlossenen Lebensversicherungen?

Sowohl die Beiträge als auch die spätere Versicherungsleistung (Garantiebetrag und Überschußbeteiligung) werden mit dem allgemein geltenden Umrechnungsfaktor umgestellt. Da sich auch alle anderen Zahlungsgrößen (Löhne, Preise, Mieten usw.) entsprechend ändern, bleibt der reale Wert der Lebensversicherung (die Kaufkraft) unverändert. Das Preis-Leistungsverhältnis von Lebensversicherungen wird durch die Umstellung nicht berührt.

Hier gilt also, was für alle in Geld ausgedrückten Größen zutrifft: Sie werden wertgleich umgestellt. In Euro gerechnet sinken die zu zahlenden Prämien ebenso wie die später auszuzahlende Vertragssumme plus Überschußbeteiligung.

Vertragskündigungen unter Hinweis auf die Währungsumstellung sind ebensowenig zulässig wie eine einseitige Änderung von Konditionen. Es gilt der Grundsatz der Vertragskontinuität

Hinweis: Auf Wunsch werden fällige Lebensversicherungen bis zum Jahr 2002 entweder in Euro oder D-Mark auf dem Konto gutgeschrieben. Banken und Sparkassen übernehmen die Umrechnung spesenfrei. Dies zeigt, daß die Umstellung auf Euro mit keinem Verlust verbunden ist.

Lebensversicherung: in Fremdwährung

Können Lebensversicherungen in Währungen wie Schweizer Franken oder Dollar abgeschlossen werden, die auf keinen Fall Teil der Währungsunion sein werden?

Die in Deutschland ansässigen Versicherungen sind gesetzlich verpflichtet, die eingehenden Prämien überwiegend in der Währung anzulegen, in der die spätere Zahlungsverpflichtung besteht (bisher also in D-Mark, später in Euro). Die Auszahlung der vertraglich zustehenden Summe findet bis zum Zeitpunkt der endgültigen Umstellung im Jahr 2002 in D-Mark oder Euro statt (das hängt davon ab, in welcher Währung der Kunde sein Konto führt), danach nur noch in der Gemeinschaftswährung. Nach Ablauf der Übergangsfrist ist die D-Mark keine gültige Währung mehr. Der Betrag muß also in jedem Fall umgerechnet und in Euro ausgezahlt werden.

Natürlich besteht auch die Möglichkeit, bei ausländischen Unternehmen Lebensversicherungsverträge abzuschließen. Die Versicherungen werden dann zum Zeitpunkt der Fälligkeit in der Währung ausgezahlt, in der sie abgeschlossen wurden. Wenn die ausländische Versicherung in einem der Staaten ansässig ist, die der Währungsunion angehören, erfolgt die Auszahlung dort ebenso in Euro wie in Deutschland.

Wenn der Kunde dies unbedingt wünscht oder das Versicherungsunternehmen ohnehin außerhalb des Euro-Währungsgebiets angesiedelt ist, kann der Betrag auch auf Schweizer Franken, Dollar, Yen usw. lauten. Allerdings besteht in diesem Fall ein heute noch nicht zu übersehendes Kursrisiko. Wenn die Fremdwährung gegenüber der Euro-Währung im Kurs steigt, kann dies zwar zu einem Wechselkursgewinn führen. Im umgekehrten Fall sind aber entsprechende Verluste zu erwarten. Bei einer Kapitalanlage, die – wie eine Lebensversicherung – der Versorgung im Alter dienen soll, muß besonders sorgfältig überlegt werden, ob sie sich für derartige Spekulationen eignet und ob das Wechselkursrisiko eingegangen werden soll. Denn wenn die Auszahlung vereinbarungsgemäß erst in zehn oder 20 Jahren stattfindet, könnten sich Währungsrelationen fundamental verändert haben.

Beispiel: Wer 1960 eine Lebensversicherung mit 20jähriger Laufzeit auf Dollarbasis abschloß, mußte seine Prämien zunächst bei einem Kurs von 4,20 D-Mark je Dollar zahlen, später länger als acht Jahre bei einem Kurs von 4,00 D-Mark. Erst danach wurde es billiger, da der Dollarkurs bis 1980 schrittweise auf etwa zwei D-Mark fiel. Als allerdings die Lebensversicherung nach 20 Jahren fällig wurde, erhielt der Versicherte bei Auszahlung der vereinbarten 100.000 Dollar statt der ursprünglich erwarteten 400.000 D-Mark beim Umtausch nur noch rund

200.000 D-Mark ausgezahlt. Dazu kamen natürlich noch die sogenannten Überschußanteile, aber auch die waren zwischenzeitlich entsprechend abgewertet worden. Das kann nicht passieren, wenn man im eigenen Währungsbereich bleibt. Selbst wenn es beim Euro zu einer stärkeren Geldentwertung käme als in der Vergangenheit bei der D-Mark, würde dies zum Teil dadurch ausgeglichen, daß dann auch die von den Lebensversicherungen erwirtschafteten Überschußbeteiligungen höher ausfielen.

Bei Abschluß von Lebensversicherungen, die beispielsweise auf Schweizer Franken lauten, ist überdies zu beachten, daß das Zinsniveau in der Schweiz bei langfristiger Anlage meist deutlich niedriger ist als in Deutschland. Bei einem um zwei Prozent geringeren Zinsertrag müßte der Schweizer Franken in den kommenden zehn Jahren um mindestens 25 Prozent aufgewertet werden, um diesen Nachteil auszugleichen. Das ist unwahrscheinlich. Zudem muß immer damit gerechnet werden, daß die Schweiz bei einem zu starken Zufluß ausländischer Gelder wieder Strafzinsen einführt. Dann sieht die Endabrechnung noch schlechter aus – selbst wenn der Kurs des Franken hoch bleibt.

Außerdem muß beachtet werden, daß beim Abschluß von Lebensversicherungen in Fremdwährung unter Umständen die sonst üblichen Steuervorteile verlorengehen können. Versicherungsunternehmen bieten dennoch solche Fremdwährungsversicherungen an, weil manche Kunden danach fragen. Diese „Angsthasen-Police“ kann jederzeit in der gewünschten Währung angelegt oder ausgezahlt werden. Das bringt in Wirklichkeit aber kaum zusätzliche Sicherheit, denn auch der Versicherte kann sein Geld jederzeit in einer anderen Währung anlegen.

Lebensversicherung: kündigen?

Kann man Lebensversicherungen kündigen, ehe die D-Mark ihren Status als gesetzliches Zahlungsmittel verliert?

Das ist im Rahmen der Versicherungsbedingungen in Zukunft ebenso möglich wie in der Vergangenheit. Es wäre aber in jedem Fall ein Fehler. Da die Sicherheit und Rentabilität unter der Umrechnung des abgeschlossenen Betrages und der Überschußbeteiligung in Euro nicht leiden, würden durch einen solchen Schritt nur die Nachteile einer vorzeitigen Kündigung realisiert. Dazu gehört zum Beispiel, daß die bis zur vorzeitigen Kündigung gutgeschriebenen Erträge versteuert werden müssen, wenn die bei einer Lebensversicherung wichtige Frist von zwölf Jahren noch nicht abgelaufen ist. Hinzu kommt, daß Lebensversicherungen in den ersten Jahren nur einen geringen „Rückkaufwert“ haben. Man bekommt also erheblich weniger zurück, als eingezahlt wurde, weil die Versicherung ihre Kosten und die Vertreterprovision abzieht.

Der Wert der Lebensversicherung (deren Kaufkraft) ist bei normaler Weiterführung auch nach Umstellung auf die Euro-Währung in vollem Umfang garantiert. Er erhöht sich überdies bis zum vereinbarten Auszahlungstermin durch die weiteren Einzahlungen, die garantierte Verzinsung und die Überschußbeteiligung, die bei steigenden Zinsen und verbesserten Anlagemöglichkeiten im größeren Euro-Kapitalmarkt sogar höher ausfallen könnte, als ursprünglich zu erwarten war.

Achtung: Kündigungen sind in jedem Fall nur im Rahmen des bestehenden Vertrags möglich. Allein unter Hinweis auf die Einführung des Euro kann keine Seite kündigen oder sonstige Vertragsanpassungen verlangen. Lassen Sie sich auch nicht unter Hinweis auf erforderliche „Aufrundungen" zu einer Vertragsänderung überreden, bei der sonstige Konditionen verschlechtert werden.

Lebensversicherungsverträge: später abschließen?

Sollte man mit dem Abschluß einer Lebensversicherung warten, bis klar ist, wie stabil der Euro wird?

Wenn der Abschluß einer Kapital-Lebensversicherung oder einer Risiko-Lebensversicherung grundsätzlich angestrebt wird, sind von einer zeitlichen Verschiebung keinerlei Vorteile zu erwarten. Wer eine Lebensversicherung als Teil seiner Alterssicherung betrachtet, sollte damit nicht mit Blick auf die Währungsunion warten. Je früher der Vertragsabschluß erfolgt, desto höher ist später die Leistung. Umgekehrt gilt: Je später die Prämienzahlungen beginnen, Zinsgutschriften anfallen und die Überschußbeteiligung einsetzt, um so höher sind die Prämien und um so geringer ist später die Auszahlung. Warten führt in diesem Fall mit Sicherheit zu Einbußen.

Leitkurse

Welche Rolle spielen die Leitkurse des bisherigen Europäischen Währungssystems bei der Umstellung auf den Euro?

Um die durch Unruhen an den internationalen Devisenbörsen immer wieder gestörte wirtschaftliche Zusammenarbeit innerhalb der damaligen Europäischen Wirtschaftsgemeinschaft (EWG) zu sichern, wurde das Europäische Währungssystem (EWS) geschaffen. Für die verschiedenen Mitgliedsländer wurden Leitkurse festgelegt, die als Richtschnur für die Politik der Notenbanken dienten. Die Kurse der teilnehmenden EU-Länder sollten sich nur um maximal 15 Prozent nach oben oder unten von den Leitkursen entfernen. Das hat in den letzten Jahren vor Eintritt in die Währungsunion zu einer deutlichen Stabilisierung der Kursbewegungen geführt. Weltweit hatten sich die Finanzmärkte bereits auf diese Austauschrelationen zwischen den europäischen Währungen eingestellt. Beim Europäischen Gipfel Anfang Mai wurde vom Rat der EU beschlossen, die Leitkurse des EWS in den Jahren zwischen 1999 und 2002 als unwiderruflich fixierte Kurse für die Umrechnung der einzelnen nationalen Währungen untereinander festzulegen. Die Leitkurse gegenüber der Deutschen Mark:

Für eine D-Mark müssen gezahlt werden		**Soviel kosten in D-Mark**	
Belgischer Franc*	20,625500	Belgische Francs* (100)	4,848370
Luxemburgischer Franc*	20,625500	Luxemburgische Francs* (100)	4,848370
Französischer Franc	3,353860	Französische Francs (100)	29,816400
Spanische Peseta	85,072200	Spanische Peseten (100)	1,175470
Irisches Pfund	0,402676	Irische Pfund (1)	2,483380
Italienische Lira	990,002000	Italienische Lire (1.000)	1,010100
Holländischer Gulden	1,126740	Holländische Gulden (100)	88,719000
Portugiesischer Escudo	102,505000	Portugiesische Escudos (100)	0,975559
Österreichischer Schilling	7,035520	Österreichische Schilling (100)	14,213600
Finnische Mark	3,040010	Finnische Mark (100)	32,894600

* Zwischen Belgien und Luxemburg besteht seit Jahrzehnten eine Währungsunion, daher identischer Umrechnungskurs.

Die Leitkurse gegenüber den noch nicht der Europäischen Währungsgemeinschaft angehörenden EU-Ländern:

Soviel kosten in DM:	
Dänische Kronen (100)	26,216300
Griechische Drachmen (100)	0,553888

(Schweden und Großbritannien gehören dem EWS nicht an, daher auch keine Leitkurse).

Logo

Gibt es für den Euro eine offizielle Abkürzung oder ein Logo?

Das Logo für den Euro ist eine Art rundes „E“: blau mit zwei Querstrichen auf gelbem Grund. In der Praxis (zum Beispiel auf Kurszetteln, an der Devisenbörse, im Schriftverkehr) kann es ähnlich wie beim Dollar ($) als Symbol dargestellt oder es kann eine der beiden amtlichen Abkürzungen verwendet werden: EUR oder EO.

Hinweis: Achten Sie beim Kauf von Computern, Druckern und Software darauf, daß sie eurofähig sind, also das Euro-Zeichen ebenso wie das Dollar-Symbol abbilden können.

Löhne/Einkommen

Wie wirkt sich die Umstellung von D-Mark auf Euro bei Löhnen und Gehältern aus? Muß ich mit einem geringeren Einkommen rechnen?

Die D-Mark wird – ebenso wie die Währungen der anderen beitretenden Länder – nicht 1:1 in Euro umgetauscht, sondern nach einem festen Umrechnungsfaktor umgestellt. Dadurch verändern sich zwar alle Geldgrößen, aber die bisherigen Relationen bleiben unverändert und damit auch das Realeinkommen. Alle Löhne und Gehälter werden wertgleich umgerechnet. Über den Daumen gerechnet werden alle Geldgrößen in Deutschland halbiert (in Österreich durch 14 und in Italien durch 2.000 geteilt).

Bei einem ledigen Arbeitnehmer mit einem Monatseinkommen von beispielsweise brutto 5.291 D-Mark (einschließlich vermögenswirksamer Leistung) sieht die Gehaltsabrechnung vor und nach der Umstellung dann etwa so aus:

	in D-Mark	in Euro
Gehalt, brutto	**5.291,00**	**2.699,49**
Lohnsteuer	1.129,16	576,10
Kirchensteuer	101,62	51,85
Solidaritätszuschlag	84,68	43,20
Krankenversicherung	357,14	182,21
Arbeitslosenversicherung	171,96	87,73
Rentenversicherung	492,06	251,05
Pflegeversicherung	26,45	13,49
Einkommen, netto	**2.730,93**	**1393,33**

Da dem optisch niedrigeren Einkommen entsprechend geringere Abzüge sowie niedrigere Preise für Lebensmittel, Miete, Fahrtkosten oder Steuern gegenüberstehen, bleibt das Realeinkommen unverändert. Immer mehr Unternehmen werden nach Beginn der Währungsunion den Euro zu ihrer Hauswährung machen. Infolgedessen wird bald auch die Lohn- und Gehaltsabrechnung auf Euro umgestellt werden. Viele werden dann eine Abrechnung vorlegen wie oben, nämlich alle Beträge zur besseren Nachprüfbarkeit in der alten und in der neuen Währung. Andere veranstalten von einem bestimmten Stichtag an auch intern einen Big Bang und weisen alle Geldgrößen nur noch in Euro aus. Bis zum Jahr 2002 bleibt es aber jedem Mitarbeiter überlassen, in welcher Währung er sein Geld überwiesen haben möchte. Wenn das Konto weiter in D-Mark geführt wird, rechnet seine Sparkasse oder Bank alle Überweisungen in D-Mark-Beträgen. Dann erscheint als Gutschrift wieder der gewohnte Nettolohn auf dem Konto.

Doch wie auch immer der jeweilige Arbeitnehmer sich entscheidet – ein Verlust ist damit nicht verbunden. Auch wenn in Euro gerechnet nur rund die Hälfte des früheren Betrages auf dem Konto gutgeschrieben wird, gilt: Die Kaufkraft eines Euro ist doppelt so hoch wie die Kaufkraft einer D-Mark, denn als Folge der Preisumstellung werden auch alle Güter und Dienstleistungen nominal billiger sowie vertragliche Zahlungsverpflichtungen und Schulden rechnerisch entsprechend niedriger. Da die Umrechnung bei allen Geldgrößen mit dem gleichen Faktor stattfindet, ändern sich Lebensstandard und Einkommensverhältnisse nicht.

Achtung: Rechnen Sie am Anfang dennoch die Angaben auf der Lohn- oder Gehaltsabrechnung genau nach. Besonders bei Betrieben, die die Umstellung nicht rechtzeitig oder sorgfältig genug vorbereiten, kann es zu Verzögerungen oder Fehlern bei der Umrechnung kommen. Achten Sie also darauf, daß nach den unwiderruflichen Umrechnungskursen verfahren wird, daß mit den vorgeschriebenen sechs signifikanten Ziffern gearbeitet und daß die Rundungsregeln beachtet werden.

Hinweis: Die Umstellung auf Euro gibt keinem Arbeitgeber das Recht, an den vereinbarten Vertragsbedingungen (wie Entgelt, Urlaub, Zahl der Arbeitsstunden, Kündigungsfristen) etwas zu verändern. Auch im Arbeitsrecht gilt der Grundsatz der Vertragskontinuität. Nur eine reine Währungsumstellung ist zulässig (und notwendig). Umgekehrt kann auch der Arbeitnehmer die Währungsumstellung nicht zum Anlaß nehmen, den Vertrag zu kündigen oder Änderungen zu verlangen.

Lohnpolitik

Wird die Lohnpolitik durch die Bildung der EWU beeinflußt?

Hierzu gibt es im Vertrag von Maastricht keine Aussage oder Regelung, da die Tarifautonomie respektiert werden muß. Allerdings ist zu bedenken, daß Lohnsteigerungen, die durch eine entsprechend steigende Produktivität nicht gedeckt sind, zu Preissteigerungen führen. Früher konnte versucht werden, die Folgen dieser Geldentwertung für den Export durch eine entsprechende Abwertung der Währung des Landes zu kompensieren. Allerdings führte das dann auch zu entsprechenden Preissteigerungen bei den Importen. Beides zusammen machte die erzielte Lohnsteigerung wieder zunichte, weil der reale Wert der Einkommen entsprechend sank. Davon wurden dann auch diejenigen in Mitleidenschaft gezogen, die keine entsprechende Einkommenserhöhung durchsetzen konnten (wie zum Beispiel die Rentner), sowie die Sparer, deren Vermögen durch die Inflation entwertet wurde.

Zumindest innerhalb der Währungsunion sind in Zukunft (so wie heute schon in Deutschland bei unterschiedlicher Einkommensentwicklung in den verschiedenen Bundesländern) derartige Abwertungen zur Vermeidung von Einbußen im Export nicht mehr möglich. Die Gewerkschaften müssen es sich also doppelt überlegen, ehe sie eine von der Produktivität abgekoppelte Lohnpolitik betreiben. Allerdings läßt sich beobachten, daß die Tarifverträge alter Art an Bedeutung verlieren. Die Zeiten scheinen vorbei zu sein, in denen unabhängig von der Leistungsentwicklung in den einzelnen Unternehmen kartellartige Einkommensvereinbarungen getroffen wurden, die flächendeckend die Kosten erhöhten. Da außerdem der Staat den Tarifvertragsparteien nicht mehr wie früher die Verantwortung für die Folgen ihrer Vereinbarungen zumindest teilweise abnehmen kann, indem er großzügig Subventionen verteilt oder die Währung abwertet, werden Arbeitgeber und Gewerkschaften bei ihren Vereinbarungen in Zukunft im eigenen Interesse vorsichtiger sein müssen. Der Geldwertstabilität kann das nur dienlich sein.

Dennoch bleibt festzuhalten: Wenn die Lohnpolitik keine Rücksicht auf das Ziel der Stabilitätspolitik nimmt, kann es der Europäischen Zentralbank – ebenso wie früher zeitweise der Bundesbank – sehr schwer gemacht werden, ihre gesetzliche Aufgabe zu erfüllen, den Geldwert stabil zu erhalten.

Marktpreise

Wie läuft die Umstellung der Preise ab?

Grundsätzlich müssen alle Preise bei der Umstellung auf Euro wertgleich auf die neue Währung umgerechnet werden. In Deutschland bedeutet das, daß sie etwa halbiert werden. Allerdings muß genau unterschieden werden, um welche Art von Preisen es sich handelt:

- Bei Marktpreisen (im Handel, in Restaurants, bei Grundstückskäufen, dem Erwerb von Gebrauchtwagen, der Buchung von Reisen) kann der Anbieter seine Forderung stellen. Der Käufer kann sie akzeptieren. Er kann aber auch darüber verhandeln oder zur Konkurrenz gehen. Daher muß in diesem Bereich der Wettbewerb dafür sorgen, daß die Umstellung auf Euro zu keiner allgemeinen Preiserhöhung (insbesondere im Einzelhandel) führt.
- Bei Vertragsanpassungen (wie Mieten, Pachten, abgeschlossenen Lieferverträgen, Versicherungen) muß pfennig- bzw. centgenau umgerechnet werden.
- Bei administrierten Preisen bestimmen Behörden über die Umrechnung. Hier gibt es keine Kontrolle durch den Wettbewerb. Die Gefahr von „Aufrundungen" ist am größten.

Im Handel gibt es zwar eine Reihe von Produkten, bei denen die Verbraucher die Preise „im Kopf" haben: bei Brot, Eiern, Butter, Margarine, Bier, Seife, Zeitungen usw. Aber bei der Mehrzahl der Preise ist das nicht der Fall. Überdies ändern sie sich in vielen Bereichen ständig. Bei Waschmitteln, Fleisch oder Getränken ist einmal dieses, einmal jenes Produkt „im Angebot". Jeder Supermarkt versucht, Kunden durch „Schnäppchen" anzulocken. Fluggesellschaften senken oder erhöhen je nach Jahreszeit oder dem Verhalten der Konkurrenz ihre Tarife. Urlaubsreisen werden im Katalog und per „Last Minute" angeboten. Auch die Bahn läßt sich immer neue Sondertarife einfallen, um zusätzliche Fahrgäste zu gewinnen. Bei Mode, Schmuck oder Schuhen gibt es überhaupt keine festen Preise. Jeder Händler kalkuliert seine Angebote selbst und erhöht oder senkt die Preise je nach Reaktion der Kunden oder der Wettbewerber. Auch die Benzinpreise werden je nach Marktlage einmal nach oben, einmal nach unten angepaßt.

Deshalb hilft eine doppelte Preisauszeichnung dem Verbraucher nur wenig. Den Preis für einen Anzug, der mit 180 Euro ausgezeichnet ist, kann er auch selbst im Kopf verdoppeln, um zu wissen, was das in D-Mark gewesen wäre. Ob die Umstellung im Jahr 2002, wenn der Euro als Bargeld im Umlauf ist (und spätestens am 1. Juli die Umstellung abgeschlossen sein muß), zu Preiserhöhungen genutzt wird, hängt vor allem davon ab, wie groß der Wettbewerb unter den Anbietern ist.

In vielen Fällen wird dem Einzelhandel gar nichts anderes übrigbleiben, als die Preise zu senken. Das gilt vor allem bei den Schwellen- oder Signalpreisen. Wenn eine Seife vorher für 99 Pfennig angeboten wurde, dann erscheint das dem Käufer billig. Wenn nach der Umrechnung ein Preis von 51 Cent herauskommt, ist das optisch teuer. Der Händler muß also auf 49 Cent hinuntergehen – und somit eine Einbuße von vier Prozent hinnehmen. Das zeigt auch, wie wichtig es für Unternehmen ist, rechtzeitig ihre Preispolitik zu überdenken.

Ähnliche Probleme gibt es im staatlichen Bereich bei den Signalbeträgen. Eine von der Bundesregierung beauftragte Arbeitsgruppe suchte dafür schon 1998 nach Lösungen, die politisch und finanziell zu vertreten sind.

Maßnahmen im Unternehmen

Welche Bereiche im Unternehmen sind von der Umstellung auf Euro in jedem Fall betroffen?

Das hängt von der Art und Struktur des Betriebes ab. Maßnahmen für die Umstellung müssen aber vor allem in den folgenden Bereichen frühzeitig eingeleitet werden:

- Zahlungsverkehr
- Kostenrechnung
- interne und externe Kommunikation
- Personal, Lohnabrechnung
- Jahresabschluß (Eröffnungsbilanz)
- Buchhaltung
- Fakturierung
- Investitionsrechnung

In allen diesen Bereichen muß ein großer Teil der Computerprogramme (Software) umgeschrieben oder ersetzt werden. Aber auch in anderen Sektoren sind je nach Art des Unternehmens technische Umstellungen erforderlich. Beispiele dafür sind:

- Frankiermaschinen
- Preisauszeichnungsgeräte
- Kassen
- Münzautomaten
- Zahlsysteme in der Kantine
- Geldzählmaschinen

Frühzeitig vergeben werden müssen auch Druckaufträge für Formulare, Preislisten oder Werbematerial. Um dies alles planmäßig und vollständig abzuwickeln, sollte eine Euro-Checkliste der erforderlichen Maßnahmen erstellt, ein Zeitplan für die Umstellung erarbeitet sowie ein Euro-Beauftragter ernannt werden, der direkt der Geschäftsleitung berichtet. Viele Großunternehmen haben bereits 1994 mit den notwendigen Vorarbeiten begonnen. Bei Siemens, BASF, vielen Banken und Sparkassen sind die Entscheidungen schon lange vor 1999 gefallen. Mit der Schulung der Mitarbeiter wurde frühzeitig begonnen.

Medaillen

Welche Perspektiven gibt es bei Medaillen?

Medaillen sehen Münzen (gesetzlichen Zahlungsmitteln) oft sehr ähnlich, haben mit Geld aber nichts zu tun. Es gibt immer wieder Anbieter, die es in geschickter Weise verstehen, unkundigen Käufern irgendwelche Prägungen anzudrehen. Sie haben nur dann einen persönlichen Wert, wenn der Käufer Spaß an silbern oder golden glänzenden Chips hat. Es ist eine Art Spielgeld, das oft in betrügerischer Absicht angeboten wird.
Vorsicht: Medaillen – also meist von privater Seite hergestellte runde Metallstücke mit irgendwelchen Darstellungen – bringen später in der Regel nicht einmal soviel, wie sie gekostet haben. Meist sind sie völlig unverkäuflich. Dennoch wird von cleveren Geschäftemachern immer wieder versucht, derartige Medaillen gegen überhöhte Preise zu verkaufen, indem mit amtlich erscheinenden Schreiben entsprechende Zeichnungsangebote ins Haus geschickt werden. Auch wenn von einmaliger, limitierter Sonderausgabe die Rede ist, auch wenn angeblich nur innerhalb bestimmter Fristen bestellt werden kann, auch wenn das Angebot „nur für Sie persönlich" gilt: das ist alles nur Dummenfang.

Mehrwährungsfähigkeit

Was bedeutet „Mehrwährungsfähigkeit" im Zusammenhang mit der Währungsunion?

Zwischen dem 1. Januar 1999 und dem Ablauf der Übergangsfrist im Jahr 2002 gibt es innerhalb der EWU neben dem Euro noch die alten nationalen Währungen als Bargeld. An der Börse, im gesamten Kreditgewerbe, innerhalb der meisten Großunternehmen und auch bei immer mehr mittelständischen Betrieben wird der Euro dagegen als „Hauswährung" verwendet. Viele Privatleute sowie zahlreiche Betriebe bleiben aber noch bei der alten nationalen Währung (in Deutschland also der D-Mark). Sie verwenden sie nicht nur als Bargeld, sondern führen auch ihre Konten noch auf D-Mark-Basis. Behörden stellen ihren Zahlungsverkehr vielfach ebenfalls erst 2002 um.

Aus diesem Grund müssen viele Unternehmen Rechnungen weiterhin in D-Mark stellen oder bezahlen. Selbst wenn sie ihre Im- und Exporte in Euro abwickeln, überweisen sie ihren Mitarbeitern Lohn und Gehalt in D-Mark. Gleichzeitig müssen sie aber auch mit immer mehr Kunden und Lieferanten im Inland auf Euro-Basis verkehren. Sie müssen Kalkulationen und Angebote einmal in Euro, ein andermal in D-Mark machen oder zumindest die jeweiligen Rechenwerke in beide Währungen umrechnen können.

Zahlungseingänge in D-Mark müssen ebenso verbucht werden können wie Euro-Beträge. Es muß möglich sein, Eingabe und Ausgabe sowohl in Euro als auch in D-Mark vorzunehmen. Im Verkehr mit der Bank läuft vielleicht schon alles über den Euro, statistische Meldungen an Behörden, Steuererklärungen und Lohnabrechnungen dagegen werden noch auf D-Mark-Basis vorgenommen. Die Bilanzen werden entweder in D-Mark oder Euro erstellt, obwohl an vielen Stellen abwechselnd mit der einen wie der anderen Währung gerechnet werden muß. Der Zwang zur Mehrwährungsfähigkeit betrifft nicht zuletzt den Einzelhandel, der in der Übergangszeit immer mehr Waren in Euro einkauft, aber im Laden noch alles gegen D-Mark verkauft.

Deswegen brauchen die meisten Unternehmen – aber auch immer mehr Behörden – Datenverarbeitungsanlagen oder Kassensysteme, die mehrwährungsfähig sind. Das bedeutet, daß unter anderem die Rundungsregeln als auch das Verbot inverser Umrechnungen vom Programm berücksichtigt werden müssen. Das ist bei der üblichen Software nicht unbedingt gewährleistet. Um die gesetzlichen Vorschriften zu erfüllen, müssen alle „Fremdwährungsmodule" in den Datenverarbeitungsprogrammen ab dem 1. Januar 1999 entsprechend angepaßt sein. Gleichzeitig müssen beispielsweise auch die Druckroutinen für Überweisungformulare neu eingerichtet und die Software für den elektronischen Datenaustausch mit den Banken angepaßt werden. (Siehe EDV-Anpassung.)

Mieten

Kann bei Einführung des Euro der bisherige Mietvertrag aufgehoben oder die Miete erhöht werden?

Nein – auf keinen Fall. Denn grundsätzlich gilt das Prinzip der Vertragskontinuität. Die Währungsumstellung berechtigt daher keine Vertragspartei zur einseitigen Kündigung. Das ist durch europäisches wie nationales Recht abgesichert. Überdies muß der sogenannte Mietzins zu den unwiderruflich festgelegten Umtauschkursen (siehe Fixierung der Umtauschkurse) pfennig- bzw. centgenau umgerechnet werden. Aus einer Miete von zum Beispiel 1.250,00 D-Mark wird dann ein Betrag von 637,7551 Euro (bei einem angenommenen Umrechnungskurs von 1,96 D-Mark pro Euro). Aufrunden darf der Vermieter nur bei der zweiten Stelle hinter dem Komma. In diesem Fall dürfte er die Miete also höchstens auf 637,76 Euro festsetzen.

Am 24. September 1997 hat das Bundeskabinett den Entwurf für das Euro-Einführungsgesetz verabschiedet. Es regelt für wichtige Bereiche der Wirtschaft den Übergang zum Euro. Dazu gehören auch Änderungen im Mietrecht, die sich auf die Miethöhe und vor allem auf die Indexierung von Mieten beziehen.

In Abänderung des § 10a des Gesetzes zur Regelung der Miethöhe vom 18. Dezember 1974 kann schriftlich festgelegt werden, daß die Höhe der Miete von der

Entwicklung eines Preisindex abhängig gemacht werden kann, der vom Statistischen Bundesamt ermittelt wird. Dabei handelt es sich um den Index der Kosten der Gesamtlebenshaltung. Das Ausmaß der daraus abgeleiteten Mieterhöhung muß im Vertrag festgelegt sein und darf prozentual nicht höher ausfallen als die Steigerung des Index. Eine solche Mietanpassungsvereinbarung ist überdies nur wirksam, wenn

- der Vermieter für mindestens zehn Jahre auf das Recht der ordentlichen Kündigung verzichtet oder
- der Mietvertrag für die Lebenszeit eines der Vertragspartner abgeschlossen ist.

Die Änderung des Mietzinses aufgrund der oben genannten Bedingungen muß schriftlich mitgeteilt werden.

Hinweis: Bis Ende 2001 kann jeder Mieter, der sein Konto noch in D-Mark führt, die Miete weiterhin in der bisherigen Höhe in D-Mark überweisen. Auch wenn der Hausbesitzer bereits auf Euro umgestellt hat, ist das kein Problem. Die Bank oder Sparkasse übernimmt die Umrechnung für den Kunden kostenfrei. Der Mieter kann den Betrag in D-Mark oder Euro angeben (Währungsfeld auf dem Überweisungsträger oder beim Dauerauftrag richtig ausfüllen!). Der Betrag wird ihm in jedem Fall in der Währung abgebucht, in der das Konto geführt wird.

Mindestzahl teilnehmender Länder

Gab es eine Mindestteilnehmerzahl für die Europäische Währungsunion?

Im Vertrag von Maastricht wurde zwar festgelegt, welche Bedingungen die EU-Länder erfüllen müssen, um der Währungsunion beitreten zu können (Konvergenzkriterien). Es wurde aber keine Mindestzahl für den Start bestimmt. Das hätte nur für den frühestmöglichen Start der EWU Anfang 1997 gegolten. Dann hätten mindestens acht der 15 Mitgliedsländer der EU teilnehmen müssen. Theoretisch hätten 1999 dagegen schon zwei Teilnehmer gereicht. Tatsächlich qualifizierten sich aber elf EU-Staaten. Von den Ländern, die den politischen Willen hatten, bereits beim Start dabei zu sein, hat nur Griechenland die Konvergenzkriterien nicht erfüllt.

Allerdings herrschte weitgehende Übereinstimmung darüber, daß es wenig sinnvoll gewesen wäre, wenn nur Luxemburg und die Niederlande oder Deutschland und Frankreich mit der Währungsunion begonnen hätten. Es war auch politisch unumstritten, daß eine Währungsunion ohne Deutschland oder Frankreich – oder gar ohne beide – sinnlos gewesen wäre. Die mit dem großen Währungsraum (von jetzt elf Ländern mit rund 300 Millionen Einwohnern) verbundenen Vorteile hätten sich dann nicht auswirken können. Die Debatte über einen Beginn mit weniger Mitgliedern war keineswegs nur theoretischer Natur: Längere Zeit gehörte Deutschland nicht zu den sicheren Kandidaten. Um die Stabilitäts- oder Konvergenzkriterien zu erfüllen, waren auch in der Bundesrepublik große Anstrengungen erforderlich. Das gilt ebenso für die dauerhafte Einhaltung dieser Kriterien.

Mitarbeiterschulung

Muß im Betrieb über die Umstellung auf Euro informiert werden?

Zunächst waren es vor allem die Banken und Sparkassen sowie die Großunternehmen, die bereits 1998 ankündigten, daß sie ab Anfang 1999 voll auf Euro umstellen wollten. Aber immer mehr kleine und mittlere Unternehmen folgen diesem Beispiel. Dieser Prozeß wird sich bis zum Ende der Übergangszeit im Jahre 2002 immer mehr beschleunigen. Über den zunächst kleinen Planungsstab im Unternehmen oder in Behörden hinaus müssen immer mehr Mitarbeiter in die Überlegungen einbezogen werden. Neben den technischen und organisatorischen Vorbereitungen auf die Währungsumstellung ist deshalb auch eine entsprechende Mitarbeiterschulung erforderlich. Die Beschäftigten in den betroffenen Abteilungen müssen nicht nur deshalb ausreichend auf die Umstellung vorbereitet werden, damit diese ohne wirtschaftlichen Schaden für den Betrieb stattfinden kann. Es kommt auch darauf an, rechtzeitig die damit verbundenen Chancen zu nutzen. Das kann nur gelingen, wenn alle Mitarbeiter umfassend informiert und geschult sind.

Sie müssen auch in der Lage sein, den Kunden und Lieferanten sachlich zutreffende Auskünfte über die Umstellungsstrategie ihres Unternehmens und die sie betreffenden konkreten Umstellungsmaßnahmen im Betrieb zu geben. Jedes Unternehmen muß deshalb der frühen und gezielten Schulung der Mitarbeiter eine hohe Priorität auf seiner Euro-Checkliste geben.

Vor der Umstellung eines Unternehmens auf Euro ist Information auch deshalb unbedingt norwendig, damit die Mitarbeiter nicht davon überrascht werden, wenn sich die Zahlen auf ihrer Lohn- und Gehaltsabrechnung ändern. Sie müssen wissen, was sich bei der Überweisung auf ihr Konto ändert, welche Folgen die Umstellung bei den Betriebsrenten hat usw.

Münzen

Welche Euro-Münzen wird es ab 2002 geben?

Der Name der wichtigsten Münze ergibt sich ebenso wie bei der D-Mark aus der Bezeichnung der Währungseinheit, also Euro. Vom Euro werden nach den bisherigen Planungen Stücke zu ein und zwei Euro geprägt.

Die kleineren Münzeinheiten (Scheidemünzen), die in Deutschland dem Pfennig, Fünfziger oder Groschen entsprechen und die in anderen Ländern Cent, Centime oder Rappen heißen, werden in Cent oder Euro-Cent ausgedrückt. Davon wird es Stücke zu ein, zwei, fünf, zehn, 20 und 50 Euro-Cent geben. Sie werden eine einheitliche (europäische) und eine nationale Seite haben – je nachdem, wo sie geprägt werden. In Italien wird zum Beispiel die Venus von Botticelli eine Seite der dort geprägten Münzen zieren. In Deutschland werden die alten Symbole Adler und Eichenlaub sowie das Brandenburger Tor jeweils eine Seite der Münzen zieren.

Ansonsten werden die Münzen eine einheitliche Vorderseite mit der Wertangabe haben und auch sonst identische Merkmale aufweisen, damit sie möglichst fälschungssicher sind. Bedeutsam ist dabei vor allem die Größe, das Gewicht, die Legierung und Stückelung der Münzen vor allem für die Hersteller von Automaten. Bereits beim Gipfel in Dublin im September 1996 wurden dafür weitere wichtige Festlegungen getroffen:

- Die Euro-Münzen werden entsprechend einer deutschen Forderung in einer Drei-Schicht-Legierung hergestellt. Das bedeutet, daß sie aus einer Schichtung von drei unterschiedlichen Metallegierungen bestehen, wodurch Fälschungen erschwert werden sollen.
- Die Münzen werden zum Teil eine bicolore (zweifarbige) Gestaltung haben. Mit diesem Wunsch haben sich die Franzosen durchgesetzt, die eine solche Technik beim Zehn-Francs-Stück anwenden. Das bedeutet goldfarbener Rand und ein silbriger Innenteil. Auch dies erschwert Fälschern das Handwerk.

Über das tatsächliche Aussehen der Euro-Münzen entschied das Ergebnis eines Designer-Wettbewerbs.

Zu beachten ist, daß alle Münzen – unabhängig davon, in welchem Land sie jeweils geprägt wurden – innerhalb der gesamten Währungsunion gelten. Schon nach kurzer Zeit werden vor allem die Touristen dafür sorgen, daß in Deutschland Münzen mit der italienischen Venus und in Italien oder Frankreich Münzen mit dem Brandenburger Tor auf der Rückseite umlaufen.

Achtung: Bereits 1998 wurden Euro-Medaillen als „einmalige Sonderprägung" und Sammlerstücke angeboten. Solche Angebote von Unternehmen mit Namen wie „Münzkontor" wird es bis zur Ausgabe der Euro-Münzen im Jahr 2002 immer wieder geben. Lassen Sie sich nicht täuschen: Auch wenn die Schreiben noch so amtlich erscheinen, auch wenn es sich angeblich um „streng limitierte Ausgaben“, um „Ehrenprägungen“ oder „zeitlich begrenzte Angebote“ handelt – es sind in keinem Fall echte Münzen. Diese Massenprägungen werden zu überhöhten Preisen angeboten, haben mit Geld nichts zu tun und haben auch keinerlei Sammlerwert. Sie lassen sich so gut wie nie weiterverkaufen. Sie müssen also immer prüfen, ob der Spaß seinen Preis wert ist.

Münzen als Geldanlage

Lohnt es sich, die alten nationalen Münzen aufzubewahren?

Bei D-Mark-Münzen handelt es sich im Prinzip um gesetzliche Zahlungsmittel. Sie sind aber vor allem Sammlerobjekte und werden meist nur aus Versehen dazu benutzt, Zigaretten- oder Parkautomat zu füttern. Doch nach Ablauf der Übergangsfrist im Jahr 2002 verlieren auch alle alten Münzen den Status von gesetzlichen Zahlungsmitteln. Wenn die Frist für den Umtausch in Euro abgelaufen ist, haben sie nur noch Metallwert. Dieser liegt selbst bei den früher geprägten silberhaltigen Münzen (wie den alten deutschen Fünf-Mark-Stücken) weit unter dem Nennwert.

Es ist auch nicht damit zu rechnen, daß alte Münzen – selbst wenn sie mit den Portraits von Adenauer oder Ludwig Erhard versehen sind – in absehbarer Zeit einen nennenswerten Sammlerwert bekommen werden. Dazu ist die Zahl der verbleibenden Stücke zu groß. Außerdem sind Sammler nur an absolut neuwertigen Exemplaren interessiert. Es ist also vor allem eine Frage der persönlichen Erinnerung an die „gute alte Mark“, der Freude an einer schönen Sammlung und der Nostalgie, wenn ein paar der alten Münzen aus dem eigenen oder den benachbarten Ländern zur Erinnerung aufbewahrt werden. Vielleicht können die Urenkel daraus einmal ein Geschäft machen.

Ganz allgemein sind Münzen als Geldanlage nur in wenigen Fällen ein gutes Geschäft. Wer sich auf dem Sammlermarkt nicht sehr gut auskennt, macht in der Regel nur Verluste. Das beginnt schon damit, daß das in Münzen angelegte Geld keine Zinsen bringt. Nahezu wertlos sind beim Wiederverkauf vor allem auch die sogenannten Gedenkmünzen. Das gilt erst recht für Medaillen, die von privaten Anbietern herausgegeben werden. Sie eignen sich weder generell als Geldanlage noch als Schutz vor den von manchen befürchteten inflationären Gefahren nach Einführung der gemeinsamen europäischen Währung.

Auch Alter ist bei Münzen noch nicht gleichbedeutend mit Wert. So sind römische Münzen praktisch Massenware, da sie auch heute noch oft in großen Stückzahlen gefunden werden. Dagegen sind die nicht sehr alten Gedenkmünzen der ehemaligen DDR ein echter Schatz in den Augen von Sammlern. Ein kompletter Satz (123 Münzen), der 1988 mit rund 3.000 D-Mark veranschlagt wurde, brachte 1998 unter Sammlern bis zu 20.000 D-Mark. Wer Münzen sammelt, sollte dies vor allem dann tun, wenn er Spaß daran hat. Wenn sich damit später einmal ein Gewinn auf dem Sammlermarkt erzielen läßt, ist das ein erfreulicher Nebeneffekt. Ähnlich verhält es sich bei vielen anderen Sachwerten.

Auf keinen Fall kann damit gerechnet werden, daß alte Münzen – ob Pfennige, Groschen oder Centimes – später wieder zu gesetzlichen Zahlungsmitteln erklärt werden. Das gilt selbst für den (ziemlich theoretischen) Fall, daß ein Mitgliedsland sich entschließen sollte, wieder aus der EWU auszutreten. Dann würden mit Sicherheit neue Scheine und Münzen ausgegeben.

Vorsicht: Gedenkmünzen sind in der Regel nur für den Staat ein gutes Geschäft: Er gibt Zwei-, Fünf- oder Zehn-Mark-Stücke zum Nennwert ab, deren Herstellung weit weniger gekostet hat, und kann sicher sein, daß diese Münzen so gut wie nie in Umlauf kommen. Es handelt sich praktisch um einen zinslosen Kredit an Vater Staat. Da nach den Olympischen Spielen von 1972 in München ein wahrer Boom bei Gedenkmünzen einsetzte, ist bei Stücken, die nach 1971 geprägt wurden, keine Wertsteigerung zu erwarten. Nur bei wirklich kompletten Sammlungen und echten Raritäten ist das anders. Der wichtigste Unterschied zu Medaillen: Münzen sind richtiges Geld. Man kann sich wenigstens etwas dafür kaufen.

Name/Bezeichnung

Wann und von wem wurde die Bezeichnung „Euro“ für die Gemeinschaftswährung festgelegt?

Der Name der europäischen Währungseinheit wurde im Dezember 1995 beim EU-Gipfel in Madrid beschlossen. Die Finanzminister der Union einigten sich auf den Namen „Euro“. Er gilt ohne Zusatz und darf in den jeweiligen Ländern nicht mit einer offiziellen Vorsilbe (wie Euro-Mark, Euro-Gulden oder Euro-Franc) verwendet werden.

Ob sich dies im Sprachgebrauch so durchsetzt, kann sich erst ab 2002 zeigen, wenn der Euro auch als Bargeld vorhanden und damit bei jedermann im täglichen Gebrauch ist. Nationale Unterschiede wird es sicherlich in der Aussprache geben, weil ein Franzose den Namen der Währung anders ausspricht als ein Deutscher oder Brite. Unabhängig vom Sprachgebrauch der Bürger wird der Euro aber in allen Ländern, die der Währungsunion beitreten, den Status eines alleinigen gesetzlichen Zahlungsmittels haben.

Nennwert

Dürfen bei der Umrechnung des Nennwerts von Anleihen, Aktien und anderen Wertpapieren auf die neue Euro-Währung „krumme Zahlen" herauskommen?

Krumme Nennwerte gibt es in allen Euro-Ländern. Deshalb gehört die Frage, auf welchen Nennwert Aktien ausgestellt werden müssen oder ob Anleihen nach einer Umrechnung auch auf krumme Beträge (wie 51,02 statt auf 100) lauten dürfen, zu den Problemen, die der Gesetzgeber regeln mußte.

Beispiel: Wenn eine Aktie einen Nennwert von 100 hat, an der Börse am Stichtag der Umrechnung mit einem Kurs von 385 gehandelt wird und die Dividende acht D-Mark beträgt, dann sieht nach der Währungsumstellung die Rechnung so aus:

	in D-Mark	**in Euro**
Nennwert	100,00	51,02
Kurs	385,00	196,43
Dividende	8,00	4,08

Beim Nennwert von Aktien und Anleihen war es in Deutschland vor der Umstellung auf Euro immer erforderlich, daß sie auf „glatte Summen" lauteten, also Stückelungen von fünf, 50 oder 100 oder einem Mehrfachen davon aufwiesen. Deshalb war eine neue gesetzliche Regelung erforderlich. Das Euro-Einführungsgesetz gibt den Unternehmen die Möglichkeit, bei Aktien und Anleihen die notwendigen Anpassungsmaßnahmen zu treffen. Die einfachste Lösung ist der Übergang zur Quotenaktie. Bei Bundesanleihen ist der geringste Nennwert in der Übergangszeit 0,01 Euro.

An den Börsen werden die Wertpapiere ab 1999 in Euro notiert. Bei der Kursfeststellung spielen „krumme" Werte aber keine Rolle, da auch bei D-Mark-Notierungen bisher schon mit Stellen hinter dem Komma gearbeitet wurde.

Hinweis: Wenn Sie Ihr Konto in der Übergangszeit weiterhin in D-Mark führen, wird Ihnen beim Verkauf von Wertpapieren der Erlös ohne Wertverlust und ohne Kosten von Ihrer Bank oder Sparkasse in D-Mark gutgeschrieben. Eine Anleihe mit einem ursprünglichen Nennwert von 1.000 D-Mark, die an der Börse mit 510,20 Euro notiert wurde, wird bei der Rückzahlung dann wieder eine Gutschrift von 1.000 D-Mark. Wenn Sie Ihr Konto bereits auf Euro umgestellt haben, werden Ihnen 510,20 Euro überwiesen.

Neue Länder

Gibt es beim Euro Sonderregelungen für die Bürger der neuen Länder?

Nein. Der (wertgleiche) Umtausch der D-Mark in Euro wird für alle Bundesbürger nach exakt den gleichen Regeln durchgeführt. Es wird also weder Vor- noch Nachteile für Bewohner der alten oder der neuen Bundesländer geben.

Entgegen manchen Behauptungen und Befürchtungen ist der Eintritt in die Europäische Währungsunion in keiner Weise mit einer Währungsreform verbunden. Eine Teil-Währungsreform war 1990 bei der deutsch-deutschen Währungsunion wegen des krassen Unterschieds der wirtschaftlichen Situation im Osten und Westen Deutschlands unvermeidlich. Bei der Europäischen Währungsunion dagegen gehört ein wertgleicher Umtausch der Währungen zu den Grundlagen des Vertrags von Maastricht. Abgesehen davon, daß es in keinem EU-Staat einen wirtschaftlichen Anlaß für eine Währungsreform gibt, würde in keinem der Teilnehmerländer die Bevölkerung eine solche Maßnahme akzeptieren. Eine Partei, die dabei mitmachen würde, wäre politisch erledigt.

Warnung: Oft wird versucht, die Unsicherheit vieler Bürger über die Folgen der Währungsunion für dubiose Geschäft zu nutzen. Die Gefahr, an einen falschen Berater zu geraten, ist daher groß. Immer wieder versuchen unseriöse Anlageberater die Unsicherheit vieler Sparer zu nutzen, um ihnen fragwürdige Anlagegeschäfte zu empfehlen. Wenn jemand mit Hinweisen auf eine angeblich drohende Währungs**reform** Geschäfte zu machen versucht, geht es fast immer um betrügerische Machenschaften.

Nichtdezimale Denomination

Was bedeutet nichtdezimal im Zusammenhang mit dem Euro?

Die Euro-Währung ist wie alle anderen modernen Währungen nach dem Dezimalsystem aufgebaut. Kleinere Einheiten werden als Stellen hinter dem Komma dargestellt, größere als Stellen davor. Die als Cent bezeichneten Münzen werden bei einem Ausdruck in Euro als Stellen hinter dem Komma dargestellt: 43 Cent zum Beispiel sind 0,43 Euro. Das bedeutet: Jede beliebige, in Geld ausgedrückte Forderung **kann** ab 1999 als ein nach dem Dezimalsystem ausgedrückter Betrag in Euro dargestellt werden. Ab 2002 **muß** dies so sein, da dann der Euro innerhalb der gesamten EWU das einzige gesetzliche Zahlungsmittel ist.

Das ist der Euro zwar genau genommen auch schon ab dem 1. Januar 1999. Doch während der Übergangsperiode werden die alten nationalen Währungen aus praktischen Gründen noch als Bargeld verwendet. Da sie aber in einem unwiderruflichen Umtauschverhältnis zum Euro stehen, sind sie – ähnlich wie der Pfennig oder Groschen bei der D-Mark – nur ein anderer Ausdruck für die europäische Währungseinheit. Allerdings lassen sich diese Beträge nicht einfach durch zehn teilen, um zu dem entsprechenden Euro-Betrag zu kommen. Beim Umrechnungskurs der D-Mark handelt es sich nämlich ebenso wie bei Schilling, Gulden, Franc, Lira und Peseta und allen anderen alten Währungen um „krumme Austauschverhältnisse", die sich nicht einfach in Zehnerpotenzen ausdrücken lassen. Daher werden D-Mark, Peseta oder Schilling im Fachchinesisch auch als nichtdezimale Denominationen (Benennung) des Euro bezeichnet.

Ab dem 1. Januar 1999 sind sie aber in jedem Fall nur noch eine andere Darstellungsform für den Euro und keine selbständigen Währungen mehr. Sie werden deshalb auch nicht mehr an den Devisenbörsen gehandelt und zu ebenso festen „Kursen" untereinander und gegen den Euro getauscht wie Groschen gegen die D-Mark.

Öffentliche Schulden und Währungsstabilität

Wird die Stabilität des Euro durch die hohe Verschuldung einiger Mitgliedsländer gefährdet?

Das ist eine verbreitete Sorge – nicht zuletzt deshalb, weil das Thema „Staatsverschuldung" bei den Konvergenzkriterien immer eine besondere Rolle gespielt hat. Denn während bei der zulässigen Inflationsrate, der Mitgliedschaft im Europäischen Währungssystem (EWS) und den langfristigen Zinsen die Eintrittsbedingungen laut Vertrag strikt erfüllt werden mußten und es keinen Interpretationsspielraum gab, sieht es bei den beiden Punkten Gesamtverschuldung und Neuverschuldung an sich anders aus. Obwohl vor allem in Deutschland auch dabei immer eine „Punktlandung" gefordert wurde, konnte (und mußte) die Euro-Reife eines Beitrittskandidaten politisch beurteilt werden. Es war aus mehreren Gründen nie sinnvoll, bei den Verschuldungskriterien eine „Punktlandung" zu fordern, denn:

- In Artikel 104 c des Vertrags von Maastricht heißt es, daß bei Überschreitung der zulässigen **Gesamtverschuldung** eines Landes (maximal 60 Prozent der gesamtwirtschaftlichen Leistung im jeweiligen Jahr) geprüft werden muß, ob dieser Referenzwert „hinreichend rückläufig ist". Und bei der **Neuverschuldung** muß geprüft werden, ob der Referenzwert nur ausnahmsweise die zulässige Höchstgrenze (drei Prozent des BIP) überschreitet oder laufend zurückgegangen ist und sich in der Nähe des Referenzwertes befindet. Das ist auch sinnvoll, weil es einen großen Unterschied macht, ob sich ein Land wie Deutschland diesen Werten von unten nähert (also in den letzten Jahren vor Beginn der Währungsunion die Verschuldung ständig gesteigert hat) oder von oben, also Schulden abgebaut hat. Denn Länder, die ihre Verschuldung konsequent reduziert haben, bis zum Prüfungstermin im April/Mai 1998 die Referenzwerte aber noch nicht ganz erreicht hatten, beweisen ohne Zweifel den größeren Stabilitätswillen.

- Die Werte von drei bzw. 60 Prozent sind keine wissenschaftlich ermittelten Größen, sondern eher zufällig gewählt worden. Sie entsprachen zum Zeitpunkt des Vertragsabschlusses den Durchschnittswerten der Unterzeichnerstaaten.
- Die Erfahrung in Deutschland zeigt, daß eine steigende staatliche Verschuldung keineswegs die Stabilität der Währung gefährden muß. Denn während die öffentlichen Schulden von Bund, Ländern und Gemeinden seit 1990 sprunghaft zunahmen, gingen die Inflationsraten zunächst in den westlichen Bundesländern und später auch in den neuen Ländern kontinuierlich zurück. Lagen die Preissteigerungen im Westen 1992 noch bei vier und im Osten bei 13,5 Prozent, so waren es 1995 nur noch 1,7 Prozent in den alten und 1,8 Prozent in den neuen Ländern. 1997 lag die gesamtdeutsche Preissteigerungsrate mit 1,5 Prozent trotz weiter gestiegener Staatsverschuldung nochmals deutlich unter der Inflationsrate früherer Jahre. Die Bundesrepublik hat in der fünfzigjährigen Geschichte der D-Mark die im Vertrag von Maastricht und im Stabilitätspakt festgeschriebenen Verschuldungskriterien nur 13mal eingehalten. Dies zeigt, daß der oft behauptete enge Zusammenhang zwischen staatlicher Verschuldung und Stabilität der Währung in der Praxis gar nicht besteht. Daß eine Obergrenze für die öffentliche Schuldenmacherei sinnvoll und der mit der EWU verbundene Stabilitätspakt daher ein Segen ist, steht auf einem anderen Blatt.

Die Praxis bestätigt damit die Theorie: Wenn der Staat sich die Mittel zur Finanzierung von Defiziten nicht bei der Notenbank holen kann, sondern – ebenso wie die Unternehmen – am Markt beschaffen muß, wirkt öffentliche Verschuldung nicht inflationär. Der Staat drängt zwar die private Kreditnachfrage zurück und verhindert damit arbeitsplatzschaffende Investitionen. Aber die Geldmenge insgesamt wächst nicht.

Parallelanleihen

Was bedeutet der Begriff Parallelanleihe im Zusammenhang mit der Einführung des Euro?

Einige Unternehmen haben bereits vor Beginn der Währungsunion Anleihen in Euro aufgelegt. Andere gaben sogenannte Parallelanleihen heraus. Dabei wurden zu identischen Konditionen (gleicher Zinskupon, gleiche Endfälligkeit und gleicher Zinstermin) Anleihen in verschiedenen europäischen Währungen gegeben, die beim Start der EWU automatisch in Euro umgewandelt werden sollen. Dabei gilt, daß der jeweilige Anleihebetrag aus der nationalen Währung auf der Grundlage von sechs signifikanten Ziffern auf den Cent genau in die künftige Gemeinschaftswährung umgerechnet wird. Effektive Stücke werden in diesem Fall nicht angeboten, weil dadurch der Umtausch in eine Euro-Anleihe erschwert würde.

Die ersten Parallelanleihen wurden von Österreich, der L-Bank und Siemens auf den Markt gebracht. Sie werden in London, Paris und Frankfurt gehandelt.

Parallele Konten

Können oder müssen bis 2002 zwei Konten geführt werden: in D-Mark und in Euro?

Das ist von 1999 an möglich, aber in den meisten Fällen nicht nötig – zumindest nicht für Privatleute sowie kleine und mittlere Betriebe. Denn jeder Sparkassen- oder Bankkunde kann Schecks, Überweisungsaufträge usw. sowohl in Euro als auch in D-Mark (oder Franc, Gulden, Schilling ...) erteilen – und zwar unabhängig davon, in welcher Währung sein Konto geführt wird. Das gilt umgekehrt auch für alle Geldeingänge (Lohn- oder Gehaltszahlungen, Zinsgutschriften, Rechnungseingänge). Sie werden in der Währung gutgeschrieben, in der das Konto des Empfängers geführt wird. Die Kreditinstitute weisen die Zahlungseingänge auf dem Kontoauszug jeweils in der Währung aus, in der sie eingingen, So kann jeder Kunde überprüfen, ob die Umrechnung korrekt ist. Wenn zum Beispiel auf einem D-Mark-Konto Euro-Eingänge stattfinden (oder umgekehrt), wird dies ausgewiesen. Noch wichtiger ist, daß sich die eingehenden Beträge und deren Absender auf diese Weise leichter identifizieren lassen. Der Saldo auf den Kontoauszügen wird in jedem Fall zwischen 1999 und 2002 in beiden Währungen dargestellt. Französische Banken begannen damit zum Teil schon 1998, damit „wir uns alle an die neue Währung gewöhnen können".

Achtung: Einige deutsche Sparkassen und Banken versorgten ihre Kunden bereits in der ersten Jahreshälfte 1998 mit den neuen Überweisungsträgern, die 1999 benutzt werden müssen. Sie enthalten ein Währungsfeld **„D-Mark od. EUR“**. Ab 1999 muß hier immer vermerkt werden, ob mit dem zu überweisenden Betrag D-Mark oder Euro gemeint sind. Denn wenn Sie zum Beispiel 100 D-Mark überweisen wollen, aber aus Versehen EUR eintragen, wird wertmäßig der doppelte Betrag überwiesen – und von Ihrem Konto werden rund 200 D-Mark abgebucht.

Die meisten Privatkunden und Betriebe werden ihr Konto in der Währung führen, in der sie in der Regel ihre Zahlungen durchführen. Das wird nach 1999 zunächst noch die bisherige nationale Währung sein. Erst wenn D-Mark, Gulden, Franc, Schilling usw. im Jahr 2002 ihre Funktion als gesetzliches Zahlungsmittel verlieren, werden alle Konten auf Euro umgestellt werden müssen.

Viele Kontoinhaber werden dies aber schon irgendwann in der Übergangszeit zwischen 1999 und dem Jahr 2002 tun. Je häufiger der Euro von Kunden oder Lieferanten genutzt wird, je mehr europäische Börsen die Aktiennotierung einheitlich in Euro durchführen und je häufiger die Rechnungen in der gemeinsamen Währung gestellt werden, um so rascher wird die Zahl der Betriebe und Privatpersonen zunehmen, die sich für Euro-Konten entscheiden. Dies kann auch eine Frage des Images werden.

Großunternehmen werden schon sehr früh einheitlich in Euro disponieren, da dies nicht nur die internen Abrechnungsvorgänge erleichtert, sondern auch den Zahlungsverkehr mit Dritten. Je stärker sie im Außenhandel engagiert sind, um so gewichtiger ist dieser Vorteil. Bereits 1997 gab es weltweit tätige Unternehmen, die ihr internes Rechenwerk auf die Europäische Recheneinheit ECU umgestellt hatten, weil dann die Umstellung auf den Euro problemlos 1:1 stattfinden kann.

In jedem Fall wird bei Überweisungen von einem auf ein anderes Konto der Zahlungsverkehr innerhalb des Kreditsektors mit Hilfe der sogenannten Konvertoren durchgeführt: Unabhängig davon, in welcher Währung die Überweisung in Auftrag gegeben wird und in welcher Währung der Betrag dem Empfänger gutgeschrieben wird, spielt sich die Transaktion zwischen den beteiligten Banken und Sparkassen ab 1999 immer in Euro ab. Bei grenzüberschreitenden Zahlungen soll das vom Europäischen Währungsinstitut entwickelte System TARGET die Abwicklung beschleunigen.

Wichtig: Trotz des Parallelumlaufs von Euro und altem nationalen Geld gibt es ab Januar 1999 nur *eine* gemeinsame Währung. Die alten nationalen Währungen sind nur noch unterschiedliche Ausdrucksweisen für den Euro (nichtdezimale Denominationen). Ihre Kurse sind untereinander unwiderruflich festgelegt. Ein Handel an den Devisenbörsen findet nicht mehr statt.

Pensionen

Werden die Pensionen (oder Renten) bei der Umstellung auf den Euro gekürzt?

Auf keinen Fall. Es sieht nur auf den ersten Blick so aus, weil die monatliche Überweisung in Euro nur etwa halb so hoch ist. Allerdings werden Pensionen und Renten in den meisten Fällen erst im Jahr 2002 in Euro überwiesen. Aber selbst wenn in einigen Fällen die Pension oder eine Betriebsrente schon vorher in der neuen Währung ausgezahlt wird, ändert sich für den Bezieher nichts, wenn er sein Konto bei der Bank oder Sparkasse weiter in D-Mark führt. Aus einem Betrag von 2.100 Euro werden dann bei der Gutschrift rund 4.200 D-Mark. Das Kreditinstitut rechnet für seine Kunden alle in Euro überwiesenen Beträge auf Wunsch automatisch in D-Mark um. Auf dem Konto erscheint dann weiterhin die gewohnte Pensionszahlung.

Umgekehrt ist es natürlich, wenn ein Pensionär sein Konto gleich nach Beginn der Währungsunion auf Euro umstellt – entweder weil er dies praktischer findet oder weil er einfach Spaß daran hat. Dann werden ihm alle eingehenden Beträge in Euro gutgeschrieben, und aus seiner Pensionszahlung von beispielsweise 4.200 D-Mark werden dann rund 2.100 Euro.

Über das Geld kann dann wahlweise in Euro oder D-Mark verfügt werden: Wenn zum Beispiel der Hausbesitzer die Miete zunächst weiterhin in Mark haben will, muß auf der Überweisung lediglich im Währungsfeld ein entsprechender Vermerk gemacht werden. Alles übrige erledigt die Bank oder Sparkasse. Und wenn Geld abgehoben wird, dann sind es in jedem Fall bis zum Jahr 2002 D-Mark. Denn den Euro als Bargeld gibt es erst am Ende der Übergangszeit.

Hier wie in allen anderen Fällen gilt, daß immer wertgleich umgerechnet wird. Auch wenn die Höhe der Pension (oder Rente) geringer erscheint als vorher, ändert das nichts an der Kaufkraft. Denn auch alle anderen in Geld ausgedrückten Werte werden in der gleichen Form umgerechnet: Preise, Mieten, Bankguthaben, Kredite, Versicherungsprämien usw. Überall da, wo es sich um Vertragspreise handelt, muß ganz exakt umgerechnet werden (nämlich mit sechs signifikanten Ziffern). Erst danach darf nach den üblichen Rundungsregeln verfahren werden. Das gilt selbstverständlich auch für alle Überweisungen.

Beispiele: Wer eine Pension von 6.800 D-Mark bezieht, wird später monatlich eine Überweisung in Höhe von rund 3.469,39 Euro erhalten. Die Miete von derzeit 1.550 D-Mark wird auf 790,82 Euro sinken. Der Liter Benzin, der vorher 1,65 D-Mark gekostet hat, wird für 0,84 Cent zu haben sein. Wer beispielsweise 17.500 D-Mark auf dem Sparbuch hatte, dem werden 8.928,57 Euro gutgeschrieben. Der noch nicht getilgte Hypothekenkredit von 30.500 D-Mark schrumpft auf 15.561,22 Euro. In allen diesen Fällen **muß** exakt nach dem amtlichen Kurs umgerechnet werden, weil es sich um Vertragspreise oder ähnliches handelt.

Bis 2002 gilt aber in allen diesen Fällen: Kein Zwang – keine Behinderung. Die Verwendung des Euro ist freiwillig. Erst drei Jahre nach dem Start der Währungsunion werden die alten nationalen Zahlungsmittel gegen Euro-Scheine und Euro-Münzen ausgetauscht. Zunächst wird nur der Geldverkehr innerhalb des Bankensektors, der Handel an der Börse und an den Devisenmärkten und in einigen anderen Bereichen in Euro abgewickelt. Bis zur Ausgabe des neuen Bargeldes im Jahr 2002 kann sich also jeder Pensionär seine Ruhestandsbezüge in der gewohnten Währung (in Deutschland also D-Mark, in Frankreich Franc) in der ihm zustehenden Höhe überweisen lassen. Dies zeigt: An der Kaufkraft und am gewohnten Lebensstandard ändert sich durch die Währungsunion nichts. Nur bei einem Rentenbezug im Ausland gibt es schon vorher wichtige Änderungen.

Wichtig: Zuständig für die Auszahlung der Pensionen und sonstigen Alterseinkünfte bleiben in allen Mitgliedsländern die Stellen, die auch bisher die Bezüge überwiesen haben.

Preisauszeichnung, doppelte

Wird es bei der Umstellung auf Euro eine doppelte Preisauszeichnung geben?

Dazu gibt es in den verschiedenen Ländern unterschiedliche gesetzliche Regelungen. Österreich zum Beispiel hat sich schon früh für eine doppelte Preisauszeichnung entschieden. In Deutschland ist dieses Thema heftig umstritten. Ob es bei der Umstellung auf Euro – die im Einzelhandel, bei Pauschalreisen und vielen anderen Dienstleistungen im großen Stil ohnehin erst 2002 stattfindet – zu nennenswerten Preiserhöhungen durch „Aufrunden" kommen kann, hängt vor allem davon ab, ob es sich um Marktpreise, um administrierte Preise oder um Vertragspreise handelt.

Wenn für eine gewisse Zeit auf gesetzlicher oder freiwilliger Basis eine doppelte Preisauszeichnung stattfindet, steht beispielsweise ein Paar Schuhe mit 149,80 D-Mark/**76,43 Euro** im Schaufenster. Zusätzlich können in den Läden große Schilder mit dem geltenden Umrechnungskurs aufgehängt werden. Viele Händler werden das sicher von sich aus tun, um den Kunden zu zeigen, daß sie nicht mogeln und nicht versuchen, die Währungsumstellung zu heimlichen Preiserhöhungen zu nutzen. Bei einer generellen doppelten Preisauszeichnung gibt es allerdings eine Fülle von Problemen. Beispiele:

- Viele Packungen müssen neu gestaltet werden, weil beim bisherigen Design kein Platz für zwei Preisangaben vorgesehen ist.

- Kataloge von Reiseveranstaltern oder Versandhändlern werden unübersichtlicher und dicker, wenn Hunderte oder Tausende von Preisen doppelt angegeben werden müssen.
- Da, wo auf Packungen oder an Verkaufsregalen neben dem Preis für die abgewogene Ware auch der Vergleichspreis pro Kilo oder Liter angegeben werden muß, sind bereits vier Preisangaben erforderlich. Das ist mit den vorhandenen Preisauszeichnungsgeräten und Etiketten nicht darzustellen.
- Bei Selbstbedienungswaagen muß ebenfalls Platz für mehrere Preise gefunden werden – nicht nur auf den Tasten, sondern auch auf dem ausgedruckten Etikett. Da herkömmliche Waagen dazu nicht in der Lage sind, müßten bei konsequenter Durchführung des Prinzips für die kurze Zeit des doppelten Bargeldumlaufs neue Waagen installiert werden.
- An der Kasse muß nicht nur beim Scannen die Preisangabe in D-Mark und Euro auf dem Display erscheinen. Auch der ausgedruckte Kassenzettel muß bei allen Waren eine Preisangabe in Euro und D-Mark enthalten und die Endsumme ebenfalls in beiden Währungen ausweisen.

Verbraucherschützer forderten dennoch immer wieder eine doppelte Preisauszeichnung. Der Handel, aber auch Organisationen wie der Deutsche Industrie- und Handelstag (DIHT) lehnen sie ab. Sie plädieren für eine Stichtagslösung (Big Bang). Das heißt: Alle Preise werden an einem bestimmten Tag im Jahr 2002, wenn genügend Euro auch in Form von Bargeld im Umlauf sind, mit einem Schlag umgestellt. Begründet wird dies nicht nur mit den hohen Kosten einer doppelten Preisauszeichnung, die letztlich der Verbraucher tragen müsse. Auch die organisatorischen Probleme seien kaum zu lösen. Große Probleme kommen nicht zuletzt auf den Versandhandel zu, der seine Preise lange im voraus kalkulieren und Kataloge drucken lassen muß. Auch hier wird mit sehr hohen zusätzlichen Kosten gerechnet, wenn in den Katalogen jeweils zwei Preise erscheinen müssen und die Kunden wahlweise in Euro oder D-Mark zahlen können.

Der Ruf nach einer doppelten Preisauszeichnung ist vor allem als „Beruhigungspille" für ängstliche Verbraucher gedacht. Denn insbesondere in Deutschland haben es die Kunden leicht, die Preise in die gute alte D-Mark umzurechnen, solange sie noch kein Gefühl dafür entwickelt haben, ob ein Euro-Preis hoch oder niedrig ist. Der Euro-Betrag muß nur verdoppelt werden, dann ergibt sich ziemlich genau der Wert in D-Mark.

Das gilt auch bei Reisen in die Nachbarländer. Da in allen elf EWU-Ländern spätestens im Jahr 2002 nur noch Euro-Schilder an den Waren hängen, ist ein Preisvergleich viel einfacher als zuvor. Denn dann müssen nicht mehr Schilling, Lire oder Peseten im Kopf in D-Mark umgerechnet werden. Der jeweils genannte Preis mal zwei – und schon hat man seinen Vergleich. Dies wird allerdings höchstens ein paar Wochen dauern. Denn warum sollen die gleichen Kunden, die im Urlaub nach wenigen Tagen ein Gefühl dafür haben, ob ein in Dollar, Pfund oder Franc angegebener Preis hoch oder niedrig ist, das zu Hause auch nach drei Jahren schrittweiser Gewöhnung an die neue Währung immer noch nicht begriffen haben?

Im übrigen wird der scharfe Wettbewerb im Einzelhandel auch ohne doppelte Auszeichnung dafür sorgen, daß die Preisumstellung nicht zu einer generellen Aufrundung der Preise führt. Diese Sorge ist eher bei den öffentlichen Tarifen und Gebühren, bei Bußgeldern und allen anderen administrierten Preisen berechtigt. Bei Vertragspreisen muß ohnehin ganz genau umgerechnet werden.

Für den Einzelhandel gibt es auch ohne doppelte Preisauszeichnung genügend Probleme, die vor allem von den Geschäftsinhabern rechtzeitig geklärt werden müssen, da sie als selbständige Kaufleute nicht auf die Hilfe der Spezialisten in Konzernabteilungen rechnen können. Zu klären ist unter anderem:

- Werden von einem bestimmten Stichtag an die Preise nur in Euro angegeben?
- Sollen einige oder alle Preise in einer Übergangszeit doppelt angegeben werden, um den Kunden zu demonstrieren, daß „ehrlich gerechnet" wird?
- Wie lange darf später im Einzelhandel neben dem Euro freiwillig auch noch der bisherige Preis in D-Mark, Franc, Schilling oder Gulden genannt werden, um auf ältere Kunden Rücksicht zu nehmen?
- Dürfen oder sollen Händler freiwillig schon vor dem Stichtag die Preise in Euro auszeichnen? In vielen europäischen Ländern gaben nicht nur große Handelsketten, sondern auch Banken, Verkehrsbetriebe oder Tageszeitungen schon lange vor Beginn der Währungsunion Preise und andere in Geld ausgedrückten Werte sowohl in alter Währung als auch in Euro an. Die Kunden sollten so die Möglichkeit erhalten, schon früh ein Gefühl für den Wert der neuen Währung zu entwickeln.
- Wollen Kunden schon vor der Ausgabe der neuen Scheine und Münzen beim Einkauf unbar mit Euro zahlen – also per Scheck, Cashcard oder Kreditkarten? Erscheint ein Anbieter, der das bis 2002 ablehnt, als ebenso altmodisch oder kundenfeindlich wie ein Laden, in dem man sich immer noch weigert, Kreditkarten zu akzeptieren?

Es empfiehlt sich daher, auch in Handelsbetrieben einen „Euro-Beauftragten" zu bestimmen, der das Kundenverhalten beobachtet, die Entwicklung der gesetzgeberischen Maßnahmen in Bonn und Brüssel verfolgt, die notwendigen Vorbereitungen koordiniert und einen Zeitplan für die Durchführung der erforderlichen Maßnahmen aufstellt.

Preise

Was geschieht mit den Preisen bei der endgültigen Umstellung auf Euro im Jahr 2002?

Bei einer Antwort darauf muß zwischen drei großen Gruppen von Preisen unterschieden werden:

- Administrierte Preise
- Marktpreise
- Vertragspreise

Näheres zu den drei Kategorien finden Sie unter dem jeweiligen Stichwort sowie unter Preisstabilität, Preispolitik und Preisumstellung.

Preispolitik

Müssen die Unternehmen nach Einführung des Euro ihre Preispolitik ändern?

Bei ihren Preisforderungen müssen die Anbieter vor allem zwei Punkte beachten:

- Was bedeutet die größere Preistransparenz?
- Was ändert sich bei der Umrechnung in Euro bei den Signalpreisen?

Viele Hersteller, die ihre Produkte nicht nur in einem Land anbieten, werden umdenken müssen. Bisher haben viele Unternehmen identische Produkte in den verschiedenen EU-Ländern zu sehr unterschiedlichen Preisen angeboten – nach dem Motto: Das merkt doch keiner. Das hängt nicht nur damit zusammen, daß Hersteller dort jeweils unterschiedliche Wettbewerbsbedingungen antreffen oder sich nach dem allgemeinen Preisniveau oder der Kaufkraft im jeweiligen Markt richten. Sie konnten bisher auch darauf vertrauen, daß die Verbraucher die Preisunterschiede wegen der verschiedenen Währungen nicht so deutlich wahrnahmen. Denn wenn ein Produkt in Deutschland 13,50 D-Mark kostet, in Belgien dagegen 55,70 Francs und in Italien 15.513 Lire, dann muß man erst einmal genau nachrechnen, um festzustellen, wer teurer oder billiger ist. Wenn dagegen dieses Produkt in der Bundesrepublik 7,30 Euro, in Belgien aber nur 6,25 und in Italien 5,99 Euro kostet, sieht jeder Käufer mit einem Blick, daß er in diesem Fall in Italien am billigsten und in Deutschland am teuersten einkauft.

Daß dies nicht nur ein theoretisches Beispiel ist, hat eine gemeinsame Untersuchung des Marktforschungsinstituts Nielsen und der Unternehmensberatung Gemini schon 1997 deutlich gemacht. Dabei wurden die Preise bekannter Markenartikel in verschiedenen Ländern der Europäischen Union miteinander verglichen und der besseren Transparenz wegen in ECU umgerechnet. (Die europäische Recheneinheit ECU wird 1999 1:1 in Euro umgerechnet.) Dabei ergab sich zum Beispiel:

- 400 Gramm Nutella kosteten in Großbritannien 2,01 Euro und in Dänemark 3,60. In Deutschland war das Glas Nutella dagegen schon für umgerechnet 1,51 Euro zu haben.
- Eine Flasche Johnnie Walker, die in Deutschland für umgerechnet 12,80 Euro verkauft wurde, kostete in Dänemark 26,95 Euro. In Spanien dagegen war sie schon für 5,07 Euro zu bekommen.
- Für eine vergleichbare Dose Nivea-Creme wurden in Frankreich nur 2,79 Euro verlangt, in Deutschland mit 5,54 fast doppelt soviel.
- An Kellogs Frosties (500 Gramm) konnten sich Iren schon für 1,99 gütlich tun, ein Österreicher für 2,29. In Finnland dagegen wurden sie für stolze 4,22 feilgeboten, und ein Deutscher mußte dafür immerhin noch umgerechnet 3,31 Euro hinlegen.

Natürlich wird kein Finne nach Irland fahren, um eine Packung Frosties fürs Frühstück zu kaufen, und kein Berliner wird wegen einer Dose Nivea nach Straßburg reisen. Aber diese Produkte lassen sich im Auto mitnehmen, wenn man ohnehin im Nachbarland ist. Und wenn es um den Kauf von Computern oder Autos geht, bei denen sich einige Hunderter oder Tausender sparen lassen, kann das durchaus eine Reise wert sein. Je näher ein EU-Bürger an der Grenze wohnt, um so eher lohnt es sich, bei einer Einkaufstour auch Produkte des täglichen Bedarfs in den Kofferraum zu packen.

Es lohnt sich noch mehr für Händler, die sich darauf spezialisieren, in anderen Teilen von Euro-Land günstiger angebotene Produkte in großem Stil zu kaufen und dorthin zu bringen, wo die Preise am höchsten sind. Dieses Geschäft wurde zum Ärger der Hersteller schon vor Einführung der gemeinsamen Währung vor allem bei Arzneimitteln von den darauf spezialisierten Großhändlern betrieben.

Nicht nur die Verbraucher, sondern auch die Unternehmen werden deshalb umdenken (müssen), wenn durch eine gemeinsame Währung für mehr Preistransparenz gesorgt wird. „Die einheitliche Währung wird die in Europa bestehenden Preisunterschiede in dramatisch einfacher Weise aufdecken", heißt es dazu bei Gemini. Davon betroffen sind nicht nur Unternehmen mit Sitz innerhalb des gemeinsamen Währungsgebietes. Auch amerikanische oder japanische Anbieter und Unternehmen mit Sitz in der Schweiz müssen sich darauf einstellen, daß sie ihre Produkte den 300 Millionen Verbrauchern, die mit Euro zahlen, nicht mehr zu so unterschiedlichen Preisen wie in der Vergangenheit anbieten können.

Hinweis: Immer mehr Produkte werden auch im Internet mit Euro-Preisen angeboten: Bücher, Computer, Autos, CD, Flüge, Hotelzimmer usw. Das macht es leicht, auch ohne lange Reisen Angebote europaweit zu vergleichen.

Preisstabilität (Inflationsrate, Stabilität)

Viele Bürger fürchten, daß der Euro weniger stabil sein wird als früher die D-Mark.

Diese Sorgen gibt es. Aber sie basieren auf Spekulationen und Vermutungen. Es kann auch niemand mit Gewißheit sagen, ob die Inflationsrate der D-Mark nach dem Jahr 2000 noch so niedrig sein wird, wie sie es in den letzten Jahren vor der Währungsunion war. Über ihre gesamte Geschichte gerechnet, hatte die D-Mark eine durchschnittliche Inflationsrate von 3,5 Prozent. In der Bundesrepublik wurden in den siebziger Jahren Inflationsraten bis zu sieben Prozent registriert. In den achtziger Jahren waren es zeitweise bis zu 6,1 Prozent. Das ist deutlich mehr, als die meisten Währungen der EWU-Länder (einschließlich Deutschland) in der zweiten Hälfte der neunziger Jahre an Kaufkraftverlust hatten. Deshalb läßt sich nicht so recht erkennen, warum der Euro, der auf dem Fundament von elf stabilen Währungen aufgebaut wird, plötzlich weich werden sollte. Die Währungen aller EWU-Länder wiesen in den letzten Jahren vor Beginn der Währungsunion so niedrige Preissteigerungsraten auf, daß einige Fachleute schon von der Gefahr einer Deflation sprachen.

Die Europäische Zentralbank wird ebenso wie zuvor die Bundesbank die Verpflichtung haben, für die Stabilität des Euro zu sorgen. Dabei muß sie natürlich von allen verantwortlichen Stellen unterstützt werden. Auch die Geschichte der D-Mark zeigt: Wenn Regierung und Gewerkschaften nicht mitziehen, kann es der Notenbank schwer oder unmöglich gemacht werden, ihren gesetzlichen Auftrag – die Kaufkraft der Währung stabil zu halten – zu erfüllen.

Erst wenn der Euro über viele Jahre eine Inflationsrate von mehr als 3,5 Prozent haben würde, könnte man sagen, er sei schwächer, als es die D-Mark im Laufe ihrer 50 Jahre war.

Preisumstellung

Wird der Verbraucher bei der Umstellung auf Euro hereingelegt?

Abgesehen von gesetzlichen Regelungen, die in vielen Fällen die Umrechnung in Euro zum Schutz der Verbraucher festlegen, kann jeder Kunde, Mieter, Kreditnehmer oder Arbeitnehmer die Kontrolle selbst in die Hand nehmen. Da der Umrechnungsfaktor allgemein bekannt ist, können die Bürger sehr leicht feststellen, ob versucht wird, bei der Umstellung der Preise zu schummeln – also Gebühren, Fahrpreise oder Mieten anzuheben oder umgekehrt Löhne, Sparguthaben und andere Werte etwas „nach unten zu korrigieren“. Ein Taschenrechner genügt. In Deutschland kann aber auch leicht im Kopf eine überschlägige Rechnung gemacht werden: Alle D-Mark-Beträge müssen halbiert werden, um auf den entsprechenden Betrag in Euro zu kommen. Alle Angaben in Euro werden mit zwei multipliziert, um den Vergleichspreis in D-Mark zu erhalten.

Da in unseren Nachbarländern andere Umrechnungsfaktoren gelten, ist es dort zum Teil etwas schwieriger. Ein Franzose, der für eine D-Mark bisher rund drei Francs zahlen muß, wird auch für einen Euro nominal dreimal soviel geben müssen. Das bedeutet, daß in Frankreich überschlägig alle alten Preisangaben durch sechs dividiert werden müssen, in Österreich durch 14 und in Italien über den Daumen gerechnet durch 2.000. Doch keine Angst, daß man das „im Kopf nicht aushält". Deutsche haben es bei Reisen in die Nachbarländer ziemlich leicht. Denn sie müssen nicht mit den genannten Zahlen hantieren. Das müssen nur die jeweiligen Inländer, wenn sie ihre alten Preise mit den neuen Euro-Preisen vergleichen wollen. Für Deutsche gilt: Auch in Spanien, Portugal, Irland oder Belgien müssen sie Euro-Preise einfach nur mit zwei multiplizieren und haben dann schon den entsprechenden Vergleichspreis in D-Mark.

Wenn man es aber genau wissen will, muß auch im Inland ein Taschenrechner her. Das ist besonders wichtig bei allen Vertragspreisen, weil diese ganz exakt umgerechnet werden müssen. Beispiele: Bei einem monatlichen Nettoeinkommen von 2.730,93 D-Mark wird nach der Umstellung ein Betrag von 1.393,33 Euro auf der Abrechnung stehen. Aus Ersparnissen von 10.000 D-Mark wird ein Guthaben von 5.102,04 Euro. Alles wird optisch weniger, die reale Kaufkraft ändert sich dadurch aber nicht, denn auf der Ausgabenseite wird bei doppelter Preisangabe ebenso umgerechnet:

- Die Miete von monatlich 750 D-Mark beträgt nur noch 382,65 Euro;
- das Bier zu 2,80 D-Mark ist für 1,43 Euro zu haben;
- der Liter Benzin zum Preis von 1,56 D-Mark kostet 0,80 Euro;
- der Listenpreis für ein Auto von 35.580 D-Mark muß in 18.153,06 Euro geändert werden;
- ein Pfund Butter, das am Tag vor der Währungsumstellung im Laden mit 4,40 D-Mark ausgezeichnet war, müßte für 2,24 Euro zu haben sein;
- das Ei für 0,35 Pfennige würde 0,18 Euro kosten;
- bei einem großen Paket Waschmittel zu 19,80 müßte das Preisschild auf 10,10 Euro geändert werden;
- die Monatskarte für die Bahn, die bisher 65 D-Mark kostete, käme auf 33,16 Euro usw.

Diese Beispiele zeigen, daß bei der Umrechnung oft auch „krumme Beträge" herauskommen. Das wird dazu führen, daß früher oder später von den Anbietern auf- oder abgerundet wird. Wegen des scharfen Wettbewerbs im Einzelhandel ist aber damit zu rechnen, daß oft auch nach unten korrigiert werden muß. Denn aus optischen Gründen zeichnet ein Anbieter seine Ware – wie beispielsweise das Waschmittel – lieber mit 9,90 als mit 10,10 Euro aus. Dafür würde bei der Butter vielleicht versucht, den Preis von 2,24 auf 2,25 zu erhöhen, da er dann optisch immer noch günstig aussehen würde. Ob ein Einzelhändler damit durchkommt, hängt von der Aufmerksamkeit seiner Kunden und vom Verhalten seiner Wettbewerber ab.

Die freie Preisgestaltung ist bei Marktpreisen nach der Umstellung genauso erlaubt wie vorher. Verboten sind daher weder Auf- noch Abrundungen. Für die Preisgestaltung gibt es in Deutschland im allgemeinen keine Vorschriften. Das würde nicht zum System der freien Marktwirtschaft passen – und natürlich auch verhindern, daß Preise gesenkt werden. Das wird oft der Fall sein müssen. Denn wenn bei den sogenannten Signalpreisen bei der Umrechnung zum Beispiel Beträge von 51 Cent oder von 2,09 Euro herauskommen, dann gibt es für den Anbieter nur zwei Möglichkeiten: Entweder er senkt auf 0,49 Cent bzw. 1,99 Euro, oder er muß sich rechtzeitig überlegen, ob er zum Beispiel durch Änderung der Packungsgröße einen solchen Verlust (von immerhin vier bzw. fünf Prozent) vermeiden kann.

Bei vertraglich fixierten Preisen, wie etwa bei Mieten oder Löhnen, bei Prämien für Lebensversicherungen oder der Autohaftpflicht usw., wird es solche Auf- oder Abrundungen aber auf keinen Fall geben. Das gilt auch für alle anderen vertraglich vereinbarten Leistungen wie Reisebuchungen, Handwerkerrechnungen oder Ratenzahlungen. Sie alle müssen pfennig- bzw. centgenau umgerechnet werden. Allenfalls eine Rundung bei der letzten Dezimalstelle ist möglicherweise zulässig. Bei Krediten, Guthaben auf Gehaltskonten, Sparbüchern usw. muß ebenfalls exakt umgestellt werden. Rundungen sind nur bei der zweiten Stelle hinter dem Komma zulässig.

Bei dem oben genannten Preisbeispiel für ein Auto kann der Anbieter seinen Katalogpreis zwar auf 18.153 abrunden oder auf 18.155 aufrunden, um wieder auf einen glatten Euro-Betrag zu kommen, weil es bei so hohen Beträgen etwas komisch wirkt, wenn mit Pfennigen und Cent im Katalog gearbeitet wird. Wenn aber schon zuvor ein Kaufvertrag abgeschlossen wurde, geht das nicht. Dann kann der Erwerber des Autos verlangen, daß eine exakte Umrechnung vorgenommen wird.

Qualitätsunterschiede D-Mark/Euro

Wird die Euro-Währung in der Welt weniger Ansehen genießen als die D-Mark?

Wenn alle Vertragsbedingungen eingehalten werden, gibt es keinen Grund für diese Befürchtung. Eher das Gegenteil kann eintreten, da die Europäische Zentralbank genauso sorgfältig über den Geldwert wachen muß wie die Bundesbank.

Die Euro-Währung wird wegen des hinter ihr stehenden Wirtschaftspotentials noch mehr Gewicht gegenüber den anderen großen Währungsblöcken (Dollar, Yen) gewinnen können als zuvor jede der europäischen Einzelwährungen allein. Im Gegensatz zur D-Mark hat die gemeinsame europäische Währung eher die Potenz, sich zur zweiten großen Reservewährung in der Welt zu entwickeln. Dadurch könnte sie auch den Dollar entlasten und uns einige der Währungsturbulenzen ersparen, die wir in der Vergangenheit erlebt haben. Hinter dem gemeinsamen Geld steht eine noch stärkere Wirtschaftskraft als hinter der D-Mark. Statt von 80 Millionen wird der Euro von 300 Millionen Menschen als heimisches Zahlungsmittel verwendet.

Quotenaktien/Stückaktien

Warum stellen viele Aktiengesellschaften auf Quotenaktien um?

In Deutschland mußte der Nennwert von Aktien und anderen Wertpapieren bisher immer auf „runde Beträge" lauten. Bei einer Umrechnung in Euro ergeben sich aber „krumme Werte". Aus einer Aktie im Nominalwert von 100 D-Mark kann dann zum Beispiel ein Nominalwert von 51,02 Euro werden. Das läßt sich zwar durch eine Gesetzesänderung regeln, führt aber zu zahlreichen praktischen Problemen. Durch die Einführung von Quotenaktien, die keinen Nennwert mehr haben, sondern einen bestimmten Anteil am Grundkapital des Unternehmens verbriefen, kann das vermieden werden. Grundsätzlich neu ist das nicht. Ähnliche Regelungen gibt es schon in vielen Ländern. Außerdem sagt auch der bisherige Nominalwert (von 100, 50 oder fünf Mark) nichts anderes, als daß der Besitzer der Aktie einen bestimmten Anteil am Grundkapital einer Gesellschaft hält. Bei Großaktionären wird dies schon lange so ausgedrückt. Beispiel: Die Allianz-Versicherung hält einen Anteil von 65 Prozent an der Muster AG.

Bereits 1998 haben viele Unternehmen – darunter als erste Großbank die Dresdner Bank – eine Umstellung auf Stück- oder Quotenaktien angekündigt.

Rechnungen

Was tun, wenn eine Rechnung in Euro kommt?

Viele Privatleute werden auch ab 1999 zunächst ihr Konto weiter in der vertrauten D-Mark führen wollen. Im Laufe der Zeit werden aber immer häufiger Rechnungen, Zahlungsaufforderungen und Mahnungen (aber auch Gutschriften) in Euro kommen. Versicherungen oder Hausbesitzer werden vielleicht bitten, fällige Prämien oder Mieten in Euro zu überweisen.

Das ist aber kein Problem. Sie können die Beträge in D-Mark oder Euro von Ihrem Konto abbuchen lassen. Ihre Sparkasse oder Bank übernimmt die Umrechnung als kostenlosen Service. Das gilt auch bei Zahlungseingängen. Egal, ob in D-Mark oder Euro – sie werden in der Währung gutgeschrieben, auf die Ihr Konto lautet.

Ratschlag: Zahlen Sie immer in der Währung, in der eine Rechnung ausgestellt ist. Dann müssen Sie nicht selbst umrechnen, riskieren keine Fehler oder falschen Rundungen und vermeiden Reklamationen oder Fehlbuchungen beim Zahlungsempfänger. Setzen Sie einfach den Rechnungsbetrag ein, und geben Sie im Währungsfeld an, ob es sich um Euro oder D-Mark handelt. Den Rest erledigt Ihr Kreditinstitut.

Rente

Werden alle Renten bei der Umstellung auf Euro halbiert?

Bis zum Jahr 2002 werden die Rentenversicherungsträger die Altersbezüge weiter in DM überweisen. Sofern der Rentner sein Konto nicht vorher auf Euro umstellt, wird ihm der gewohnte Betrag gutgeschrieben. Zuständig für die Auszahlung der Renten bleiben in allen Mitgliedsländern die Stellen, die auch bisher die Altersbezüge überwiesen haben. Das gilt sowohl für die Zahlung aus öffentlichen Kassen als auch für Betriebsrenten oder Zahlungen aufgrund von Lebensversicherungen. In Deutschland bleiben die Bundesversicherungsanstalt (BfA) und die Landesversicherungsanstalten (LVA) Träger der staatlichen Rentenversicherung. Es wird zwischen den verschiedenen europäischen Alterssicherungssystemen auch in Zukunft keinerlei Finanzausgleich geben.

Erst ab 2002 gilt: Die Rente wird nur „optisch“, aber nicht real auf rund die Hälfte der bisherigen Summe schrumpfen. Auch für die Zahlungen der Rentenversicherung und für Pensionen sowie Betriebsrenten gilt das Prinzip des wertgleichen Umtauschs von D-Mark in Euro. Das bedeutet, daß zahlenmäßig die Höhe der Rente (oder Pension) zwar geringer erscheint als vorher. Das ändert aber nichts an der Kaufkraft, weil alle anderen in Geld ausgedrückten Werte in der gleichen Form umgerechnet werden: Preise, Mieten, Bankguthaben, Kredite, Versicherungsprämien usw.

Beispiele: Wer vorher eine Rente von 2.300 D-Mark bezogen hat, wird später monatlich eine Überweisung in Höhe von etwa 1.173,47 Euro erhalten. Aber auch die Miete von derzeit 750 D-Mark wird auf 382,65 Euro sinken – und zwar auf den Cent genau, da es sich um einen Vertragspreis handelt. Das Pfund Kaffee, das vorher 9,49 D-Mark gekostet hat, wird für 4,84 Euro zu haben sein. Wer beispielsweise 7.500 D-Mark auf dem Sparbuch hat, dem werden 3.826 Euro gutgeschrieben. Ein Kredit über 3.500 D-Mark schrumpft auf 1.785 Euro. Das sind aber alles nur überschlägige Angaben. In Wirklichkeit muß mit fünf Stellen hinter dem Komma gerechnet werden.

Aber bis es soweit ist, werden noch einige Jahre vergehen. Denn obwohl der Euro ab 1. Januar 1999 die gemeinsame Währung der an der Währungsunion teilnehmenden Staaten ist, zahlen wir noch bis zum Jahr 2002 in Mark – jedenfalls überall, wo Bargeld im Spiel ist, oder, wenn wir es wollen, auch bei Überweisungen. Erst drei Jahre nach dem Start der Währungsunion werden die alten nationalen Zahlungsmittel gegen Euro-Scheine und neue Münzen ausgetauscht. Bis dahin wird also jeder Rentner oder Pensionär seine Ruhestandsbezüge in der gewohnten Währung (in Deutschland also D-Mark) und in der ihm zustehenden Höhe ausgezahlt bekommen. Nur wenn er sein Konto freiwillig schon früher auf Euro umstellt, wird die Rente in der Gemeinschaftswährung verbucht. Auch dies zeigt: An der Kaufkraft und am gewohnten Lebensstandard ändert sich durch die Währungsunion für Rentner nichts.

Achtung: Auch wenn Sie Ihr Konto weiter auf D-Mark-Basis führen – überweisen Sie Versicherungsprämien, Steuern, Rechnungen von Lieferanten oder die Miete für Ferienhäuser im Ausland usw. *immer* in der Währung, in der die Rechnung ausgestellt ist. Die Bank oder Sparkasse nimmt eventuell erforderliche Umrechnungen für Sie kostenlos und entsprechend den geltenden Umrechnungsfaktoren und Rundungsregeln vor. Andernfalls riskieren Sie Rechenfehler und Mahnungen. Wenn Sie bei Schecks und Überweisungen nicht oder falsch angeben, in welcher Währung der Auftrag ausgeführt werden soll, kann das zu bösen Fehlern führen: Wenn statt 100 D-Mark versehentlich 100 Euro überwiesen wurden, werden von Ihrem Konto rund 196 D-Mark abgebucht.

Rentenbezug im Ausland

Bei Rentnern oder Pensionären, die von ihrer Rente im Ausland leben – also beispielsweise in Brasilien, Südafrika oder in den USA –, muß natürlich ebenso wie heute beachtet werden, daß sich die Wechselkurse immer wieder ändern können. Beim Umtausch der Rentenbezüge oder der Pensionszahlung in die Landeswährung kommt deshalb einmal ein höherer, ein andermal ein niedrigerer Betrag heraus. Innerhalb der EWU dagegen gibt es keine Schwankungen mehr.

Beispiele: Bei einer Rente von 2.600 D-Mark erhält ein in Florida lebender Rentner bei einem Wechselkurs von 1,82 D-Mark/US-Dollar einen Betrag von 1.428,57 Dollar. Sinkt der Kurs gegenüber der Mark auf 1,69 D-Mark/US-Dollar, kann der glückliche Rentner 1.538,46 Dollar beim Umtausch erlösen. Steigt der Dollarkurs einige Zeit später auf 1,86 US-Dollar, erhält er nur 1.397,84 Dollar beim Umtausch. Daran wird sich durch den Übergang zum Euro nichts ändern.

Heute kann noch niemand sagen, wie sich die Kurse von Euro und Dollar in einigen Jahren entwickeln werden, da dies sowohl von der Wirtschaftspolitik und der Konjunkturentwicklung in den USA als auch von der Entwicklung in Europa abhängt.

Wer dagegen in einem Land lebt, das der Europäischen Währungsunion angehört, muß sich diesbezüglich keine Sorgen mehr machen: Diesen Rentnern wird ihr Alterseinkommen ab 2002 ebenso in Euro ausgezahlt wie denjenigen, die in Deutschland leben. Wechselkursschwankungen gibt es bei einem Rentenbezug innerhalb der EWU nicht mehr.

Renten für „Gastarbeiter“

Was wird mit der Rente von Ausländern, wenn der Euro kommt?

Wenn sie in Deutschland oder einem anderen Land der EWU leben, erhalten sie ihre Rente wie jeder Deutsche bis 2002 weiter in D-Mark, danach den entsprechenden Betrag in Euro. Ausländer, die Rentenbeiträge in Deutschland gezahlt und entsprechende Ansprüche auf Altersversorgung erworben haben, aber im Alter in die Heimat zurückkehren, können sich die ihnen zustehenden Beträge in D-Mark auf ein Fremdwährungskonto oder ein normales Konto überweisen lassen. Sie werden dann zum jeweiligen Kurs in ihre heimische Währung umgetauscht.

Daran wird sich auch dann nichts ändern, wenn später die Rente in Euro ausgezahlt wird. Zwar wird die nominale Höhe der Rente sinken (aus einer Rente von 1.950 D-Mark werden dann zum Beispiel 994 Euro), aber gleichzeitig wird auch der Wechselkurs steigen. In der heimischen Währung gerechnet, wird sich die Höhe der Auszahlung daher nicht wesentlich ändern. Inwieweit das der Fall ist, hängt von den jeweiligen Wechselkursschwankungen ab. Insofern sind Ausländer, die im Alter wieder in ihre Heimatländer zurückkehren, in der gleichen Situation wie Deutsche bei einem Rentenbezug im Ausland.

Da die meisten Ausländer, die nach einem in Deutschland verbrachten Arbeitsleben wieder in die alte Heimat zurückkehren, in sogenannten „Weichwährungsländern" leben, erhalten sie beim Umtausch ihrer D-Mark-Rente oft von Monat zu Monat höhere Beträge. Da jedoch die Preise meist im gleichen Tempo und oft noch schneller steigen, sind das nur Scheingewinne. Deshalb tauschen viele Rückkehrer immer nur soviel Geld, wie sie aktuell brauchen, und legen ihre Ersparnisse weiterhin in D-Mark an. Auch daran wird sich wohl nichts ändern, wenn der Euro an die Stelle der D-Mark tritt.

Hinweis: Wenn Ausländer sich in der Heimat ihre Rente auf ein Fremdwährungskonto überweisen lassen, auf dem inzwischen hohe D-Mark-Beträge liegen, oder wenn sie – während sie noch in Deutschland arbeiten – ihre Ersparnisse in D-Mark in der Heimat eingezahlen haben, werden diese Gelder selbstverständlich später jederzeit in Euro umgetauscht. Sie können aber auch in Dollar oder jede andere Währung gewechselt werden.

Rentenzahlungen

Wer zahlt in Zukunft die Rente oder Pension? Sind nach Beginn der Währungsunion europäische Behörden zuständig?

Nein. Zuständig für die Auszahlung der Renten bleiben in allen Mitgliedsländern die Stellen, die auch bisher die Altersbezüge überwiesen haben. Das gilt sowohl für die Zahlung aus öffentlichen Kassen als auch für Betriebsrenten oder Zahlungen aufgrund von Lebensversicherungen.

An den Aufgaben der Bundesversicherungsanstalt für Angestellte (BfA) oder der Landesversicherungsanstalten (LVA) ändert sich durch die Währungsunion nichts. Das gilt in gleicher Form für Pensionskassen oder berufsständische Versorgungswerke. Nach Auskunft der Rentenversicherungsanstalten werden sie die Renten bis zum Jahr 2002 wie bisher in D-Mark überweisen.

Ähnliches gilt in allen anderen Mitgliedsländern der Währungsunion. Eine Zusammenlegung der nationalen Versorgungssysteme ist ebensowenig vorgesehen wie zwischenstaatliche Ausgleichszahlungen oder eine Anpassung der verschiedenen Alterssicherungssysteme. Das regelt nach wie vor jedes Land selbständig. Besonderheiten sind allerdings dann zu beachten, wenn die Pension oder Rente im Ausland bezogen wird. Dies gilt sowohl für Deutsche als auch für Ausländer, die als „Gastarbeiter" in Deutschland Rentenansprüche erworben haben, ihren Lebensabend aber in der Heimat verbringen (siehe Rente für „Gastarbeiter").

Risiken der Europäischen Währungsunion

Welche Risiken sind für Deutschland oder die anderen Mitgliedsländer mit einem Beitritt zur Europäischen Wirtschafts- und Währungsunion verbunden?

Wie bei allen großen Projekten gibt es auch bei einem so umfassenden Vorhaben wie der Bildung einer Europäischen Wirtschafts- und Währungsunion mögliche Risiken, die den zu erwartenden Vorteilen gegenübergestellt werden müssen. Bei der Aufzählung der möglichen Gefahren muß nicht nur zwischen politischen und wirtschaftlichen Risiken unterschieden werden. Es muß auch darauf geachtet werden, welcher politische Zweck verfolgt wird: Handelt es sich um eine konstruktive Kritik, die dazu dienen soll, die möglicherweise noch vorhandenen Schwächen des Konzepts zu beseitigen? Oder sollen Ängste und Emotionen geschürt oder Vorurteile bestärkt werden, weil eine stärkere europäische Integration grundsätzlich abgelehnt wird? Das ist oft nicht leicht zu erkennen, weil sich die Gegner der europäischen Integration nur selten offen dazu bekennen.

Fehlende Akzeptanz: Wenn es nicht gelingt, in allen elf Ländern, die an der Währungsunion teilnehmen, die Bevölkerung sowie auch die kleinen und mittleren Unternehmen für dieses Vorhaben zu gewinnen, kann es nicht von Erfolg gekrönt sein. Denn dann kann es früher oder später doch zu Kapitalflucht kommen. Die mit der Währungsunion verbundenen Chancen werden bei einer verbreiteten Negativ-Haltung nicht wahrgenommen. Dagegen werden die mit der Umstellung verbundenen Anpassungsmaßnahmen, Kosten und „Rest"-Risiken betont. Das könnte dann den politischen Gruppierungen am linken und rechten Rand des politischen Spektrums die Gelegenheit bieten, nationale Ressentiments zu verstärken, die Ängste und Sorgen in der Bevölkerung für ihre Zwecke zu nutzen und möglichst noch zu schüren.

Gegenmeinung: Trotz verbreiteter Skepsis gegenüber dem Euro hat der Wahlkampf in Baden-Württemberg Anfang 1996 gezeigt, daß es sich zumindest für die großen demokratischen Parteien nicht in Stimmengewinnen auszahlt, wenn sie auf antieuropäische Emotionen setzen und im Zusammenhang mit dem Euro Ängste zu schüren versuchen. Je näher überdies der Termin für den Eintritt in die Währungsunion rückt und je mehr sich eine wachsende Zahl von Menschen um Informationen über deren Vor- und Nachteile bemüht, um so größer wird auch die Wahrscheinlichkeit, daß die noch vorhandene Skepsis abgebaut wird. Denn die wichtigste Ursache der Ablehnung ist eine unzureichende Information über Ziele und Vorteile der EWU. Wenn der Euro erst einmal eingeführt ist, wird es zudem nicht lange dauern, bis sich alle an das neue Geld gewöhnt haben. Denn dann wird jeder sehen, daß für Arbeitnehmer, Sparer und Verbraucher ein wertgleicher Umtausch stattgefunden hat. Schon nach kurzer Zeit wird es jeder als selbstverständlich ansehen, daß in allen Mitgliedsländern mit dem gleichen Geld gezahlt wird – so selbstverständlich, wie es heute schon die freie Fahrt über die Grenzen, das Recht zum unbeschränkten Einkauf im Nachbarland oder der gemeinsame europäische Paß ist. Banken, Unternehmen und Freiberufler müssen allerdings mit (einmaligen) Umstellungskosten rechnen.

Hohe Kosten: Für die Wirtschaft werden die erforderlichen Anpassungs- und Umstellungsmaßnahmen mit zum Teil hohen Kosten verbunden sein, da Zehntausende von Computerprogrammen geändert werden müssen. Zahlreiche Formulare müssen bei Unternehmen und Behörden neu gedruckt werden. An Millionen von Automaten sind technische Änderungen notwendig. Diese Kosten werden vielfach unterschätzt. Viele Betriebe, die Post oder die Kommunen werden versuchen, diese finanziellen Belastungen auf die Verbraucher zu überwälzen.

Gegenmeinung: Daß die Umstellung in den Unternehmen – anders als bei Privatpersonen – Kosten verursacht, ist richtig. Sowohl die Anpassungsmaßnahmen innerhalb der Datenverarbeitung als auch die Umstellung von Automaten, Kassen oder Frankiermaschinen kosten Geld. Das gilt erst recht für die in vielen Fällen erforderliche Schulung der Mitarbeiter. Allein die Dresdner Bank schätzt ihre Umstellungskosten auf rund 150 Millionen D-Mark. Ähnlich ist es bei allen anderen Großbanken, bei Sparkassen, Versicherungen usw. Im Finanzsektor sind die erforderlichen Maßnahmen besonders umfangreich. Doch in vielen Banken, Versicherungen und anderen Großunternehmen wurde mit der Vorbereitung schon begonnen. Die Kostenbelastung verteilt sich bei ihnen daher auf mehrere Jahre. Es ist zudem eine Investition in die Zukunft, die sich mittel- und langfristig auszahlt, denn diesen einmaligen Kosten stehen die zahlreichen dauerhaften Vorteile gegenüber, die die Währungsunion unter wirtschaftlichen und politischen Gesichtspunkten hat. Allein der deutschen Autoindustrie entstehen derzeit als Folge von Währungsschwankungen in jedem Jahr Kosten bzw. Verluste in Höhe von rund vier Milliarden D-Mark.

Zwar werden die Unternehmen versuchen, zumindest einen Teil der Umstellungskosten auf ihre Kunden zu überwälzen. Es bleibt aber erstens abzuwarten, ob ihnen dies gelingt. Zweitens werden die zusätzlichen Aufwendungen bei vielen Unternehmen durch die Einsparungen bei den Transaktionskosten schon im ersten Jahr zumindest teilweise kompensiert. Drittens sind die einmaligen Umstellungskosten, gemessen am gesamten Umsatz, in der Regel gering. Viertens werden die Verbraucher vom erleichterten Warenaustausch, der größeren Preistransparenz und dem zunehmenden Wettbewerb profitieren.

Identitätsverlust: Den Deutschen wird ein Stück ihrer Identität genommen. Nach dem verlorenen Krieg ist der Stolz auf die harte und weltweit geachtete D-Mark eine wesentliche Stütze für das nationale Selbstbewußtsein.

Gegenmeinung: Es wäre ziemlich traurig, wenn dem tatsächlich so wäre. Während andere Völker stolz sind auf ihr kulturelles Erbe, auf ihre stabile Demokratie, auf soziale Sicherheit und Frieden oder technische Spitzenleistungen, sollen sich die Deutschen vor allem an ihre harte D-Mark klammern? Die Bundesbürger wollen wie alle anderen ein wertbeständiges Geld. Wenn der Euro ihnen die gleiche oder sogar eine höhere Sicherheit bieten kann als bisher die D-Mark, werden sie sich sehr schnell damit anfreunden und die zusätzlichen Vorteile genießen.

Unzuverlässige Partnerländer: Es ist zwar nicht zu bestreiten, daß fast alle Mitgliedsländer der Europäischen Union große Fortschritte bei der Stabilisierung ihrer Wirtschaft und der öffentlichen Finanzen gemacht haben, um sich für die Mitgliedschaft zu qualifizieren. Aber wenn sie erst einmal Mitglied der Währungsunion sind, können sie nicht wieder ausgeschlossen werden. Sie brauchen sich dann auch nicht mehr so anzustrengen. Sie werden wieder eine unsolide Haushaltspolitik betreiben und von der Europäischen Zentralbank verlangen, daß diese ihre Schuldenmacherei finanziert. Da Deutschland im Europäischen Zentralbankrat nur eine Stimme hat, wird es von den anderen bei geldpolitischen Entscheidungen überstimmt. Die Folge sind eine rasch steigende Inflation und ein weicher Euro. Das führt zu zunehmender Geldentwertung und damit zu einer heimlichen Enteignung der Sparer.

Gegenmeinung: Es ist zwar richtig, daß Deutschland im Entscheidungsgremium der Zentralbank nur eine Stimme hat. Das gilt umgekehrt aber auch für alle anderen Mitglieder. Nur wenn unterstellt wird, daß sich eine Mehrheit davon gegen eine auf Stabilität gerichtete Geldpolitik entscheidet, wären die oben genannten Einwände stichhaltig. Dies wäre dann allerdings ein glatter Vertragsbruch, gegen den der Europäische Gerichtshof angerufen werden könnte. Die EU-Länder haben im Vertrag von Maastricht die völlige Unabhängigkeit der Zentralbank beschlossen. Sie darf von den Regierungen keine Weisungen entgegennehmen und ist verpflichtet, alles zu tun, um den Geldwert stabil zu erhalten. Zudem darf sie keine Kredite an Mitgliedsländer vergeben. Diese Bestimmungen sind nicht nur Bestandteil eines feierlich beschworenen internationalen Vertrages, sondern haben Verfassungsrang. Sie wurden von den Parlamenten aller beteiligten Staaten ratifiziert. Wer dennoch daran zweifelt, darf überhaupt keine Verträge mehr schließen. Mit dem gleichen Recht könnte dann auch unterstellt werden, daß die Bundesbank oder die Bundesregierung irgendwann unter Mißachtung aller einschlägigen Gesetze die Notenpresse zur Finanzierung des Bundeshaushalts mißbrauchen.

Verschuldungsmentalität: Einige der Partnerländer in der Währungsunion haben traditionell eine laxe Haltung gegenüber der staatlichen Kreditaufnahme und werden diese Verschuldungsmentalität in den Europäischen Zentralbankrat einbringen.

Gegenmeinung: Das stimmt zwar für die Vergangenheit. Doch wenn die anderen EU-Länder aus früheren Fehlern nichts gelernt hätten, wären sie nicht bereit gewesen, die strengen Konvergenzkriterien des Maastricht-Vertrages zu akzeptieren sowie ihre eigenen Notenbanken nach dem Vorbild der Bundesbank zu reformieren und die Europäische Zentralbank sogar noch strengeren Regeln zu unterwerfen. Auch das Bundesbankgesetz mußte aufgrund des Vertrages geändert werden. Die deutsche Notenbank darf seither Bund und Ländern keine Kassenkredite zur Finanzierung ihrer Ausgaben mehr geben. Im übrigen hat ausgerechnet Deutschland seit der Unterschrift unter den EU-Vertrag seine Verschuldung kräftig erhöht: Von Anfang 1992 bis Ende 1995 stieg sie von knapp 1,2 auf rund 2,0 Billionen D-Mark. Im Gegensatz zu anderen Partnerländern war Deutschland 1996 nicht in der Lage, bei der Zunahme der öffentlichen Verschuldung das Stabilitätskriterium von maximal drei Prozent zu erfüllen. Auch 1997 war lange nicht klar, ob es gelingen würde. Im übrigen gilt, was oben bereits ausgeführt wurde: Die Verpflichtung der EZB zur Stabilitätspolitik wird innerhalb der Währungsunion Verfassungsrang haben. Es sollte aber geprüft werden, ob zusätzliche Sanktionsmechanismen eingeführt werden können (wie sie in dem von Deutschland vorgeschlagenen Stabilitätspakt vorgesehen sind), um die Politiker von einem übermäßigen „deficit-spending" abzuhalten.

Dabei muß darauf hingewiesen werden, daß Deutschland 1996 zwischen acht und 16 Milliarden D-Mark als Strafe für die Überschreitung der vereinbarten Grenze für die Neuverschuldung in Brüssel hätte hinterlegen müssen, wenn es den Stabilitätspakt zu diesem Zeitpunkt schon gegeben hätte. Deshalb sollte nicht so argumentiert werden, als wären die Schuldenmacher immer nur bei den Nachbarn zu finden.

Lohnpolitik als Gefahrenherd: Wenn früher in einem Land durch überzogene Lohnforderungen die Kosten und Preise so stark stiegen, daß es zu schweren Rückschlägen beim Export kam und steigende Arbeitslosigkeit die Folge war, konnte dies durch eine Abwertung der Währung ausgeglichen werden. Dieses Ventil gibt es in Zukunft innerhalb der Währungsunion nicht mehr. Deshalb wird es entweder in den jeweiligen Ländern zu schweren Krisen am Arbeitsmarkt kommen, oder alle anderen Staaten werden für die Fehler der Lohnpolitik finanziell mit haftbar gemacht. Dann müssen die Transferzahlungen in diese Länder steigen, weil sich die Gemeinschaft keine wirtschaftliche, soziale und damit schließlich auch politische Destabilisierung einzelner Mitglieder leisten kann.

Gegenmeinung: Auch in Deutschland (oder Frankreich, Italien, den USA) gibt es regional große Unterschiede im Einkommen und der Wirtschaftskraft. Dennoch ist noch niemand auf die Idee gekommen, innerhalb dieser Länder verschiedene Währungsgebiete zu bilden. Richtig ist allerdings, daß Lohnforderungen, die nicht durch eine entsprechende Leistung gedeckt werden, zu Arbeitsplatzverlusten führen. Das ist aber nicht neu: Der Verlust von Beschäftigungschancen als Folge zu hoher Arbeitskosten findet auch heute schon innerhalb der nationalen Währungsgebiete statt. Zudem ist zu beobachten, daß die Zeit der Flächentarife zu Ende geht. Nicht nur in Deutschland wird bei den Lohnforderungen immer stärker auf regionale oder sogar betriebliche Leistungsunterschiede Rücksicht genommen. Die Arbeitnehmer haben längst die Erfahrung gemacht, daß sie durch überzogene Einkommensforderungen um ihren Arbeitsplatz gebracht werden.

Richtig ist: Eine auf Stabilität ausgerichtete Geldpolitik in Europa kann nur dann auf Dauer erfolgreich sein, wenn sie von einer entsprechenden Lohn- und Fiskalpolitik unterstützt wird. Aber das gilt ebenso für die Bundesrepublik. Die zeitweise bis auf 6,3 Prozent (1981) hochgeschnellten Inflationsraten und die zwischen 1975 und 1990 (also noch vor der Wiedervereinigung) rasant gestiegene Verschuldung der öffentlichen Haushalte zeigen deutlich, daß es sich hier keineswegs nur um ein Problem der künftigen Europäischen Zentralbank handelt. Auch die Bundesbank hat zeitweise die Kontrolle über die Entwicklung des Geldwertes verloren, weil Politik und Tarifvertragsparteien den Stabilitätskurs nicht unterstützt haben.

Fesseln für die nationale Finanzpolitik: Wenn die Europäische Zentralbank keine Mittel zur Finanzierung öffentlicher Haushalte bereitstellen darf, wird ein „deficit-spending“ schwieriger. Das legt den Regierungen und Parlamenten engere Fesseln an. Dringende öffentliche Aufgaben und wünschenswerte soziale Maßnahmen können nicht mehr finanziert werden.

Gegenmeinung: Die Regierungen können nach wie vor Kredite aufnehmen, wenn sie mit ihren Steuereinnahmen nicht mehr auskommen. Allerdings müssen sie dabei die für alle geltenden Konvergenzkriterien beachten. Wenn sie sich zu hoch verschulden, wird das von internationalen Agenturen ermittelte „Rating“ für Anleihen dieses Landes sinken. Die jeweilige Regierung muß dann an den in- und ausländischen Kapitalmärkten immer höhere Zinsen zahlen, um weiteres Geld aufnehmen zu können. Das wird dazu führen, daß alle Regierungen verstärkt auf eine solide Haushaltsfinanzierung achten. Mit anderen Worten: Die Teilnehmerländer verlieren durch einen Beitritt zur EWU ihre monetäre Souveränität und damit die Möglichkeit, Lücken im Haushalt mit Hilfe der Notenpresse zu stopfen. Sie können nicht mehr mit Hilfe der Inflation die reale Staatsschuld vermindern. Doch das liegt im Interesse der Sparer und der Geldwertstabilität.

Kein Schuldendeckel: Es gibt keine institutionellen Grenzen für die öffentlichen Schulden. Die Politiker können nach wie vor zusätzliche Ausgabenwünsche über eine erhöhte Kreditaufnahme finanzieren. Es gibt weder national noch im Rahmen der Währungsunion ausreichende Sicherungen gegen eine unsolide Haushaltspolitik.

Gegenmeinung: Dieses Argument gegen die Europäische Währungsgemeinschaft verträgt sich nicht mit der Behauptung, der nationalen Politik würden zu enge Fesseln angelegt (siehe oben). Die verschiedenen Gegner der Währungsunion widersprechen einander mit diesem Argument. Richtig ist, daß es in Deutschland und den meisten anderen EU-Ländern bisher keine ausreichenden institutionellen Beschränkungen gibt, die eine unvertretbare Ausweitung der öffentlichen Verschuldung verhindern. Das hat aber nichts mit der Gründung der EWU zu tun. Im Gegenteil: Durch die strengen Regeln, denen die Europäische Zentralbank unterworfen wird, und durch den Stabilitätspakt werden die Möglichkeiten der Kreditaufnahme immerhin stark eingeschränkt. Durch einen zusätzlichen Stabilitätspakt werden diese institutionellen Fesseln weiter verstärkt.

1996 führte der amerikanische Präsident Bill Clinton mit dem Kongreß in Washington erbitterte Auseinandersetzungen über die dauerhafte Begrenzung der öffentlichen Verschuldung der USA. Das Budget wurde erst nach monatelangen Verzögerungen verabschiedet. Auch dies zeigt, daß es sich bei der Frage, wie ausgabenfreudige Politiker diszipliniert werden können, keineswegs um ein Problem handelt, das erst durch die Europäische Währungsunion entstanden ist.

Zu große Unterschiede in der EU: Die Konvergenzkriterien garantieren keine hinreichende Homogenität innerhalb der Gemeinschaft. Die Entwicklungsunterschiede der verschiedenen EU-Staaten sind noch zu groß. Löhne, Kaufkraft und Produktivität liegen viel zu weit auseinander. Die Lebensverhältnisse sind zu verschieden. Die wirtschaftspolitischen Zielvorstellungen gehen noch weit auseinander. Solange dies der Fall ist, muß eine Währungsunion scheitern.

Gegenmeinung: Das wird durch praktische Erfahrungen widerlegt. Zwischen den 50 Staaten der USA zum Beispiel gibt es deutliche Unterschiede hinsichtlich der Einkommen, der Kaufkraft oder der sozialen Leistungen. Selbst die Steuern sind nicht überall gleich hoch. Trotz großer Entwicklungsunterschiede galt auch in Japan immer der gleiche Yen für Honschu und Hokkaido. Innerhalb Deutschlands gibt es ebenfalls große Divergenzen zwischen den verschiedenen Regionen. Das betrifft nicht nur den unterschiedlichen Entwicklungsstand von Ost- und Westdeutschland. Auch die Abstände in der wirtschaftlichen Entwicklung zwischen den alten Bundesländern sind teilweise sehr groß, wenn die Löhne, die Infrastruktur oder die industrielle Entwicklung miteinander verglichen werden. Man muß dazu nur das Rhein-Main-Gebiet, die Region München, Stuttgart oder Hamburg einerseits und den bayerischen Wald, Bremen oder das Saarland andererseits betrachten. Das gilt erst recht für die öffentliche Verschuldung. Während zwischen 1991 und 1995 die Schulden von Nordrhein-Westfalen um 19,3 Prozent stiegen (von 101 auf 120 Milliarden), betrug der Anstieg in Hessen 26, in Niedersachsen 34 und in Berlin sogar 266 Prozent. Bayern dagegen schaffte es als einziges Bundesland, seinen ohnehin niedrigen Schuldenberg von 29,3 auf 28 Milliarden (4,6 Prozent) abzutragen.

Selbst die D-Mark ist nicht überall gleich viel wert. Ihre Kaufkraft ist in ländlichen Gebieten deutlich höher als in Ballungszentren. Das gilt für Mieten und Grundstücke ebenso wie für Lebensmittel oder Dienstleistungen.

Umgekehrt gibt es in ökonomischer Hinsicht oft größere Ähnlichkeit und bereits jetzt eine stärkere wirtschaftliche Verflechtung zwischen einzelnen Regionen Deutschlands, Österreichs, der Niederlande oder Frankreichs, als dies oftmals für die verschiedenen Teile der jeweiligen Länder zutrifft. Beispiel: Für Baden-Württemberg ist Elsaß-Lothringen ein weit wichtigerer Wirtschaftspartner als etwa Bremen oder Brandenburg. Dies gilt ebenso für die Beziehungen zwischen dem Elsaß und der Bretagne.

Die Behauptung schließlich, daß die wirtschaftspolitischen Zielvorstellungen in Europa immer noch weit auseinanderklaffen, ignoriert ebenfalls die tatsächliche Entwicklung. Alle EU-Staaten, die sich ernsthaft um eine Mitgliedschaft in der EWU bemühen, haben die deutsche Stabilitätsphilosophie übernommen – und sind in den letzten Jahren zum Teil energischer und erfolgreicher bei ihrer Umsetzung gewesen als die Bundesrepublik.

Spaltung Europas: Da nicht alle Mitgliedsländer der EU die stabilitätspolitischen Voraussetzungen erfüllen können, werden sich zwei Gruppen bilden. Die einen qualifizieren sich für den Beitritt zur Währungsunion; die anderen bleiben außen vor und werden benachteiligt. Wer das akzeptiert, ist kein echter Europäer.

Gegenmeinung: Wer so argumentiert, räumt zunächst einmal ein, daß die Mitgliedschaft Vorteile hat. Sollen die stabilitätsbewußten Länder darauf verzichten, nur weil andere sich weniger anstrengen? Überdies haben alle EU-Länder die zeitlich unbegrenzte Möglichkeit, sich „nachzuqualifizieren". Die Bereitschaft dazu wird um so größer sein, je deutlicher die Vorteile einer Mitgliedschaft sichtbar werden. Das wird es auch den Regierungen der Nachzügler erleichtern, ihrer Bevölkerung verständlich zu machen, warum weitere Anstrengungen zur Erfüllung der Stabilitätskriterien unternommen werden müssen.

Wer empfiehlt, so lange zu warten, bis zum Beispiel Griechenland gleichzeitig mit allen anderen EU-Ländern alle Stabilitätskriterien erfüllt, hätte vermutlich bis zum St. Nimmerleinstag warten können. Genau dies beabsichtigen wohl auch einige Vertreter dieses Arguments.

Zu weiche Konvergenzkriterien: Die Bedingungen reichen nicht aus, um das Entstehen einer wirklichen Stabilitätsgemeinschaft zu garantieren. So gibt es keine absolute Höchstgrenze für die Inflationsrate. Sie ist vielmehr als ein Durchschnitt aus den Preissteigerungen in den drei stabilsten Ländern (plus einer Toleranzmarge von 1,5 Prozent) definiert. Je höher der Durchschnitt ist, um so leichter schaffen auch Länder mit starken Preissteigerungen diese Hürde für den Beitritt. Das verstärkt die Inflationsgefahr. Ähnliches gilt für die öffentliche Verschuldung: Eine erlaubte Zunahme der Kreditfinanzierung um drei Prozent (gemessen am Bruttoinlandsprodukt, BIP) ist zu hoch. Das trifft auch auf die Gesamtverschuldung (60 Prozent des BIP) zu. Zu weich ist zudem die Vertragsbestimmung, daß die Einhaltung dieses Kriteriums vom Ministerrat auch dann bescheinigt werden kann, wenn die Altschulden Ende 1997/Anfang 1998 noch über 60 Prozent liegen, in den letzten Jahren aber zügig abgebaut wurden. Das könnte beispielsweise für Belgien zutreffen, das 1996 noch vor einem Schuldenberg stand, der 134 Prozent seiner gesamtwirtschaftlichen Leistung in diesem Jahr entsprach.

Gegenmeinung: Gelegentlich weisen die gleichen Kritiker, die über „zu weiche" Kriterien klagen, anschließend darauf hin, daß diese Maßstäbe recht willkürlich gesetzt worden seien. In der Tat lassen sie sich wissenschaftlich nicht begründen. Sie wurden eher zufällig gewählt: So entsprechen die Verschuldungskriterien den Durchschnittswerten aller EU-Staaten zum Zeitpunkt der Vertragsformulierung. Deshalb macht es logischerweise auch wenig Sinn, ihre Einhaltung bis auf die dritte Stelle hinter dem Komma zum Glaubensbekenntnis zu erheben. Viel wichtiger ist der seit Jahren durch Taten bewiesene und durch Zahlen belegbare stabilitätspolitische Wille der Länder, die sich für einen Beitritt qualifizieren wollen. Wer als Konvergenzkriterien Idealwerte ansetzt, die aber in der Praxis von keinem Land zu erreichen sind, geht von utopischen Vorstellungen aus.

Eintrittsprüfung zu großzügig: Bei der Entscheidung über die Mitgliedschaft wurde nicht ökonomisch streng entschieden, sondern eine politische Bewertung der Konvergenzkriterien vorgenommen. Deshalb wurden auch Länder aufgenommen, die die Bedingungen nur teilweise erfüllt hatten. Damit wird das Versprechen gebrochen, daß die EWU von Anbeginn an eine Stabilitätsgemeinschaft sein wird.

Gegenmeinung: Nicht nur das Europäische Währungsinstitut und die Brüssler Kommission haben ihr Votum abgegeben. Auch die Bundesbank kam in einer Stellungnahme zu einer positiven Bewertung. Zudem war eine Erfüllung der Kriterien auf Punkt und Komma im Vertrag nicht gefordert. Das wäre auch ziemlich unsinnig. Denn erstens räumen selbst die seriösen Gegner ein, daß sich die Kriterien wissenschaftlich nicht begründen lassen (siehe oben). Dann ist aber auch nicht zu begründen, warum sie ganz eng auszulegen sind. Zweitens ist vor allem wichtig, daß ein Land eine langfristig angelegte Stabilitätspolitik betreibt und nicht nur versucht, zum Zeitpunkt des Eintritts eine „Punktlandung" hinzulegen. Unter diesem Gesichtspunkt ist es dann zum Beispiel höher zu bewerten, wenn ein Land wie Belgien seine extrem hohe Staatsverschuldung energisch abbaut, als wenn Deutschland seine seit Jahren stark steigende öffentliche Verschuldung kurzfristig so drosselt, daß die Aufnahme neuer Kredite 1997 nur 2,7 Prozent des BIP betrug. Insofern war es eine kluge Vertragsbestimmung, daß der EU-Ministerrat bei seiner Entscheidung Anfang Mai 1998 die „Gesamtlage" der jeweiligen Volkswirtschaft und den hinreichend bewiesenen Willen zur Konvergenz berücksichtigen sollte.

Letztlich entscheidend aber ist, daß vom Beginn der Währungsunion an eine konsequente Stabilitätspolitik betrieben wird – und dies ist für alle Mitgliedsländer verpflichtend.

Einheitliche Geldpolitik unerprobt: Ehe der Schritt in eine Währungsunion gewagt wird, müßte eine gemeinsame Währungspolitik ausreichend lange von allen potentiellen Mitgliedsländern geprobt werden. Nur dann wäre später ein friktionsloser Übergang in eine Währungsunion möglich. Zwar sagen einige Länder, daß sie eine Währung wollen, die so stabil ist wie die D-Mark, aber in Wirklichkeit wollen sie keine so konsequente Politik wie die Bundesbank betreiben.

Gegenmeinung: Auch hier werden Tatsachen schlicht ignoriert. Denn erstens haben die EU-Länder im Vertrag von Maastricht eindeutig und unwiderruflich festgelegt, daß die Europäische Zentralbank eine Politik nach dem Vorbild der Bundesbank zu betreiben hat. Zweitens wird seit Jahren in der Praxis „geübt“. Die Länder, die wie Österreich, die Niederlande, Belgien und Luxemburg seit langem stillschweigend die jeweilige Geldpolitik der Bundesbank nachvollziehen und dadurch gemeinsam mit Deutschland einen D-Mark-Block bilden, praktizieren bereits mit Erfolg eine Art gemeinsamer Währungspolitik. Daher gibt es zwischen den beteiligten Ländern auch keine nennenswerten Wechselkursschwankungen mehr. Nur durch starke währungspolitische Unruhen, die von außen kommen, ist dieser Verbund gestört worden. In Belgien kam es deshalb wieder zu stärkeren Kursschwankungen.

Auch die französische Notenbank hat den Wechselkurs des Franc gegenüber der D-Mark in den letzten Jahren vor Beginn der EWU sehr stabil halten können. Wem das als „geldpolitische Übung“ immer noch nicht genügt, der wollte in Wirklichkeit die Hürden für den Eintritt in die Währungsunion so hoch machen, daß die EWU dauerhaft verhindert worden wäre.

Monetäre Strukturen erstarren: Wenn 1999 die Wechselkurse fixiert sind und ab 2002 die nationalen Währungen zu den festgelegten Umrechnungsfaktoren endgültig in Euro eingewechselt werden, gibt es keine Möglichkeit mehr, die einmal festgelegten monetären Strukturen zu verändern. Ein unterschiedliches wirtschaftliches Entwicklungstempo in den verschiedenen EU-Ländern kann dann nicht mehr berücksichtigt werden.

Gegenmeinung: Diese Möglichkeit gibt es auch innerhalb Deutschlands oder der USA nicht. Dabei sind die strukturellen Unterschiede zwischen den 16 Ländern der Bundesrepublik oder den 50 Staaten der USA zum Teil größer als beispielsweise zwischen den Niederlanden und Nordrhein-Westfalen oder zwischen Österreich und Bayern. Das gilt insgesamt für jene EU-Länder, die noch die Chance haben, im ersten Anlauf die Qualifikation für die Währungsunion zu schaffen.

Es gibt kein großes Land der Welt, in dem nicht erhebliche regionale Differenzen hinsichtlich Einkommen, Kaufkraft, Infrastruktur, Beschäftigungsgrad usw. bestehen. Beispiele dafür sind die strukturellen Unterschiede zwischen Nord- und Süditalien, aber ebenso die unterschiedlichen wirtschaftlichen und sozialen Verhältnisse etwa in Bayern oder Mecklenburg-Vorpommern. In Kanada, Japan oder China sieht es nicht anders aus: Neben hochentwickelten Regionen gibt es ausgesprochene Notstandsgebiete. In den USA finden sich Staaten wie Kalifornien, die von High-Tech leben, und solche, die wie Oklahoma von der Landwirtschaft dominiert werden. Dennoch käme niemand auf die Idee, die Probleme dadurch zu lösen, daß die Vereinigten Staaten ihre Währungsunion aufgeben. Es würde auch als ein ziemlich abstruser Vorschlag empfunden, in den weniger entwickelten Regionen Deutschlands so lange wieder mit Kreuzer, Taler oder Dukaten zu zahlen, bis alle 16 Bundesländer einen völlig gleichen Entwicklungsstand erreicht haben.

Wenn das Argument in dieser Form umgedreht wird, zeigt sich rasch, daß es wenig überzeugend ist. Ebenso wie in den USA haben sich die regionalen Unterschiede in Deutschland als geldpolitisch ungefährlich erwiesen. Der beste Beweis dafür seit der Reichsgründung durch Bismarck und der Einführung der Reichsmark als einheitliche Währung in Deutschland ist die deutsch-deutsche Währungsunion von 1990. Trotz des gewaltigen wirtschaftlichen Gefälles zwischen den alten und den neuen Bundesländern ist die D-Mark nicht weich geworden. Im Gegenteil: Sie war Mitte der neunziger Jahre nach innen und außen sogar deutlich stabiler als zu Beginn der deutschen Währungsunion. Damals lag die Inflationsrate bei 2,6 Prozent und stieg zeitweise bis auf 3,9 Prozent. Im Jahresdurchschnitt 1996 waren es nur 2,0 Prozent. Warum soll das bei einer Währungsunion zwischen Ländern wie Frankreich, Deutschland, Österreich, Luxemburg, Belgien oder den Niederlanden anders sein, obwohl die wirtschaftlichen und sozialen Unterschiede zwischen ihnen viel geringer sind, als sie es 1990 zwischen den beiden Teilen Deutschlands waren?

Verschiebung als Test für den Stabilitätswillen: Wenn eine Terminverschiebung des Starts der Währungsunion dazu geführt hätte, daß der Wille zur Stabilität nachläßt, dann wird er nach einem Beitritt erst recht erschlaffen: Wer drin ist, muß sich nicht mehr weiter anstrengen.

Gegenmeinung: Wenn die Währungsunion hinausgeschoben worden wäre, hätten sich alle mehr Zeit lassen können, weil dann keine Sanktionen (in Form eines vorläufigen Ausschlusses) mehr zu befürchten gewesen wären. Überdies wäre der Glaube daran, daß es tatsächlich zu einer Währungsunion kommen wird, verlorengegangen. Im umgekehrten Fall kann der Wille zur Stabilität dagegen gar nicht „erschlaffen", weil jetzt die vertraglichen Verpflichtungen eingehalten werden müssen und die gemeinsame Zentralbank ihre Geldpolitik nach den strengen Regeln des Vertrags gestalten muß. Alles andere wäre Vertragsbruch. Auch in diesem Fall schlagen sich die Gegner der EWU mit ihren Argumenten gegenseitig.

Einschränkung des Wettbewerbs: Zum Wettbewerb zwischen verschiedenen Standorten gehört nicht nur, wer die qualifizierteren Arbeitskräfte, die bessere Infrastruktur, das attraktivere Steuersystem, die flexiblere Bürokratie oder die moderneren Forschungseinrichtungen besitzt. Auch der Wettbewerb um die bessere – weil stabilere – Währung zählt dazu. Diesen Wettbewerbsvorteil gibt Deutschland auf, wenn es seine D-Mark in einer gemeinsamen Währung aufgehen läßt.

Gegenmeinung: Das ist richtig. Aber diesem Verlust stehen Vorteile gegenüber, die mehr Gewicht haben. Dazu gehört, daß die D-Mark nicht mehr Gefahr läuft, als Folge spekulativer und fundamental nicht gerechtfertigter Kursentwicklungen zu stark aufgewertet zu werden. Das würde die Wettbewerbsfähigkeit der deutschen Wirtschaft auf ihren wichtigsten Märkten gefährden. Zudem soll der Euro so hart wie die D-Mark werden. Das bedeutet, daß die Stabilitätszone in Europa größer wird. Außerdem kann nur eine Währungsunion zuverlässig verhindern, daß die nach so viel Mühen endlich erreichte Freiheit des Kapitalverkehrs innerhalb der EWU jemals wieder eingeschränkt wird.

Rundungsregeln

Bei der Umrechnung der alten nationalen Währungen untereinander und in Euro gibt es oft „krumme" Ergebnisse. Wie wird gerundet?

Da die alten nationalen Währungen bis zum Jahr 2002 noch neben dem Euro in Gebrauch sind, müssen sie in der Praxis ständig ausgetauscht bzw. umgerechnet werden. Denn bis Ablauf der Übergangsfrist ist es jedem Bürger und Unternehmen grundsätzlich freigestellt, in welcher Währung er zahlt oder Rechnungen verschickt. Die Umtauschkurse der alten nationalen Währungen untereinander und zum Euro sind zwar ab 1. Januar 1999 unwiderruflich fixiert, bei der Umrechnung wird es aber immer wieder zu kleinen Differenzen kommen. Zur Vermeidung größerer Rundungsprobleme wurden daher genaue Regeln festgelegt:

- Es muß bei der Umrechnung immer mit sechs signifikanten Ziffern gearbeitet werden. Für Deutschland bedeutet dies: eine Stelle vor dem Komma, fünf Stellen hinter dem Komma (ähnlich wie beim Dollarkurs). Hierbei sind Rundungen unzulässig.
- Die Umrechnung muß immer über den amtlichen Euro-Kurs stattfinden. Das gilt auch, wenn Franc und D-Mark oder Schilling und Gulden gegeneinander

getauscht werden. Es muß also zunächst der Betrag in Euro ermittelt werden, dann wird dieser in die andere nationale Währung umgerechnet. Werden demnach zwei Alt-Währungen getauscht, wird der Ausgangsbetrag erst durch den dafür geltenden Euro-Kurs dividiert und dann das Ergebnis mit dem für die andere Währung geltenden Euro-Kurs multipliziert.

Beispiel: D-Mark sollen in Schilling getauscht werden. Der vorgeschriebene Rechenweg sieht dann so aus:

1. Schritt	D-Mark	:	Euro-Kurs	=	Betrag in Euro
2. Schritt	Euro	x	Schilling-Kurs	=	Betrag in Schilling

- Die Verwendung inverser Umrechnungskurse ist nicht zulässig.
- Werden Euro in D-Mark (Schilling, Gulden, Francs) umgerechnet, muß also immer der Euro-Betrag mit dem Umrechnungskurs der jeweiligen Währung multipliziert werden.
- Werden D-Mark (Francs, Peseten, Lire) in Euro umgerechnet, muß immer die Alt-Währung durch den Euro-Kurs dividiert werden.
- Erst wenn das Ergebnis vorliegt, darf nach herkömmlicher Art kaufmännisch gerundet werden. Das heißt: Die zweite Stelle hinter dem Komma wird abgerundet, wenn die dritte Ziffer eins bis vier ist; es wird aufgerundet, wenn die dritte Ziffer fünf bis neun lautet.

Beispiel: Aus einem Betrag von 23.523,54317 wird 23.523,5**4**
Aus einem Betrag von 23.523,54622 wird 23.523,5**5**

Bei kleinen Summen spielt die Verwendung der sechs signifikanten Ziffern nur eine geringe Rolle. Wenn es sich um Millionenbeträge handelt, könnte es bei wiederholten Umrechnungen ohne diese Vorschrift bei Division und Multiplikation zu erheblichen Differenzen kommen. Beim Endergebnis dagegen führt das abschließende kaufmännische Runden zu Unterschieden im Bereich von Zehntel-Pfennigen oder Zehntel-Cent.

Bei der Vielzahl von Umrechnungen und Kontobewegungen können sich während der Übergangszeit zwar auch geringe Rundungsdifferenzen zu größeren Beträgen addieren. Doch da einmal auf- und einmal abgerundet wird, gleichen sich diese Differenzen statistisch weitgehend aus.

Saarland als Beispiel

Ist die Währungsumstellung im Saarland nach der Aufnahme als Bundesland ein Beispiel für die EWU?

Im Unterschied zur Wirtschafts- und Währungsunion mit der damaligen DDR (siehe Deutsche Währungsunion) ist die Einführung der D-Mark an der Saar eher vergleichbar mit den Aufgaben, die bei der Umsetzung der EWU gelöst werden müssen. Nach der Rückgabe des Gebiets an Deutschland am 1.1.1957 wurde das damals umlaufende französische Geld einige Zeit nach Beitritt des Saargebietes als damals zehntes Bundesland wertgleich in D-Mark umgetauscht – ähnlich wie beim künftigen Euro. Alle Preise, Löhne, Kredite usw. wurden entsprechend umgerechnet. Die Währungsumrechnung erfolgte ohne Einbußen an Kaufkraft oder eine Teilabwertung von Vermögenswerten nach einem festgelegten Kurs (auf dem Umweg über den Dollar) und gilt bis heute als eine vorbildlich gelungene Transaktion.

Sachwerte kaufen

Ist es jetzt sicherer, sein Geld in Sachwerten anzulegen und dann in Ruhe abzuwarten, was aus der Währungsunion wird?

Bei der Anlage der Ersparnisse in Sachwerten, zu denen neben Kunstgegenständen, Münzen, Briefmarken oder Gold vor allem Immobilien, aber eigentlich auch Aktien gehören, muß immer – also ganz unabhängig von der Währungsunion – überlegt werden, welche Ziele verfolgt werden. Bilder oder andere Sammlerobjekte können beim Wiederverkauf erhebliche Gewinne einbringen. Aber dies ist immer nur unter günstigen Umständen möglich – und nur selten dann, wenn man kurzfristig und dringend Bargeld braucht. Immobilien, die nicht zu eigenen Wohnzwecken erworben werden, können ebenfalls beim späteren Wiederverkauf zu guten Erträgen führen. Aber das setzt meist voraus, daß der Erwerber lange genug warten kann. Solche Wertsteigerungen treten in der Regel erst nach Jahren ein. Außerdem erfordert der Kauf von Grundstücken und Häusern sehr viel Sachverstand oder seriöse Beratung durch Experten.

Da gesteigerte Inflationsängste im Zusammenhang mit der Währungsunion aus heutiger Sicht unbegründet sind, empfiehlt es sich, beim Kauf von Sachwerten nicht von den Anlageentscheidungen abzuweichen, die man auch unter anderen Umständen treffen würde.

Immobilien und Sachwerte, die nur unter dem Gesichtspunkt gekauft werden, erspartes Geld vor den inflationären Gefahren zu schützen, die nach Ansicht der Euro-Pessimisten mit der Währungsunion verbunden sein könnten, werden nur in den seltensten Fällen die erhoffte Sicherheit oder gar satte Gewinne bringen. Das gilt auch für die Flucht in den Dollar oder in Schweizer Franken. Panik ist bei Geldgeschäften immer ein schlechter Ratgeber. Groß ist außerdem die Gefahr, daß clevere Geschäftemacher die Gunst der Stunde nutzen, um unerfahrenen Kunden Objekte anzudrehen, für die sie sonst nur schwer einen Käufer finden können.

Hinweis: Hier wie bei allen anderen Formen der Geldanlage gilt der Rat: Lassen Sie sich nicht auf Geschäfte ein, die Sie unter anderen Umständen auch nicht machen würden. Angst ist immer ein schlechter Ratgeber, und die Gefahr, daß Sie an die falschen Berater geraten, ist in solchen Situationen groß. Immer wieder versuchen dubiose Anlageberater, die Unsicherheit vieler Sparer für ihre Zwecke zu nutzen. Auch viele der meist recht teuren „Informationsbriefe", für die in Zeitungsanzeigen geworben wird, haben vor allem das Ziel, Ihnen Geld aus der Tasche zu ziehen oder Sie durch Panikmache zu bestimmten Formen der Geldanlage zu verleiten.

Scheitern der Währungsunion

Wäre es bei einem Scheitern der Währungsunion nicht einfach beim bisherigen Zustand geblieben?

Was die Gültigkeit der nationalen Währungen und die alleinige Zuständigkeit der jeweiligen Notenbanken für die Geldpolitik angeht, wäre es beim alten Zustand geblieben.

Wenn aber die EWU gescheitert wäre, weil ein wichtiges Land vertragsbrüchig gewesen wäre oder weil keine ausreichende Zahl von EU-Ländern (Mindestzahl) in der Lage gewesen wäre, die wirtschafts- und finanzpolitischen Bedingungen für den Beitritt zu erfüllen, so hätte dies zweifelsohne wirtschaftliche und politische Folgen gehabt. Schließlich hätte das bedeutet, daß die große Mehrzahl der Regierungen nicht in der Lage gewesen wäre, ihre Staatshaushalte und sozialen Sicherungssysteme zu sanieren, oder daß sie die Geldentwertung nicht in den Griff bekommen hätten. Die EU wäre dann einer lang anhaltenden wirtschaftlichen und sozialen Krise entgegengegangen. Denn wenn die Mitgliedsländer nicht einmal unter dem Druck zur Erfüllung der Konvergenzkriterien fähig gewesen wären, ihre Probleme zu lösen, wäre es ihnen ohne diese Verpflichtung vermutlich noch weniger gelungen.

Neben einem Vertrauensverlust an den Finanzmärkten hätte ein Scheitern des Projekts auch dem internationalen Ansehen der beteiligten EU-Länder schwer geschadet. Sie hätten in diesem Fall nicht nur einen nach jahrzehntelanger Vorbereitung geschlossenen Vertrag gebrochen, sondern auch vor aller Welt demonstriert, daß ihnen die Kraft zur Lösung grundlegender ökonomischer Probleme fehlt.

Schulden/Kredite

Was geschieht mit meinen Schulden bei der Umstellung auf Euro?

Schulden – öffentliche wie private – werden ebenso umgerechnet wie alle anderen Geldgrößen. Wer vorher mit 10.000 D-Mark in der Kreide stand, wird nachher nur noch rund die Hälfte in Euro zurückzahlen müssen. Das ist aber weder für den Schuldner noch für den Kreditgeber ein Vor- oder Nachteil. Denn da auch bei allen anderen in Geld ausgedrückten Werten (Löhne, Preise, Mieten, Pachten usw.) mit dem gleichen Faktor umgerechnet wird, kann dadurch niemand etwas gewinnen oder verlieren.

Die Zinszahlungen werden – in Euro ausgedrückt – ebenfalls entsprechend geringer sein. Der Zinssatz selbst bleibt aber auf der vertraglich fixierten Höhe. Zinsgewinne oder -verluste sind auf diese Art also auch nicht möglich. Die Umstellung findet hier wie in anderen Bereichen wertgleich statt.

Schulung der Mitarbeiter

Wie müssen die Mitarbeiter auf die Währungsumstellung im Betrieb vorbereitet werden?

Bis Mitte 1998 hatte sich rund die Hälfte aller Unternehmer und Manager nur wenig damit beschäftigt, ob und wie sich der Eintritt der Bundesrepublik in die Europäische Währungsunion auf ihr Unternehmen auswirken wird. Das bedeutet, daß sie sich noch keine Gedanken darüber gemacht haben, welche Umstellungsmaßnahmen erforderlich und wie hoch die Umstellungskosten sein werden. Auch die Frage, welche Vorteile sich für das eigene Unternehmen aus der EWU ergeben und in welcher Form diese Chancen wahrgenommen werden könnten, ist vor allem in mittelständischen Betrieben wenige Monate vor dem Start der EWU vielfach noch nicht untersucht worden. Bei Großunternehmen war dieser Prozeß 1998 meist schon abgeschlossen. Dies trifft vor allem auf Banken, Sparkassen, Versicherungen und stark exportorientierte Unternehmen wie Siemens, Daimler oder BASF zu. Eine weitere Verzögerung der notwendigen Maßnahmen bis zum Jahr 2000 könnte zu einem deutlichen Wettbewerbsnachteil vor allem für kleine und mittlere Unternehmen werden. Das gilt auch für solche Betriebe, die nur für den nationalen oder regionalen Markt arbeiten, denn auch sie sind in vielfältiger Weise von dem Wechsel der Währung betroffen.

Wichtiger Bestandteil der Vorbereitungsarbeiten muß in jedem Fall die Mitarbeiterschulung sein. Die Beschäftigten in den Bereichen, die unmittelbar von der Umstellung berührt werden, müssen in die Lage versetzt werden:

- den Umfang und die Bedeutung der mit dem Wechsel der Währung verbundenen Aufgaben zu erfassen,
- die Probleme zu erkennen, zu analysieren und zu lösen,
- die Vorteile und Chancen der EWU im Sinne des Unternehmens zu nutzen,
- die erforderlichen Umstellungsmaßnahmen effizient und kostengünstig durchzuführen,
- Kunden und Lieferanten im In- und Ausland im Rahmen der betrieblichen Kommunikationspolitik kompetente Auskünfte zu erteilen, statt durch Unwissen bei den Geschäftspartnern Unsicherheit zu verbreiten und so auch dem Ruf des eigenen Unternehmens zu schaden,
- mit Kollegen in anderen Bereichen und Abteilungen sinnvoll zu kommunizieren,
- bei Gerüchten und Ängsten, die sich innerhalb der Belegschaft als Folge mangelnder Information verbreiten, zuverlässige Auskünfte geben zu können.

Deshalb sollten in allen Unternehmen rechtzeitig Vorbereitungen getroffen werden. Dazu sollten eine Euro-Checkliste erstellt, Arbeitsgruppen gebildet und gegebenenfalls ein Euro-Beauftragter ernannt werden. Eine verspätete Mitarbeiterschulung kann Konsequenzen haben, die sich später kaum noch gutmachen lassen und zu erheblichen Wettbewerbsnachteilen führen. Die Schulung erfordert gegebenenfalls den Einsatz externer Experten und vor allem Zeit. Beides könnte später nicht mehr verfügbar sein.

Schwarzgeld

Was geschieht mit dem sogenannten Schwarzgeld? Muß es beim Umtausch in Euro deklariert werden, und greift dann der Fiskus zu?

Die Gültigkeit der nationalen Zahlungsmittel der Mitgliedsländer der EWU bleibt nach 1999 zunächst erhalten. Sie behalten ihre Funktion als Bargeld. Vom Jahr 2002 an wird der Euro auch in Form von Münzen und Banknoten ausgegeben. Spätestens sechs Monate danach verlieren die alten nationalen Geldeinheiten ihre Gültigkeit als gesetzliches Zahlungsmittel. Sie können aber noch lange Zeit danach bei den Kreditinstituten und der Europäischen Zentralbank ohne Wertverlust in Euro umgetauscht werden. Dabei wird in der Regel nicht gefragt, aus welchen Quellen das Geld stammt. Ob es durch Schwarzarbeit verdient oder bei der Großmutter unter der Matratze gefunden wurde, interessiert die Bank nicht.

Erst bei größeren Summen (1998 noch 20.000 D-Mark, später 30.000 D-Mark) muß aufgrund des Geldwäschegesetzes in Deutschland die Herkunft deklariert werden. Auch beim Grenzübertritt kann der Zoll bei größeren Summen verlangen, daß eine entsprechende Erklärung abgegeben wird.

Ein Umtausch im Ausland ist aber grundsätzlich möglich. Denn auch Ausländer unterhalten dort Konten bei einheimischen Banken, die auf D-Mark (oder Franc, Gulden, Schilling) lauten. Diese werden selbstverständlich in Euro oder eine beliebige andere Währung (wie Franken oder Dollar und Yen) umgewandelt.

Da in vielen krisengeschüttelten Ländern die D-Mark oder der Dollar als Wertaufbewahrungsmittel eingesetzt werden, muß den Besitzern die Möglichkeit gegeben werden, alte Bestände gegen die neue Währung zu wechseln. Dabei sind natürlich immer die gesetzlichen Bestimmungen dieser Länder zu beachten. Von einer bestimmten Höhe an kann es sein, daß auch dort Nachweise verlangt werden, ob das Geld versteuert ist oder ob es ohne Verstoß gegen gesetzliche Bestimmungen erworben wurde.

Achtung: Sogenannte Anlageberater lassen gern durchblicken, daß „nicht deklarierte Gelder“ bei der Einführung des Euro ersatzlos verfallen. Sie bieten dann an, den Eigentümern bei einer sicheren Anlage dieser Gelder behilflich zu sein. Das ist Panikmache mit dem Ziel, an diese Vermögenswerte heranzukommen. Daher sollte sich niemand auf derartige Angebote einlassen. Das Geld ist in der Regel verloren, wenn es derartigen „Beratern“ in die Hände fällt. Wenn es sich dabei tatsächlich um Schwarzgeld handeln sollte, hat der vertrauensselige Besitzer später in der Regel nicht einmal die Möglichkeit, juristisch gegen die Betrüger vorzugehen, da er sich dann gegenüber den Behörden „outen“ müßte und selbst Gefahr läuft, bestraft zu werden. Darauf verlassen sich die Betrüger.

Schweizer Franken

Siehe Franken als Fluchtwährung

Hinweis: Hier wie bei allen anderen Formen der Geldanlage gilt der Rat: Lassen Sie sich nicht auf Geschäfte ein, die Sie unter anderen Umständen auch nicht machen würden. Angst ist immer ein schlechter Ratgeber, und die Gefahr, daß Sie an die falschen Berater geraten, ist in solchen Situationen groß. Immer wieder versuchen dubiose Anlageberater, die Unsicherheit vieler Sparer für ihre Zwecke zu nutzen. Auch viele der meist recht teuren „Informationsbriefe“, für die in Zeitungsanzeigen geworben wird, haben vor allem das Ziel, Ihnen Geld aus der Tasche zu ziehen oder Sie durch Panikmache zu bestimmten Formen der Geldanlage zu verleiten.

Signalbeträge

Was wird aus gesetzlich festgelegten Beträgen und Leistungen bei der Umrechnung auf Euro?

Der Gesetzgeber hat zahlreiche Beträge fixiert. Dazu gehören das Mindestgrundkapital von Aktiengesellschaften, das Mindeststammkapital von GmbHs oder Mindestnennbeträge von Aktien. Hier können durch eine gesetzliche Regelung verhältnismäßig leicht Lösungen gefunden und wieder glatte Beträge hergestellt werden. So wird der Mindestnennbetrag von Aktien von fünf D-Mark auf einen Euro herabgesetzt (und alternativ die Quotenaktie angeboten) oder das Mindestgrundkapital mit 50.000 Euro festgesetzt.

Gesetzlich fixierte Beträge gibt es aber auch im Leistungsbereich (Kindergeld, Sozialleistungen, Subventionen) und bei den Ordnungsgeldern (Bußen). Hinzu kommen die Pauschbeträge im Steuerrecht, die Gebühren und Abgaben sowie staatlich festgesetze Preise (wie Eintrittsgelder für Museen und Schwimmbäder). Bei den administrierten Preisen sorgt nicht der Markt dafür, daß sie unter Druck bleiben. Der Staat kann sie einfach hoheitlich festsetzen.

Deshalb geht von diesen Gebühren, Bußgeldern oder Preisen eine starke Signalwirkung aus. Wenn der Staat die Gelegenheit zum Aufrunden nutzt, werden andere einen Vorwand haben, ähnliches zu versuchen. Vielfach ist eine exakte Umrechnung aber nicht möglich oder sinnvoll. Deshalb bleibt nur die Möglichkeit, unvermeidliche Aufrundungen durch Ermäßigungen an anderer Stelle auszugleichen.

Signalpreise

Was geschieht bei der Umrechnung von Preisen, die der Handel als „Blickfang“ verwendet?

Im Handel und auch bei vielen Dienstleistungen ist es üblich, bei den Preisen mit „optischen Täuschungen“ zu arbeiten. Der Kunde empfindet Produkte, die für 99 Pfennig oder 2,49 D-Mark angeboten werden, als billig. Wenn ihm die gleichen Waren für 1,01 D-Mark bzw. 2,51 D-Mark offeriert würden, erschienen sie ihm als zu teuer. Bücher werden daher gerne für 29,80 angeboten und nicht für 30 D-Mark. Bei Autos wirkt ein Preis von 39.800 D-Mark verlockender als eine Forderung von 40.000 D-Mark – selbst wenn darin einige „Extras“ enthalten sind, die einzeln mehr als 200 D-Mark kosten.

Daher gibt es bestimmte Preisschwellen, die von einem Anbieter ungern überschritten werden. Bei der Umstellung auf Euro wird es aber in allen Ländern und bei vielen Angeboten zu psychologisch ungünstigen Preisen kommen, weil eine exakte Umrechnung bei dem einen Produkt 51 Cent und bei einem anderen vielleicht 2,05 Euro ergibt.

Wenn ein Unternehmen seine Wettbewerbsposition nicht verschlechtern will, muß es daher entweder den Preis senken und Ertragseinbußen in Kauf nehmen oder aber rechtzeitig eine kostensenkende Änderung der Packungsgröße oder anderer Produkteigenschaften vorbereiten. Dies rechtzeitig zu prüfen und zu planen, ist auch deshalb wichtig, weil Kunden, Verbraucherorganisationen und Medien den Handel und die Hersteller in der Übergangszeit in dieser Hinsicht sehr genau beobachten werden. „Heimliche" Preiserhöhungen könnten zu einer für den Anbieter höchst unliebsamen Publizität führen.

Achtung: Wenn weder Preis- noch Größenanpassungen möglich sind, muß ein Anbieter sich möglicherweise sogar Gedanken über eine neue Positionierung seiner Marke am Markt machen. Der späteste Zeitpunkt für eine Umstellung ist aber das Jahr 2002, wenn alle Preise in Euro angegeben werden müssen. Das bedeutet, daß alle notwendigen Planungen, Produktanpassungen und Investitionen vorher abgeschlossen sein müssen. Möglicherweise müssen sogar neue Maschinen bestellt werden. Die Zeit dafür wird bei vielen Herstellern dann sehr knapp.

Signifikante Ziffern

Was bedeutet dieser Begriff im Zusammenhang mit der Währungsunion?

Da es sich beim Übergang von den nationalen Währungen auf den Euro um einen wertgleichen Umtausch handelt, muß darauf geachtet werden, daß es zu möglichst kleinen Rundungsdifferenzen bei der notwendigen Umrechnung kommt. Das ist vor allem auch deswegen notwendig, weil die alten nationalen Zahlungsmittel bis zur endgültigen Währungsumstellung neben dem Euro noch bis zum Jahr 2002 in Gebrauch sein werden (vor allem als Bargeld). Deshalb wurde in einer EU-Verordnung festgelegt, daß bei der Umrechnung mit sechs signifikanten Ziffern gerechnet werden muß. Diese werden bei den einzelnen nationalen Währungen an unterschiedlicher Stelle vor und hinter dem Komma liegen, weil zum Beispiel in Deutschland oder den Niederlanden bei D-Mark und Gulden auch die beiden Stellen hinter dem Komma eine Bedeutung haben, während bei der italienischen Lira dies wegen des geringen Wertes einer Lira (rund ein Zehntel Pfennig) keine Rolle spielt.

Da alle nationalen Währungen einen unveränderlichen Kurs zum Euro haben, wird auch die Umrechnung zwischen Schilling und Franc, D-Mark und Lira oder zwischen Gulden und Franc ab 1999 immer auf dem Umweg über den Euro stattfinden.

Bei der Umrechnung von D-Mark in Euro wird die erste signifikante Ziffer vor dem Komma stehen, danach folgen (ähnlich wie beim Dollarkurs) fünf weitere Ziffern. Ein Euro (nach dem Stand vom Februar 1998) wäre dann zum Beispiel 1,95738 D-Mark. Das ist vor allem bei mehrfachen Umrechnungen wichtig. Danach kann wieder bis auf zwei Stellen hinter dem Komma gerundet werden.

Bei der Lira werden drei der fünf signifikanten Ziffern vor dem Komma stehen. Ein Euro in der italienischen Währung ausgedrückt entspricht demnach 1.957,61 Lire.

Achtung: Zur Vermeidung größerer Rundungsdifferenzen müssen alle Rechnungen immer über den vollen Euro-Umrechnungskurs erfolgen. Er darf nicht gerundet werden. Erst das Ergebnis kann nach den geltenden Rundungsregeln auf zwei Stellen hinter dem Komma gekürzt werden. Umrechnungen von einer nationalen Währung in eine andere müssen immer auf dem Weg über den Euro vorgenommen werden. Die Bildung inverser Kurse ist nicht erlaubt.

Sparbriefe

Kann ich Sparbriefe vorzeitig zurückgeben, wenn das neue Geld kommt?

Nein. Bei Sparbriefen muß das Ende der Laufzeit abgewartet werden. Das ist aber kein Problem, denn bis 2002 wird der ursprüngliche D-Mark-Betrag gutgeschrieben oder wertgleich in Euro umgerechnet. Das gilt bei Sparbriefen ebenso wie bei allen anderen in Geld ausgedrückten Werten.

Wer im Jahr 2002 der neuen Währung immer noch nicht traut, kann sein Geld in einer Fluchtwährung anlegen. Aber bis dahin gibt es schon einige Jahre Erfahrung mit dem Euro als Zahlungsmittel. Deshalb werden derartige Reaktionen wohl immer seltener werden.

Sparbücher

Was geschieht mit den Sparbüchern im Euro-Land?

Zunächst können Sparbücher weiter in D-Mark geführt werden. Bareinzahlungen und Auszahlungen müssen bis zum Jahr 2002 ohnehin in D-Mark erfolgen, da erst dann die neuen Münzen und Banknoten ausgegeben werden. Die meisten Sparkassen und Banken werden aber schon ab 1999 eine zusätzliche Spalte in die Sparbücher eindrucken, in der neben den D-Mark-Beträgen bei Abhebungen, Einzahlungen und Zinsgutschriften auch die entsprechenden Euro-Beträge verzeichnet sind.

So kann sich jeder Sparer an die neue Währung gewöhnen und die korrekte Umrechnung kontrollieren. Dieser Service ist ebenso wie der Ausweis der D-Mark- und Euro-Beträge auf laufenden Konten sowie die Umrechnung der Währungen kostenlos.

Erst ab 2002 gilt: Alle Guthaben auf Sparbüchern werden ebenso wie Guthaben auf Lohn- oder Gehaltskonten mit einem festen Umrechnungsfaktor (dem Euro-Kurs) auf die gemeinsame Währung umgestellt. Da auch Löhne, Preise, Zinsen usw. nach dem gleichen Verfahren umgerechnet werden, ändert sich an der Kaufkraft – also am realen Wert der Guthaben – nichts. Es handelt sich um eine wertgleiche Umstellung, die nichts mit einer Währungsreform zu tun hat. Danach entfällt nach einer Übergangsfrist der doppelte Ausweis in Euro und D-Mark in den Sparbüchern wieder.

Bis dahin werden die Sparer aber soviel an Erfahrung mit der gemeinsamen Währung gesammelt haben, daß jeder den Vorgang der Umstellung versteht. Vorher und nachher kann jederzeit über das Guthaben verfügt werden. Das bedeutet, daß auch andere Anlageformen (wie Aktien oder Anleihen und Fonds) für das Geld gewählt werden können. Diese Wertpapiere werden zwar ab 1999 in Euro gehandelt. Aber bei einem Kauf wird der entsprechende Betrag in D-Mark abgebucht und in Euro umgewandelt. Bei einem späteren Verkauf wird der Erlös dem Konto wieder in D-Mark gutgeschrieben werden – jedenfalls bis 2002.

Beispiel: Ein Sparer kauft Mitte 1999 für 500 Euro Fondsanteile. Von seinem Sparbuch werden dafür 980 D-Mark abgebucht. Nach einem Jahr verkauft er die inzwischen auf 575 Euro gestiegenen Anteile wieder. Da sein Sparbuch immer noch in der alten Währung geführt wird, werden ihm dafür 1.127 D-Mark gutgeschrieben.

Sparkassenbriefe

Was ändert sich bei Sparkassenbriefen?

Sparkassenbriefe oder Inhaberschuldverschreibungen der Sparkassen werden wie alle anderen Geldwerte bei der Einführung des Euro nur umgestellt – und zwar wertgleich. Das gilt gleichermaßen für den Rückzahlungsbetrag wie für die Zinszahlungen (die Zinssätze bleiben ohnehin unverändert). Das ist nicht anders als bei allen anderen Anleihen.

Sparkassenbriefe haben längere Laufzeiten als Termingelder oder Anteile an Geldmarktfonds. Bei ihnen muß das Ende der Laufzeit abgewartet werden. Das kann auch nach 1999 oder 2000 sein. Dies spielt aber keine Rolle, weil im privaten Bereich zunächst weiterhin in D-Mark gerechnet werden kann und daher die Rückzahlung bis ins Jahr 2002 auf Wunsch in D-Mark stattfindet. Nur wenn ein Rückzahlungstermin nach dem Jahr 2002 vereinbart ist, findet die Auszahlung immer in Euro statt. Das ist aber kein Nachteil, weil auch alle anderen Geldgrößen (Löhne, Preise, Mieten, Steuern usw.) dann in Euro ausgedrückt werden.

Staatsverschuldung

Ist der Bund allein dafür verantwortlich, daß die öffentliche Verschuldung in den vom Stabilitätspakt vorgesehenen Grenzen gehalten wird?

Nein. Neben dem Bund müssen auch die Länder und Gemeinden daran mitwirken, die Verschuldung insgesamt in den vorgeschriebenen Grenzen zu halten. Deshalb müssen Bund, Länder, Gemeinden und auch die Sozialversicherungsträger die Stabilitätskriterien nach Artikel 104 c des Vertrags von Maastricht und nach dem Stabilitätspakt erfüllen. Nach Artikel 2 des „Zustimmungsgesetzes zum Vertrag von Maastricht" sind Bund, Länder und Gemeinden verpflichtet, ihre Verschuldungspolitik abzustimmen. Klarheit muß auch darüber geschaffen werden, wer die nach dem Stabilitätspakt fälligen Bußgelder an die EU-Kasse zahlt, wenn die Kreditobergrenzen nicht eingehalten werden.

Die Bestimmungen des Artikel 109 des Grundgesetzes reichen für die Einführung eines wirkungsvollen Instrumentariums zur Vermeidung übermäßiger Haushaltsdefizite nicht mehr aus. Zu klären ist also: Wer zahlt die Bußgelder, wenn Deutschland insgesamt gegen den Stabilitätspakt verstößt und deshalb als „Strafe" eine bestimmte Summe in Brüssel hinterlegen muß? In Ländern mit einer weniger komplizierten Finanzverfassung ist dafür allein die Zentralregierung verantwortlich. Aber wenn der Bund die Stabilitätskriterien einhält, während Länder und Gemeinden dagegen verstoßen, ist nicht einzusehen, warum die fälligen Bußgelder allein aus der Bundeskasse kommen sollen.

Stabilität (Preisstabilität)

Wer garantiert dafür, daß der Euro dauerhaft so stabil wie die D-Mark sein wird?

Es hätte auch niemand garantieren können, daß die D-Mark nach dem Jahr 2000 noch so stabil ist wie Ende der neunziger Jahre. Die Vergangenheit lehrt: Wenn Regierung und Gewerkschaften nicht mitzogen oder die D-Mark an den Devisenmärkten an Wert verlor, war es auch für die Bundesbank oft schwer oder unmöglich, ihren gesetzlichen Auftrag zu erfüllen, die Kaufkraft der D-Mark stabil zu halten. In der Bundesrepublik hat es daher in der Vergangenheit schon Zeiten gegeben, in denen Inflationsraten von über sieben Prozent registriert wurden. In den 50 Jahren der D-Mark wurde eine durchschnittliche Inflationsrate von 3,5 Prozent registriert. In den vergangenen Jahren waren die Inflationsraten in Deutschland jedoch sehr niedrig, weil von den Importpreisen kein inflationärer Druck ausging und die Löhne nur mäßig erhöht wurden.

Dabei hat sich auch gezeigt, daß eine steigende staatliche Verschuldung keineswegs die Stabilität der Währung gefährden muß. Denn während die öffentlichen Schulden seit 1990 als Folge der Belastungen durch die Wiedervereinigung sprunghaft zunahmen, gingen die Inflationsraten zunächst in den westlichen Bundesländern und später auch in den neuen Ländern kontinuierlich zurück. Lagen die Preissteigerungen im Westen 1992 noch bei vier und im Osten bei 13,5 Prozent, so waren es 1995 nur noch 1,7 Prozent in den alten und 1,8 Prozent in den neuen Ländern. Ende 1996 lag die gesamtdeutsche Preissteigerungsrate mit 1,4 Prozent trotz weiter gestiegener Staatsverschuldung nochmals deutlich unter der Inflationsrate früherer Jahre. 1997 waren es 1,5 Prozent. Dies zeigt, daß der oft behauptete enge Zusammenhang zwischen staatlicher Verschuldung und Stabilität der Währung nicht besteht.

Die Praxis bestätigt damit die Theorie: Wenn der Staat sich die Mittel zur Finanzierung von Defiziten nicht bei der Notenbank holen kann, sondern sich – ebenso wie Unternehmen – am Markt beschaffen muß, wirkt öffentliche Verschuldung nicht inflationär.

Die Europäische Zentralbank wird ebenso wie heute die Bundesbank die Verpflichtung haben, für die Stabilität des Euro zu sorgen. Wenn sie dabei nicht von allen verantwortlichen Stellen unterstützt wird, kann zwar nicht ausgeschlossen werden, daß der Euro weniger wertbeständig ist, als es die D-Mark in der ersten Hälfte der neunziger Jahre war. Es läßt sich aber auch die Meinung vertreten, daß der Euro ein höheres Maß an Stabilität haben wird. Denn der vorgesehene Stabilitätspakt zwingt alle Regierungen der Mitgliedsländer – also auch die Bundesregierung und die Bundesländer –, ihre Verschuldung in wesentlich engeren Grenzen als früher zu halten. Damit ist eine der wichtigsten Quellen der Inflation weit besser unter Kontrolle als früher.

Stabilitätspakt

Was soll mit dem sogenannten Stabilitätspakt erreicht werden?

Auf deutschen Vorschlag hin wurde von den Ländern der EU ein Stabilitätspakt beschlossen. Die wichtigsten Entscheidungen dazu fielen nach längeren politischen Auseinandersetzungen auf der Konferenz der Staats- und Regierungschefs der EU im Dezember 1996 in Dublin. Der Stabilitätspakt soll die Regierungen der an der EWU teilnehmenden Staaten auch nach dem Beitritt verpflichten, die Stabilitäts-

oder Konvergenzkriterien einzuhalten, die im Vertrag von Maastricht niedergelegt sind. Damit soll vor allem verhindert werden, daß einzelne Staaten ihre Haushalte in nicht vertretbarem Maß durch Schuldenmacherei finanzieren.

Regierungen, die über das zulässige Maß hinaus Kredite aufnehmen, müssen dies rechtfertigen oder Bußgelder an die Gemeinschaftskasse zahlen. Damit soll verhindert werden, daß Mitgliedsländer zahlungsunfähig werden. Der künftigen Europäischen Zentralbank ist es nämlich verboten, Budgetdefizite durch Kredite zu finanzieren – also die Haushalte der Mitgliedsländer über die Notenpresse mit Geld zu versorgen. Dadurch wird zwar sichergestellt, daß von der staatlichen Verschuldung keine Gefahren für die Stabilität der Währung ausgehen. Aber es muß verhindert werden, daß einzelne Regierungen als Folge einer übermäßigen Verschuldung zahlungsunfähig werden.

Deshalb wurden für die Obergrenzen staatlicher Verschuldung in Dublin feste Regeln vereinbart: Das Haushaltsdefizit darf drei Prozent (gemessen an der gesamtwirtschaftlichen Leistung des Landes) nicht überschreiten. Eine Ausnahme ist nur zulässig, wenn

- eine ernste Rezession die Ursache ist oder
- wenn die hohe Neuverschuldung durch ein außergewöhnliches Ereignis begründet werden kann, das sich der Kontrolle des betreffenden Mitgliedstaates entzieht (Beispiel: Naturkatastrophe) und zugleich erhebliche Auswirkungen auf die Finanzlage des Staates hat.

Die EU-Kommission muß einen Bericht erstellen, sobald das geplante oder tatsächliche Defizit eines Mitgliedstaates den Referenzwert von drei Prozent überschreitet. Eine Überschreitung der Neuverschuldung von drei Prozent aufgrund einer Wirtschaftskrise wird aber nur dann als Ausnahmefall eingestuft, wenn ein realer Rückgang der gesamtwirtschaftlichen Leistung (BIP) von mindestens zwei Prozent zu verzeichnen ist. Ein Rückgang zwischen 0,75 und zwei Prozent kann nur dann als Ausnahmefall eingestuft werden, wenn das betreffende Land die Notwendigkeit einer höheren Neuverschuldung überzeugend begründen kann.

Kann ein Land dies nicht, wird es ermahnt, seine Haushaltspolitik zu ändern. Kommt es dieser Aufforderung nicht innerhalb der vorgesehenen Frist nach, muß es Bußgelder zahlen. Diese Beträge werden zunächst zinslos eingefroren. Wenn dann innerhalb der dafür vorgesehenen Zeit die Defizite nicht auf das zulässige Maß zurückgeführt werden, verfallen die Bußgelder zugunsten der Gemeinschaftskasse.

Vorteil dieser Regelung: Mit dem Stabilitätspakt setzen sich demokratisch regierte Länder erstmals kontrollierbare und mit Sanktionen versehene Obergrenzen für die öffentliche Verschuldung. Zwar finden sich auch in verschiedenen Verfassungen (wie zum Beispiel im Grundgesetz der Bundesrepublik Deutschland) entsprechende Regelungen. Sie sind aber sehr allgemein gehalten, und ihre Beachtung kann nicht erzwungen werden. Als Folge davon hat die Verschuldung fast aller Demokratien stark zugenommen, da die Ausgabenwünsche der Parlamente nur schwer zu bremsen sind.

Steuern

Ab wann kann oder muß ich meine Steuern in Euro zahlen?

Das war 1998 heiß umstritten, weil einige Bundesländer darauf drängten, den Unternehmen, die intern schon früh voll auf Euro umstellen wollten, die Möglichkeit zu geben, auch ihre Steuererklärungen auf Basis der Gemeinschaftswährung abzugeben. Andere Bundesländer erklärten, daß sie dazu wegen der großen Umstellungsprobleme und aus Mangel an geeigneten Computerprogrammen nicht in der Lage seien. Dies stieß in Kreisen der Wirtschaft auf große Empörung, weil es die Politiker waren, die die Unternehmen stets zu einer frühzeitigen Verwendung der europäischen Währung gedrängt hatten.

In den anderen Mitgliedsländern der EWU hat die öffentliche Verwaltung sich eine möglichst frühzeitige Umstellung auf Euro zum Ziel gesetzt. Bereits im Frühjahr 1998 war klar, daß alle anderen zehn Länder der Währungsunion es ihren Unternehmen und in vielen Fällen auch Privatpersonen möglich machen wollten, bereits ab 1999 ihre Steuererklärungen in Euro zu erstellen und in Euro zu zahlen. Besonders bemerkenswert: Selbst Großbritannien hatte zu diesem Zeitpunkt bereits die Möglichkeit für auf der Insel ansässige Unternehmen geschaffen, Steuererklärungen wahlweise auch in Euro abzugeben!

Für deutsche Lohn- oder Einkommensteuerzahler gilt aber in jedem Fall der halbe Grundsatz „Kein Zwang – keine Behinderung“. Denn sie werden bis zum Jahr 2002 nicht gezwungen, ihre Einkommen- oder Umsatzsteuererklärungen in Euro abzugeben.

Stoxx/EWU-Aktienindex

Wonach kann sich ein Sparer richten, der sich bei seiner Aktienanlage nicht mehr nur auf den Heimatmarkt konzentrieren, sondern europäisch orientieren will?

Im Euro-Land nimmt die Bedeutung der nationalen Aktienmärkte ab. Die Anleger sehen sich statt dessen europaweit nach den für sie interessanten Branchen um. Dafür brauchen Sie Orientierungshilfe, wie sie bisher vor allem die nationalen Indizes wie der Dax in Deutschland, der ATX in Österreich oder der CAC in Frankreich gaben. Die Börsen in Frankfurt, Paris und Zürich haben sich deshalb bereits im Februar 1998 auf gemeinsame Indizes geeinigt, die die Kursentwicklung innerhalb der Länder der Währungsunion und in Europa insgesamt abbilden: auf den „Euro-Stoxx 50" als EWU-Index und den „Stoxx 50" für die gesamte Europäische Union plus Schweiz. Es handelt sich um die 50 Top-Werte aus dem jeweiligen Gebiet. Sie sind für Aktiensparer von besonderer Bedeutung, da diese Unternehmen das Börsengeschehen insgesamt stark beeinflussen und die Kursbewegungen bei den im Index enthaltenen Werten meist ausgeprägter sind als bei den Nebenwerten. Sie haben deshalb ein stärkeres Kurspotential.

Ähnlich wie beim Dax, CAC oder ATX stehen auch die im EWU-Index und Europa-Index enthaltenen 50 Werte im Blickpunkt der Börse, der Fonds und anderer Großanleger. Daher sind sie auch für Anlageentscheidungen von Aktiensparern innerhalb der Währungsunion von wachsender Bedeutung.

Der EWU-Index „Dow Jones Euro-Stoxx 50" enthält die Spitzenwerte der Mitgliedsländer der Währungsunion, darunter elf deutsche Aktiengesellschaften. Der Europa-Index „Dow Jones Stoxx 50" enthält 50 europäische „Börsenschwergewichte" aus der gesamten EU unter Einschluß der Schweiz. In diesem Index sind neun deutsche Werte enthalten (nur Lufthansa und Metro fehlen gegenüber dem Euro-Index). Ausgewählt wurden die Index-Unternehmen unter den Kriterien Marktkapitalisierung, Liquidität und Branchenzugehörigkeit.

Neben den beiden Indizes, die nur „Blue Chips" enthalten, wurde auch noch der „Dow Jones Stoxx" geschaffen, der 666 börsennotierte Unternehmen aus 16 europäischen Ländern umfaßt, sowie der „Dow Jones Euro-Stoxx" mit 326 Unternehmen aus dem EWU-Gebiet (beide etwa vergleichbar mit dem deutschen M-Dax).

Der Euro-Index enthält die folgenden Werte aus dem Gebiet der Währungsunion:

ENERGIE
Royal Dutch Petroleum, Niederlande
ENI, Italien
Société Nationale Elf Aquitaine, Frankreich
Repsol, S.A., Spanien
Petrofina S.A., Belgien

TELEKOMMUNIKATION
Deutsche Telekom AG, Deutschland
France Telecom, Frankreich
Telecom Italia, Italien
Telefónica de España S.A., Spanien
Koninklijke PTT Nederland, Niederlande
Portugal Telecom S.A., Portugal

VERSICHERUNGEN
Allianz AG, Deutschland
Aegon N.V., Niederlande
AXA, Frankreich
Assicurazioni Generali S.p.A., Italien
Fortis AG, Belgien

BANKEN
Deutsche Bank AG, Deutschland
ABN-AMRO Holding N.V., Niederlande
Banco Bilbao Vizcaya, Spanien
Société Géneralé, Frankreich
Credito Italiano S.p.A., Italien
Allied Irish Banks Plc., Irland

AUTOMOBIL
Daimler-Chrysler AG, Deutschland
Fiat S.p.A., Italien

FINANZDIENSTLEISTUNG
ING Groep N.V., Niederlande
Paribas Compagnie Financière de, Frankreich

KONGLOMERATE
Veba AG, Deutschland

TECHNOLOGIE
Siemens AG, Deutschland
Philips Electronics N.V. , Niederlande
Alcatel Alsthom, Frankreich
Nokia Ab Oy, Finnland

CHEMIE
Bayer AG, Deutschland
Akzo Nobel N.V., Niederlande
Air Liquide, Frankreich

KONSUM
L'Oréal, Frankreich
Ahold Kon., Niederlande

VERSORGER
ENDESA, Spanien
Eaux (Cié Générale des), Frankreich
RWE AG, Deutschland
Electrabel, Belgien

EINZELHANDEL
Carrefour, Frankreich
Metro AG, Deutschland

INDUSTRIE
Mannesmann AG, Deutschland
Schneider SA, Frankreich

PHARMA
Rhône-Poulenc SA, Frankreich

NAHRUNG
Unilever Plc., Niederlande
LVMH Moët-Hennesey L. Vuitton, Frankreich

BAU
Compagnie de St. Gobain, Frankreich

MEDIEN
Elsevier N.V., Niederlande

TRANSPORT
Deutsche Lufthansa, Deutschland

Strafzinsen

Ist es möglich, daß in der Schweiz wieder Strafzinsen für Ausländer eingeführt werden?

Das ist durchaus möglich. Falls aus Angst vor der Euro-Währung eine starke Kapitalflucht aus den Ländern einsetzt, die sich für einen Beitritt zur Währungsunion qualifizieren, könnte dies zu einer schweren Bedrohung für die Stabilität der Schweizer Wirtschaft führen. Gegen einen unerwünschten Kapitalzufluß hat sich die Schweiz schon früher unter anderem mit Strafzinsen gewehrt. Das bedeutete, daß zeitweise alle drei Monate das eingezahlte Kapital mit zehn Prozent Strafzins belastet wurde. Auf diese Art können dann innerhalb nur eines Jahres bis zu 40 Prozent des Fluchtkapitals verlorengehen. Hinzu kommen noch Depot- oder Kontoführungsgebühren und eventuell Kursverluste beim Umwechseln des Geldes.

Das sind Verluste, die weit über den Einbußen liegen, die selbst erklärte Gegner der Europäischen Währungsunion als Folge der von ihnen befürchteten steigenden Inflationsraten für möglich halten. Wer den Franken als Fluchtwährung benutzt, wird daher mit hoher Wahrscheinlichkeit weit mehr verlieren als die beim Euro selbst unter ungünstigen Umständen zu befürchtenden Verluste an Kaufkraft.

TARGET

Was ist unter dem Zahlungssystem TARGET zu verstehen?

Hierbei handelt es sich um Hilfsmittel zur sicheren und schnellen Erledigung von Zahlungsvorgängen zwischen den Zentralbanken der Länder, die Mitglieder des Europäischen Währungssystems sein werden. Es wird seit 1996 in Zusammenarbeit zwischen den europäischen Notenbanken und dem Europäischen Währungsinstitut (EWI) in Frankfurt entwickelt und soll eine sichere, rasche und effiziente Abwicklung aller grenzüberschreitenden Zahlungen garantieren sowie eine effiziente Zusammenarbeit der beteiligten Notenbanken bei der Umsetzung der gemeinsamen Geldpolitik gewährleisten.

Fachleute sprechen von einem Echtzeit-Brutto-Zahlungssystem der Zentralbanken. TARGET steht dabei für: Trans-European Automated Real-Time Gross Settlement Express Transfer System.

Die effiziente Durchführung aller Maßnahmen der Geldpolitik und die Verteilung von Zentralbankgeld auf dem europäischen Geldmarkt ist nur mit Hilfe eines leistungsfähigen Großzahlungssystems möglich. Vor Eintritt Deutschlands, Frankreichs und der anderen Länder werden schon heute täglich Hunderte von Milliarden D-Mark im Rahmen des nationalen Zahlungsverkehrs über die Bundesbank und die anderen nationalen Notenbanken geleitet. Entsprechend groß wird das Volumen der Geldströme sein, wenn sie innerhalb der künftigen Währungsunion fließen. Der heutige „Großzahlungsverkehr" über die Grenzen hinweg wird zwar zum Teil über die Notenbanken abgewickelt, findet aber auch über konzerneigene Niederlassungen der privaten Banken, über Korrespondenzbanken oder private Clearingstellen statt. Diese unterschiedlichen Wege verzögern, erschweren und verteuern den Zahlungsverkehr.

Die Abwicklung über TARGET, die von Anfang an ausschließlich in Euro stattfindet, soll den grenzüberschreitenden Zahlungsverkehr effizienter und kostengünstiger organisieren.

Tarife und Gebühren

Müssen auch die Gebühren und Tarife im öffentlichen Bereich wertgleich umgestellt werden?

Hier könnte man mit Radio Eriwan antworten: im Prinzip ja. Denn grundsätzlich muß auch hier das Prinzip der wertgleichen Umstellung gelten. Allerdings ist zu befürchten, daß sich der Staat selbst nicht immer an diese Verpflichtung hält (siehe Bußgelder für Verkehrssünder). Auch bei den kommunalen Gebühren (wie beispielsweise Müllabfuhr, Straßenreinigung, Wasser und Abwasser) muß darauf geachtet werden, daß die kommunalen Monopole nicht die Gelegenheit zu „heimlichen" Gebührenerhöhungen nutzen.

Objektive Probleme gibt es bei der Tarifgestaltung für öffentliche Verkehrsmittel. Bei der Umrechnung der geltenden D-Mark-Fahrpreise in Euro wird es häufig zu „krummen Zahlen" kommen. Wenn eine Fahrkarte für den Bus oder die U-Bahn zum Beispiel zwei D-Mark kostet, dann könnte sich bei der Umrechnung in Euro ein Fahrpreis von 1,02 Euro ergeben. Die Fahrkartenautomaten nehmen aber bisher als kleinste Münzeinheit nur einen Groschen an. Sie müßten für eine „pfennig- oder centgenaue" Umrechnung auf kleinere Münzeinheiten umgerüstet werden. Der bequemere Ausweg für die ohnehin defizitären Verkehrsbetriebe ist eine Erhöhung der Fahrpreise auf runde Summen – also in unserem Beispiel auf einen Preis von 1,10 Euro für das Busticket. Ähnliche Gefahren drohen bei vielen administrierten Preisen.

Tarifpolitik/Lohnpolitik

Wird die Lohnpolitik durch die Bildung der EWU beeinflußt – oder kann umgekehrt die Lohnpolitik die Geldwertstabilität gefährden?

Hierzu gibt es im Vertrag von Maastricht keine Aussage oder Regelung, da die Tarifautonomie respektiert werden muß. Allerdings ist zu bedenken, daß Lohnsteigerungen, die nicht durch eine entsprechend steigende Produktivität gedeckt sind, zu Preissteigerungen führen. Früher konnte versucht werden, die Folgen dieser Geldentwertung für den Export durch eine entsprechende Abwertung der Währung des Landes zu kompensieren. Allerdings führte das dann auch zu entsprechenden Preissteigerungen bei den Importen. Beides zusammen machte die erzielte Lohnsteigerung rasch wieder zunichte, weil der reale Wert der Einkommen entsprechend sank. Davon wurden auch diejenigen in Mitleidenschaft gezogen, die keine entsprechenden Einkommenserhöhungen durchsetzen konnten (wie zum Beispiel Rentner, Studenten, Arbeitslose), sowie die Sparer, deren Vermögen durch die Inflation entwertet wurde.

Zumindest innerhalb der Währungsunion sind in Zukunft (so wie heute schon in Deutschland bei unterschiedlicher Einkommensentwicklung in den verschiedenen Bundesländern) derartige Abwertungen zur Vermeidung von Einbußen im Export nicht mehr möglich. Die Gewerkschaften müssen es sich also doppelt überlegen, ehe sie eine von der Produktivität abgekoppelte Lohnpolitik betreiben. Allerdings läßt sich beobachten, daß die Tarifverträge alter Art an Bedeutung verlieren. Die Zeiten scheinen vorbei zu sein, in denen unabhängig von der Leistungsentwicklung in den einzelnen Unternehmen kartellartige Einkommensvereinbarungen getroffen wurden, die flächendeckend die Kosten erhöhten. Da außerdem der Staat den Tarifvertragsparteien nicht mehr wie früher die Verantwortung für die Folgen ihrer Vereinbarungen zumindest teilweise abnehmen kann, indem er großzügig Subventionen verteilt oder die Währung abwertet, werden Arbeitgeber und Gewerkschaften bei ihren Vereinbarungen in Zukunft im eigenen Interesse vorsichtiger sein müssen. Der Geldwertstabilität kann das nur dienlich sein.

Dennoch bleibt festzuhalten: Wenn die Lohnpolitik keine Rücksicht auf das Ziel der Stabilitätspolitik nimmt, kann es der Europäischen Zentralbank – ebenso wie früher zeitweise der Bundesbank – sehr schwer gemacht werden, ihre gesetzliche Aufgabe zu erfüllen, den Geldwert stabil zu erhalten.

Technisch-organisatorische Umstellungen

Wie umfangreich werden die technischen Maßnahmen zur Umstellung auf den Euro?

Bei Behörden, Institutionen und in den Unternehmen sind Zehntausende von Computerprogrammen umzuschreiben. Allein in der Wirtschaft gibt es rund neun Millionen kommerziell genutzte PC und 200.000 Rechenzentren. Außerdem müssen rund 3,2 Millionen Automaten (für Getränke, Parkgebühren, Fahrkarten, Zigaretten, Spiele), die mit Scheinen und/oder Münzen betrieben werden, umgerüstet werden. Betroffen sind aber auch die 34.000 Geldautomaten der Kreditinstitute sowie die etwa 80.000 Terminals an den Points of sale (POS). Die Kassen müssen aber nicht alle gleichzeitig umgestellt werden, da altes und neues Geld in Form von Buch- und Bargeld längere Zeit nebeneinander verwendet wird. Je nach dem Tempo, mit dem der Euro im Zahlungsverkehr (auch bei Kreditkarten und Pay-Cards) vordringt, kann die Zahl der Kassen, Geldautomaten usw. den Zahlungsgewohnheiten angepaßt werden.

Aber auch Frankiermaschinen, Geldzählgeräte und ähnliche Hardware muß angepaßt werden. Ebenso ist an die Schaffung zusätzlichen Tresorraums zu denken.

Unternehmen, aber auch Selbständige sollten daher rechtzeitig mit den notwendigen Umstellungsmaßnahmen beginnen. Für viele Anbieter ergeben sich neue Chancen aus dieser zusätzlichen Nachfrage. Das gilt insbesondere für Druckereien, Software-Spezialisten, Berater usw.

Teil-Währungsunion

Wäre es nicht korrekter, von einer Teil-Währungsunion zu sprechen?

Das ist richtig, denn an sich haben alle EU-Mitglieder den Vertrag von Maastricht unterschrieben und ratifiziert. Aber Griechenland konnte die Konvergenzkriterien bis zur „Reifeprüfung“ Anfang 1998 nicht erfüllen. Dänemark und Großbritannien haben sich im Vertrag bescheinigen lassen, daß sie auch dann nicht beitreten müssen, wenn sie die Stabilitätsvoraussetzungen erfüllen. Schweden war 1998 immer noch nicht – wie erforderlich – Mitglied des Europäischen Währungssytems (EWS).

Daher ist zunächst nur eine Teil-Währungsunion möglich, der nicht alle EU-Staaten angehören. Aber immerhin umfaßt diese mit rund 300 Millionen Menschen den weit überwiegenden Teil der EU. Zudem bleibt der Beitritt für alle anderen offen – sofern sie ihre Inflationsraten unter Kontrolle halten und ihre öffentlichen Finanzen in den Griff bekommen. In der Zwischenzeit soll durch ein verbessertes Europäisches Währungssystem, das sogenannte EWS II, dafür gesorgt werden, daß der gemeinsame Binnenmarkt so wenig wie möglich durch Wechselkursveränderungen gestört wird. Die für das EWS II geltenden Regeln sollen überdies dazu beitragen, daß alle Mitglieder der Europäischen Union ihre Geld-, Währungs- und Finanzpolitik so weit wie möglich an der Stabilitätspolitik orientieren, zu der sich die Mitglieder der Währungsunion verpflichtet haben. In jedem Fall wird der Euro zur zentralen Währung innerhalb der Europäischen Union. Je enger die noch nicht in der Union Aufgenommenen ihre Währung an diese Leitwährung binden, um so geringer werden die Nachteile sein, die sich aus der währungspolitischen Spaltung der Union ergeben.

Termingeld

Was muß ich bei der Umstellung auf Euro bei meinen Terminanlagen beachten?

Termingelder werden wie alle anderen Guthaben behandelt. Bei Eintritt in die Europäische Währungsunion am 1. Januar 1999 geschieht bei privaten Konten und den meisten Geschäftskonten zunächst nichts, da zu Beginn nur innerhalb des Finanzsektors in Euro abgerechnet wird. Unternehmen und Privatpersonen können selbst entscheiden, wann sie ihre ersten Gehversuche im Bereich des Euro machen wollen.

Die Konten kleiner und mittlerer Unternehmen sowie alle privaten Konten müssen erst im Jahr 2002 bei der allgemeinen Einführung des Euro als gesetzliches Zahlungsmittel umgestellt werden. Es kann auf Wunsch aber auch früher sein.

Transaktionskosten

Welche Transaktionskosten entfallen in der Europäischen Währungsunion?

Zu den Transaktionskosten gehören in diesem Zusammenhang alle Aufwendungen, die einem Unternehmen dadurch entstehen, daß es seine Produkte gegen fremde Währung verkauft und den Erlös in heimische Währung umtauschen muß. Das sind neben den Gebühren für das bloße Umwechseln der in Franc, Gulden, Yen oder Dollar erzielten Erlöse in D-Mark vor allem die Aufwendungen zur Absicherung von Wechselkursrisiken. Denn oft liegen zwischen Vertragsabschluß und Zahlungsvorgang Wochen oder Monate. Bei der Lieferung von Anlagen können sogar Jahre vergehen, bis die letzten Zahlungen eingehen. In dieser Zeit kann sich der Wechselkurs der Währungen stark verändern, und aus dem bei dem Geschäft erhofften Gewinn kann ein schmerzlicher Verlust werden. Das gilt auch umgekehrt, wenn die Lieferung von Rohstoffen, Energie, Teilen oder Fertigwaren aus dem Ausland vereinbart wird. Auch hier kann sich zwischen Vertragsabschluß und Lieferung der Kurs der Währungen verändern. Gegen solche Wechselkursrisiken kann man sich zwar „versichern". Dies geschieht durch Devisentermingeschäfte, Factoring und ähnliche Maßnahmen. Aber das kostet Geld. Die Europäische Kommission schätzt, daß allein innerhalb der Europäischen Union die Wirtschaft für derartige Transaktionskosten (Gebühren für Umtausch plus Kurssicherungsgeschäfte) rund 40 bis 50 Milliarden D-Mark im Jahr aufwenden muß.

Auch Touristen haben Transaktionskosten. Sie werden in der Regel zwar keine Kurssicherungsgeschäfte abschließen. Aber sie verlieren beim Eintausch von D-Mark gegen fremde Währungen und beim Rücktausch jeweils Geld, denn die Wechselstube läßt sich für ihre Dienste bezahlen oder verdient am Unterschied zwischen Sortenkurs und Devisenkurs. Die World Tourism Organization (WTO) hat ausgerechnet, daß jeder Tourist innerhalb der EWU im Durchschnitt 50 D-Mark (oder rund 25 Euro) allein wegen des Wegfalls der verschiedenen Währungen spart.

Der Devisenkurs ist das an den Börsen festgestellte offizielle Austauschverhältnis zweier Währungen. Der Sortenkurs ist der Preis, der beim Umtausch von Bargeld berechnet wird. Auch bei Verwendung von Kreditkarten werden derartige Kosten berechnet. In einer Währungsunion fallen für Unternehmen und Privatleute solche Transaktionskosten ebenso weg wie heute innerhalb der nationalen Währungsräume. Deshalb werden sich die Umstellungskosten der meisten Unternehmen schon nach sehr kurzer Zeit bezahlt machen. So rechnet Daimler zwar mit einmaligen Umstellungskosten von 300 Millionen D-Mark, erzielt aber durch Verwendung des Euro jährlich Einsparungen in der Größenordnung von 100 Millionen – und zwar dauerhaft

Tresorräume

Zeitweise wird es D-Mark und Euro nebeneinander geben. Muß das nicht zu Problemen führen?

Die Doppelwährung wird sicherlich zu einigen Schwierigkeiten führen, auf die sich die betroffenen Unternehmen rechtzeitig vorbereiten müssen, damit sie nicht plötzlich vor kurzfristig kaum lösbaren Problemen stehen. Dazu gehört neben einer planmäßigen Umrüstung von Kassen auch die Anschaffung von geeigneten Münzzählgeräten für den Euro bzw. die neuen Cent-Münzen sowie die Bereitstellung zusätzlicher Tresorkapazitäten. Denn große Unternehmen des Einzelhandels und Banken, aber auch die Post und die Nahverkehrsbetriebe nehmen täglich tonnenweise Münzen ein. Die alten und neuen Geldstücke und Scheine müssen getrennt voneinander gezählt, aufbewahrt und transportiert werden. Eine eventuell erforderliche doppelte Kassenhaltung gehört deshalb bei betroffenen Betrieben ebenso auf die unternehmensinterne Checkliste für die Umstellung der Währung wie die Frage, wann der richtige Zeitpunkt für die Umrüstung der Kassen kommt.

Beispiel: Bei der Umstellung des britischen Geldes auf das Dezimalsystem mußte allein die Barclays Bank Lagerraum für zusätzlich rund 3.500 Tonnen Münzen schaffen.

Übergangsperiode

Wie lang wird die Übergangsperiode sein, in der altes und neues Geld nebeneinander gelten?

Grundsätzlich gilt: Ab 1. Januar 1999 gibt es nur noch eine gemeinsame Währung. Allerdings gelten noch die alten nationalen Geldscheine und Münzen, da erst im Jahr 2002 Geldscheine und Münzen in Form von Euro und Cent ausgegeben werden. Da die bisherigen Währungen aber in einem unwiderruflichen Austauschverhältnis zueinander und zum Euro stehen, stellen sie nur noch verschiedene Formen ein und derselben Währung dar. (So wie zehn Hundert-Mark-Scheine oder 20 Fünfziger auch nur unterschiedliche Stückelungen des gleichen Wertes – nämlich von tausend D-Mark – sind.) Bargeldlos kann schon ab Januar 1999 in Euro gezahlt werden.

Die Übergangszeit, in der alte und neue Münzen und Scheine parallel verwendet werden können, wird maximal sechs Monate dauern. Sie beginnt am 1. Januar 2002 und endet spätestens am 1.7.2002. Die Zeit kann aber auch kürzer werden, um die Belastung einer doppelten Kassenhaltung usw. für den Handel, für Verkehrsbetriebe und andere Stellen mit großem Bargeldeinsatz so gering wie möglich zu halten. Die Entscheidung, wie lange die Übergangsfrist dauern soll, kann jedes Mitgliedsland treffen. Vieles spricht für eine schnelle Lösung, den Big Bang.

Bis zum Jahr 2002 wird die Bedeutung von Bargeld allerdings abnehmen, da durch den Einsatz von Kreditkarten, Cash-Cards und ähnlichen Instrumenten mit Zahlungsfunktion selbst an Fahrkartenautomaten, in Parkhäusern oder Telefonzellen immer weniger „Bares“ eingesetzt wird.

Überschußbeteiligung

Kann sich durch die Währungsunion etwas an der Überschußbeteiligung bei meiner Lebensversicherung ändern?

Im Prinzip nicht. Die Versicherungen werden ihre Kunden nach wie vor an den Überschüssen beteiligen, die sie durch die Anlage der Beitragszahlungen auf dem Kapitalmarkt erwirtschaften. Viele der Unternehmen hoffen sogar, nach Eintritt in die Währungsunion bessere Erträge als zuvor erzielen zu können. Sie erwarten in dem erweiterten Währungsgebiet bessere und zusätzliche Möglichkeiten der Kapitalanlage. Hinzu kommen deutliche Kosteneinsparungen dadurch, daß die Versicherungen ihre Geldanlagen nicht mehr durch Kurssicherungsgeschäfte gegen die zuvor immer wieder auftretenden Währungsschwankungen absichern müssen. Das kann zu höheren Auszahlungen bei Fälligkeit der Lebensversicherung führen.

Die Überschußanteile, die bereits gutgeschrieben wurden, bleiben in jedem Fall erhalten. Anders als bei Aktien oder Immobilienwerten, die auch in nationalem Geld gerechnet immer wieder Kurs- oder Preisschwankungen unterliegen, bleiben bei Lebensversicherungen bereits erreichte Gutschriften als Vermögenswert konstant. Sie werden bei Einführung der Euro-Währung lediglich umgerechnet. Ihr realer Wert, die Kaufkraft, bleibt also unverändert.

Bei der Wiederanlage der Überschußanteile können die Lebensversicherer die neuen Möglichkeiten im erweiterten europäischen Kapitalmarkt nutzen. Das kann zu höheren Erträgen und damit zu einer verbesserten Überschußbeteiligung führen.

Hinweis: Bis zum Jahr 2002 kann jeder Versicherte entscheiden, ob er fällige Leistungen in Euro oder in D-Mark erhalten möchte. Unabhängig davon, wie der Betrag überwiesen wird, schreiben Banken und Sparkassen ihn in der Währung gut, in der das Konto des Kunden geführt wird. Wertmäßig spielt das keine Rolle, da der Euro-Betrag die gleiche Kaufkraft hat wie der etwa doppelt so hohe D-Mark-Betrag.

Überweisungen

In welcher Währung müssen Überweisungen vorgenommen werden?

Das bleibt grundsätzlich dem Bankkunden überlassen. Unabhängig davon, in welcher Währung der Zahlungspflichtige oder der Zahlungsempfänger ihre jeweiligen Konten führen, kann der Betrag entweder in D-Mark oder Euro überwiesen werden. Der Auftrag wird von der eigenen Bank oder Sparkasse so wie gewünscht ausgeführt. Die Gutschrift erfolgt wiederum unabhängig davon in der Währung, in der der Empfänger sein Konto führt (Euro oder D-Mark). Allerdings muß auf jedem Überweisungsträger klar vermerkt werden, in welcher Währung der angegebene Betrag überwiesen werden soll. Das liegt vor allem auch im Interesse des Zahlungspflichtigen. Denn wird versehentlich Euro statt D-Mark vermerkt und überwiesen, wird wertmäßig rund die doppelte Summe vom Konto abgebucht.

Der Kontoauszug weist in jedem Fall aus, in welcher Währung die Überweisung in Auftrag gegeben wurde. So kann der Empfänger kontrollieren, ob die Überweisung und Umrechnung korrekt vorgenommen wurden. Um dies deutlich erkennbar zu machen, gibt es neue Vordrucke für inländische Überweisungen, Schecks und Lastschriften, in denen neben dem Betrag aber unbedingt die jeweilige Währung vermerkt werden muß. Bei Überweisungen in andere EWU-Länder erfolgt die Umrechnung immer über den Euro, nicht mehr wie früher über die bilateralen Kurse (Verbot inverser Umrechnungen).

Hinweis: Es ist unbedingt ratsam, eine Überweisung – unabhängig von der eigenen Kontowährung – immer in der Währung (D-Mark oder Euro) auszuführen, die auch in der Rechnung angegeben ist. Der Zahlungspflichtige muß dann nicht selbst umrechnen. Das vermeidet Fehler und Mißverständnisse, erleichtert die Buchung und führt beim Umrechnen zu keinen Rundungsdifferenzen. Überdies ist es für den Zahlenden und den Empfänger dann wesentlich leichter, Rechnungen und Überweisungen bei der Rechnungseingangskontrolle oder bei der Kontoprüfung einander zuzuordnen. Wertmäßig hat keiner der beiden durch die Wahl der einen oder anderen Währung einen Vor- oder Nachteil.

Überweisungsformulare

Wie werden die Zahlungsträger in der Übergangszeit aussehen?

Ab Anfang 1999 müssen von allen Kunden neue Überweisungsformulare benutzt werden – unabhängig davon, ob sie ihr Konto noch in D-Mark oder schon in Euro führen. Um während der Übergangszeit bis 2002 bei Überweisungen feststellen zu können, in welcher Währung der Zahlungsvorgang stattfinden soll, muß zweifelsfrei zu erkennen sein, welche Währung (D-Mark, Franc, Schilling, Gulden usw. oder Euro) jeweils vom Zahlungspflichtigen gemeint ist. Deshalb mußten für die elektronische Bearbeitung der Überweisungen oder Abbuchungen entsprechende Formulare mit einem Währungsfeld geschaffen werden, das in jedem Fall ausgefüllt werden muß. Denn ohne eindeutige Währungskennzeichnung weiß die Bank oder Sparkasse nicht, ob sie den Auftrag in D-Mark oder Euro ausführen soll.

Auf ec-Schecks muß im Währungsfeld ebenfalls die Währung vermerkt werden. Dies ist aber nicht neu, da diese Schecks in vielen Ländern verwendet werden können und jeweils in Landeswährung ausgestellt werden müssen.

Umrechnung in Euro

Wie werden die alten nationalen Währungen in die gemeinsame Euro-Währung umgerechnet?

Bei Einführung des gemeinsamen Geldes werden alle Geld- oder Zahlungsgrößen (Löhne, Preise, Renten, Zinsen, Guthaben, Wertpapierkurse, Schulden, Mieten, Steuern usw.) bis spätestens 2002 nach einem festen Schlüssel in die neue Währung umgerechnet. Der Umrechnungsfaktor wird in jedem Land anders sein. Dabei wird der unterschiedliche Wert von D-Mark, Franc, Gulden, Schilling oder Krone zum Zeitpunkt der Wechselkursfixierung berücksichtigt, wie er sich auch in den bis dahin geltenden Leitkursen des Europäischen Währungssystems widerspiegelte.

Die Umstellung findet in vielen Fällen erst am Ende der Übergangszeit statt. Zunächst wird nur im Finanzsektor, bei den europäischen Behörden und in Großunternehmen in Euro gerechnet. Handwerker und andere kleine Betriebe sowie Privatpersonen können weiter die bisherigen Währungen verwenden. Sie können weitgehend selbst bestimmen, wann sie zum Euro übergehen.

Da die Kurse zwischen den Währungen der teilnehmenden Länder untereinander und zum Euro unwiderruflich fixiert sind, spielt es keine Rolle, in welcher Währung abgerechnet wird. Es ist ähnlich wie bei Pfund und Kilo oder bei PS und Kilowatt: Es handelt sich nur noch um unterschiedliche Maßeinheiten für die gleiche Größe oder Menge:

10 Kilo sind gewichtsmäßig soviel wie 20 Pfund,
150 PS bedeuten ebensoviel an Motorenleistung wie 110 kW, und
100 D-Mark haben die gleiche Kaufkraft wie der halbe Betrag in Euro.

Da das langjährige Kursverhältnis der D-Mark zum französischen Franc rund 1:3 betrug und zum österreichischen Schilling etwa 1:7, werden Franzosen dreimal mehr Francs und Österreicher siebenmal mehr Schilling für einen Euro zahlen müssen als ein Deutscher in D-Mark gerechnet. Auf der Grundlage der Leitkurse im EWS mußte 1998 für einen ECU (der 1:1 im Euro aufgeht) zahlen:

ein Deutscher	1,95761	D-Mark
ein Franzose	6,3186	Francs
ein Österreicher	13,9119	Schilling
ein Niederländer	2,22799	Gulden
ein Belgier	40,7844	belgische Francs
ein Finne	5,01125	Finnmark
ein Ire	0,796244	irische Pfund.

Doch es sieht nur rein rechnerisch so aus, als ob die Iren weniger zahlen müßten als alle anderen. Am Verhältnis der Kaufkraft ändert sich nichts, denn in Irland müssen alle Preise, Mieten usw. bei der Umrechnung in Euro erhöht werden, während sie in den anderen Ländern optisch niedriger sein werden als vorher. Das bedeutet zugleich, daß sich auch an den Einkommens- und Vermögensverhältnissen innerhalb der Union durch die Umstellung der Währung real nichts verändert. Wenn zum Beispiel der Lohn eines französischen Lehrers oder Busfahrers vorher um zehn Prozent niedriger war als der entsprechende Lohn des jeweiligen deutschen Kollegen, dann wird dieser Unterschied durch die Umrechnung nicht verändert. Die Franzosen werden auch nach der Umstellung in Euro-Geld gerechnet zehn Prozent weniger verdienen. Es handelt sich also um eine rein technische Umstellung, die – anders als beim Beitritt der neuen Länder zur Bundesrepublik – auch nicht mit einer Anpassung von Löhnen oder sozialen Leistungen verbunden ist.

Da die Umrechnungsfaktoren allgemein bekannt sind, kann jeder Kunde, Mieter, Arbeitnehmer oder Sparer jederzeit nachrechnen, ob die alte Währung von seinem Arbeitgeber, Einzelhändler, Vermieter oder Kreditinstitut korrekt in Euro umgerechnet wurde. Kleinere Auf- und Abrundungen bei der Preisumstellung an der zweiten Stelle hinter dem Komma gleichen sich aus.

Umrechnungsfaktoren

Wie werden die alten nationalen Währungen in die gemeinsame Euro-Währung umgerechnet?

Das Verhältnis der nationalen Währungen untereinander wird durch die Leitkurse im Europäischen Währungssystem (EWS) bestimmt, die schon einige Jahre vor Beginn der Währungsunion die Richtschnur für die Notenbanken waren. Wegen der Annäherung der wirtschaftlichen Entwicklung innerhalb der EU mußten die Notenbanken immer weniger eingreifen, um die Kursbewegungen innerhalb der zulässigen Schwankungsbreiten um die Leitkurse zu halten.

Beim Europäischen Gipfel Anfang Mai wurde vom Rat daher beschlossen, die Leitkurse des EWS als unwiderruflich fixierte Kurse für den Umtausch der einzelnen nationalen Währungen untereinander festzulegen. Das bedeutet: ab 1999 keine schwankenden Kurse mehr zwischen diesen Währungen, die an den Devisenbörsen ermittelt werden, sondern nur noch ein feststehendes Umtauschverhältnis. Es wird sich bis 2002, wenn die alten nationalen Währungen ihre Funktion als gesetzliches Zahlungsmittel verlieren, nicht mehr verändern. Danach spielen die Leitkurse keine Rolle mehr, da alle 290 Millionen Menschen innerhalb der Währungsunion nur noch mit einer Währung zahlen, dem Euro. Auf Basis der Leitkurse wird die

D-Mark beim Umtausch in die alten nationalen Währungen der Partnerländer bis zum Jahr 2002 folgendermaßen umgerechnet:

Für eine D-Mark werden beim Umtausch gezahlt:	
Belgische Francs*	20,625500
Luxemburgische Francs*	20,625500
Französische Francs	3,353860
Spanische Peseten	85,072200
Irische Pfund	0,402676
Italienische Lire	990,002000
Holländische Gulden	1,126740
Portugiesische Escudos	102,505000
Österreichische Schilling	7,035520
Finnische Mark	3,040010

* Zwischen Belgien und Luxemburg besteht seit Jahrzehnten eine Währungsunion, daher identischer Umrechnungskurs.

Da der Wert bzw. die Kaufkraft von D-Mark, Lira, Gulden, Franc oder Peseta höchst unterschiedlich ist, muß auch ihr Euro-Kurs verschieden sein. Beispiel: Da das langjährige Kursverhältnis der D-Mark zum französischen Franc rund 1:3 betrug und beim österreichischen Schilling bei etwa 1:7 lag, müssen Franzosen dreimal mehr Francs und Österreicher siebenmal mehr Schilling für einen Euro zahlen als ein Deutscher in D-Mark gerechnet.

Ausblick:

- Schon seit dem 4. Mai 1998 werden Euro an den Finanzmärkten (inoffiziell) gehandelt. Bis Ende 1998 erfolgt der Handel an den Devisenbörsen in den alten nationalen Währungen der elf Mitgliedsländer. Kursbewegungen sind noch möglich. Die Notenbanken achten aber darauf, daß sich die Kurse immer weniger von den Leitkursen entfernen. Notfalls greifen sie ein.
- Ab Januar 1999 gibt es keinen Handel mehr mit den alten Währungen an den Devisenbörsen. Ihre Umtauschverhältnisse sind untereinander (in Höhe der Leitkurse) unwiderruflich fixiert, der Euro-Kurs ebenfalls. Sie sind nur noch ein anderer Ausdruck für den Euro (nichtdezimale Denomination). Allein der Euro wird gegen Dollar, Yen, Schweizer Franken, Pfund oder andere Währungen an den internationalen Devisenbörsen gehandelt.
- Spätestens am 1. Juli 2002 verlieren alle alten Währungen ihren Status als gesetzliche Zahlungsmittel. Die Leitkurse spielen dann keine Rolle mehr.

Umtauschkurse

Siehe Fixierung der Umtauschkurse

Umstellungskosten bei Unternehmen

Mit welchen Kosten muß in Unternehmen bei der Umstellung auf Euro gerechnet werden?

Das läßt sich nicht allgemein sagen, sondern hängt von der Art des Unternehmens, von der Größe und Branche sowie vor allem vom Umfang des Geschäfts mit anderen EU-Staaten ab. In jedem Fall müssen aber alle Computerprogramme, bei denen Geldgrößen eine Rolle spielen (wie Rechnungswesen, Lohnbuchhaltung, Mahnwesen, Kalkulation oder Zahlungsverkehr) ebenso von D-Mark auf Euro umgestellt werden wie zahlreiche Formulare. Dazu gehören Gehaltsabrechnungen, Preislisten oder Werbematerial mit Preisangaben. Insbesondere die Datensatzstruktur für Überweisungen muß frühzeitig angepaßt werden.

Neben solchen Maßnahmen, die in jedem Unternehmen notwendig sind, gibt es spezielle Überlegungen für jene Betriebe, in denen Kassen und Automaten umgestellt werden müssen oder die mit Frankiermaschinen arbeiten. Erhebliche Kosten kann auch die notwendige Schulung der Mitarbeiter verursachen. Noch teurer kann es allerdings werden, wenn die Beschäftigten in den Abteilungen, die in erster Linie von der Umstellung berührt werden, nicht rechtzeitig und umfassend vorbereitet werden.

Große Banken und Versicherungen rechnen mit zweistelligen Millionenbeträgen – die Dresdner Bank zum Beispiel mit rund 150 Millionen D-Mark. Sie müssen Millionen Konten und Versicherungsverträge umstellen, Hunderte von Computerprogrammen anpassen und in der Übergangszeit von 1999 bis 2002 mit der Mehrzahl ihrer Kunden noch in nationaler Währung abrechnen, während intern der gesamte Zahlungsverkehr bereits auf Euro umgestellt ist. Dies geht nur mit Hilfe sogenannter Konvertoren und anderer spezieller Programme für die Datenverarbeitung. Die meisten Kosten werden aber durch die Schulung der Mitarbeiter entstehen, denn diese müssen nicht nur lernen, wie sie die korrekte Umstellung von D-Mark auf Euro vorzunehmen haben. Noch wichtiger ist, daß sie Kunden kompetent und umfassend Auskunft zu allen Fragen rund um den Euro geben können. (Wenn ein großes Unternehmen der Autoindustrie derzeit währungsbedingte Kosten von rund 400 Millionen D-Mark im Jahr hat, die Umstellungskosten aber unter 200 Millionen D-Mark liegen, errechnet sich schon im ersten Jahr der Währungsunion ein Nettogewinn.)

Ähnlich ist es bei exportorientierten Unternehmen. Sie müssen sich nicht nur mit Abnehmern, Lieferanten, Banken und Behörden im künftigen Euro-Gebiet über die Modalitäten der Umstellung abstimmen. Auch bei Verhandlungen mit Geschäftspartnern in Drittländern, die meist nur unvollkommen über die Europäische Währungsunion und den Ablauf der Währungsumstellung informiert sind, dürfen sie keine falschen Angaben machen. Um spätere Irritationen oder gar Rechtsstreitigkeiten zu vermeiden, sollten schon im Vorfeld der Währungsunion die notwendigen Vertragsanpassungen vorgenommen werden.

Entsprechende Verpflichtungen gibt es auch gegenüber den eigenen Mitarbeitern. Sie sollten so früh wie möglich über die Umstellungsmaßnahmen informiert werden, die sie betreffen. Fragen dazu kommen mit Sicherheit:

- Ab wann kann oder muß das Gehalt in Euro gezahlt werden?
- Wie ist es mit den Sozialabgaben und Steuern?
- Bedeutet ein niedrigerer Zahlbetrag in Euro, daß die Löhne gesenkt werden?
- Sollte jeder neben dem D-Mark-Konto auch ein auf Euro lautendes Konto haben, oder übernehmen Sparkassen und Banken die ganze Umstellung?

Auf diese und andere Fragen müssen das Management und die unmittelbaren Vorgesetzten korrekte Antworten geben können.

Der Aufwand für die Umstellung wird in den meisten Unternehmen zwar bei weitem geringer sein als innerhalb des Finanzsektors und schon auf mittlere Sicht durch die Vorteile der EWU überkompensiert werden. Aber das hängt nicht zuletzt davon ab, ob rechtzeitig und planmäßig oder spät und unter Zeitdruck gehandelt wird. Denn entweder setzen die Umstellungsmaßnahmen – wie etwa die Mitarbeiterschulung – ausreichend Zeit voraus, oder sie werden sehr teuer, weil kurz vor der Umstellung auf die europäische Währung alle Beratungsorganisationen, Software-Häuser oder Druckereien bis an die Grenze ihrer Kapazität ausgelastet sein werden. Das wird sich für Nachzügler oft in höheren Preisen niederschlagen oder sogar dazu führen, daß sie in eine kritische Lage geraten.

Vor allem bei Unternehmen mit starken Kunden-/Lieferanten-Beziehungen zu Ländern, die Mitglieder der EWU sind, wird die Kostenbelastung bei der Umstellung schnell durch die Vorteile der gemeinsamen Währung kompensiert. Ein großes Unternehmen der Automobilbranche kalkuliert, daß ihm durch Währungsschwankungen jährlich rund 500 Millionen D-Mark an Kosten bzw. Verlusten entstehen. Bei der Kfz-Branche insgesamt machen die währungsbedingten Einbußen rund vier Milliarden D-Mark im Jahr aus. Ein großer Teil dieser Kosten entsteht im Geschäftsverkehr mit Ländern, die sofort oder später der Währungsunion angehören werden.

Nicht in der gleichen absoluten Höhe, aber relativ ebenso stark werden sich die Einsparungen auch bei kleinen und mittleren Unternehmen bemerkbar machen, die einen Teil ihrer Produkte in den Nachbarländern absetzen oder dort ihre Lieferanten haben. Noch wichtiger ist der einheitliche Währungsraum, wenn in anderen EU-Ländern eigene Produktionsstätten oder Vertriebsnetze bestehen. Bei Betrieben oder bei Selbständigen, die überwiegend oder ausschließlich für den nationalen Markt arbeiten, stehen den einmaligen Umstellungskosten keine derartigen Entlastungen gegenüber. Sie können sich nur damit trösten, daß die Bildung der Europäischen Währungsunion der Wirtschaft insgesamt zu mehr Stabilität und stärkerem Wachstum verhelfen soll. Davon werden sie indirekt zweifelsohne profitieren. Allerdings werden sich bei dieser Gruppe von Unternehmen auch die Umstellungskosten in überschaubaren Grenzen halten.

Das wird allerdings nicht zuletzt davon abhängen, ob die erforderlichen Maßnahmen planmäßig und frühzeitig ergriffen werden. Deshalb sollte sich jeder Selbständige oder Mittelständler ebenso wie die Großunternehmen schon jetzt auf die erforderlichen Umstellungsmaßnahmen vorbereiten. Am Anfang sollte dabei eine Euro-Checkliste stehen, damit keine der erforderlichen Maßnahmen vergessen und keiner der von der Währungsumstellung berührten Unternehmensbereiche übersehen wird.

Umstellungsmaßnahmen im Betrieb

Welche Umstellungsmaßnahmen sind bei Unternehmen, Kommunen und anderen staatlichen Stellen erforderlich?

Obwohl es sich bei der Einführung des Euro nur um eine Währungsumstellung und in keiner Weise um eine Währungsreform handelt, wirkt sie sich in vielfältiger Weise auf die internen Vorgänge in Unternehmen sowie auf die Kunden- und Lieferantenbeziehungen aus. Aber auch Kommunen, Finanzämter und andere Behörden müssen rechtzeitig neue Formulare erstellen, Vorschriften ändern oder die Tarife anpassen. Dienstleister wie die Deutsche Post AG oder die Telekom müssen ihren Kunden sagen, wann bei Briefmarken der Wert in Euro angegeben wird oder wie und wann die Telefonrechnung auf die neue Währung umgestellt werden soll.

Auch Unternehmen, die nur regional tätig sind oder allein für deutsche Abnehmer produzieren, sind von der Umstellung auf Euro in vielfältiger Form betroffen und müssen die notwendigen Umstellungsmaßnahmen rechtzeitig planen. Das gilt erst recht für Betriebe, die ihre Kunden und Lieferanten im gesamten Euro-Währungsgebiet haben oder auf Drittmärkten engagiert sind. Für Konzerne ebenso wie für Handwerksbetriebe, Einzelhändler oder Freiberufler stellen sich eine Fülle von Fragen und Aufgaben. Dazu gehören unter anderem:

- Wie und in welcher Zusammensetzung werden abteilungsübergreifend Arbeitsgruppen zur Identifizierung und Lösung der Umstellungsprobleme gebildet?
- Soll ein Euro-Beauftragter ernannt werden?
- Wie wird die Anpassung der EDV organisiert, welche Computerprogramme müssen umgeschrieben oder ersetzt werden?

- Soll statt der bisher genutzten spezifischen (und oft nicht mehr zeitgemäßen) Software aus Anlaß der Währungsumstellung auf moderne Standardprogramme umgestellt werden?
- Wie steht es um das Management offener Devisengeschäfte?
- Sollen D-Mark- und Euro-Konten parallel geführt werden?
- Rechnungswesen: Wie und wann wird die Kreditoren- und Debitorenbuchhaltung umgestellt?
- Was geschieht mit den „historischen" Daten des Rechnungswesens?
- Steuerzahlungen: Wann wird auf Euro umgestellt, wie sehen die Formulare aus?
- Interne Kostenverrechnung mit Auslandstöchtern im künftigen Euro-Währungsgebiet: Welche organisatorischen Änderungen sind notwendig?
- Wann sollen oder müssen die D-Mark-Schlußbilanz und die Eröffnungsbilanz in Euro erstellt werden?
- Welche Software-Firmen werden beauftragt und wann, damit es keine Verzögerungen wegen Überlastung gibt?
- Inwiefern ist die Kalkulation von Investitionsentscheidungen betroffen?
- Wie steht es um die Umstellung bei der Rechnungserstellung (Fakturierung)?
- Müssen Vertragsanpassungen mit Geschäftspartnern außerhalb der EWU vorgenommen werden?
- Sind eventuell Anpassungen der Zinstage notwendig?
- Kann die Zahl der Bankverbindungen (in anderen Euro-Ländern) reduziert werden?
- Wie werden Rundungsprobleme (siehe auch Dezimalstellen) bei der Umrechnung von Preisen, Löhnen, Zinsen, Prämien, Sozialleistungen, Betriebsrenten usw. gelöst?
- Doppelte Preisauszeichnung: ja oder nein?
- Ist eine neue Einteilung von Vertriebsgebieten notwendig, da Währungsgrenzen innerhalb der EWU keine Rolle mehr spielen?
- Kommunikationspolitik: Wie werden Kunden, Lieferanten, Kreditinstitute und Mitarbeiter über die geplanten Maßnahmen informiert?
- Wann beginnt die Mitarbeiterschulung, wie und von wem wird sie durchgeführt?
- Welche Antworten sollen Mitarbeiter auf Kundenfragen geben?
- Wie wird die Umstellung der Lohn- und Gehaltsabrechnung organisiert?
- Wann erfolgt die Umstellung der betrieblichen und überbetrieblichen Sozialleistungen?
- Wichtig für den Einzelhandel: Wann und wie werden die Kassen von D-Mark auf Euro umgerüstet? Müssen Scannerkassen umgestellt werden?
- Was geschieht mit Point-of-sale-Kassen?
- Ist bis zur Umstellung auf Euro mit neuen Zahlungstechniken zu rechnen (PayCard, Kreditkarten usw.)?
- Automaten: Gibt es Geldautomaten, die umgerüstet werden müssen?

- Doppelte Kassenhaltung: Sind zusätzliche Tresorräume erforderlich, wenn neben D-Mark in der Übergangszeit auch Euro-Münzen gelagert werden müssen?
- Wann gibt es erste Mustersätze der neuen Münzen, um die mechanischen und elektronischen Prüfgeräte der Automaten anzupassen?
- Wie sieht der Zeitplan für die Diskussion, Planung, Information und Durchführung der hier genannten Punkte aus – soweit sie auf das jeweilige Unternehmen zutreffen?
- Welche Stichtage gibt es für die Umstellung?
- Welche Prioritäten müssen gesetzt werden?

Für die Organisation der Umstellung empfiehlt es sich, die innerbetriebliche Vorbereitung der Währungsunion zur Chefsache zu machen und einen Euro-Beauftragten zu ernennen. Zur Lösung von Spezialfragen sollten rechtzeitig externe Berater verpflichtet und die Informationsangebote der Industrie- und Handelskammern sowie der Banken und Sparkassen genutzt werden. Aufträge an Druckereien und Software-Häuser sollten sehr frühzeitig vergeben werden, da diese in der Endphase überlastet sein werden. Von den Vorteilen der Europäischen Wirtschafts- und Währungsunion werden vor allem die Unternehmen, Experten und Berater profitieren, die sich rechtzeitig und planmäßig darauf einstellen.

Urlaub

Ab wann kann (oder muß) bei Reisen in andere EWU-Länder mit Euro bezahlt werden?

Auch hier gilt: Kein Zwang – keine Behinderung. Ebenso wie in Deutschland wird es in den zehn Partnerländern Einzelhandelsgeschäfte, Restaurants oder Hotels geben, die zu den Nachzüglern bei der Umstellung gehören. Dennoch ist es ebenso wie im Inland bei Reisen in die Nachbarländer schon vor 2002 immer häufiger möglich, beim Einkaufen, in Bars oder Gaststätten, bei Bahnen und Fluggesellschaften mit Euro (unbar) zu zahlen. Preisangaben in Euro machen in vielen Geschäften Vergleiche mit heimischen Angeboten leichter. Die deutschen Reiseveranstalter allerdings haben angekündigt, daß sie die Preise für Pauschalpreisen in ihren Katalogen erst im Jahr 2000 in Euro ausdrucken werden. Sie argumentieren ebenso wie der Versandhandel, daß in den Katalogen kein Raum für eine doppelte Preisauszeichnung sei.

Allerdings werden viele Touristen darauf drängen, daß Preise auch in Euro angegeben werden, da sie dann leichter vergleichen können. Dies gilt insbesondere für Amerikaner und Japaner, die oft innerhalb weniger Tage mehrere Länder besuchen und sich nicht jedesmal an eine andere Währung gewöhnen wollen.

Da zudem eine ständig wachsende Zahl von Hotels, Restaurants, Flug- und Bahngesellschaften ihre Angebote per Internet verbreiten, ist zu erwarten, daß auch immer mehr Angebote auf Euro-Basis gemacht werden. Denn dann fällt es einem Interessenten viel leichter, Angebote aus Spanien, Italien oder Frankreich ohne lange Umrechnerei miteinander zu vergleichen. Das wird Druck auf Wettbewerber ausüben, es ebenso zu machen. In Frankreich hat sich der Touristenort Sarlat bereits 1998 ganz auf Euro eingestellt: In allen Einzelhandelsgeschäften, Hotels und Restaurants werden die Preise auch in Euro angegeben. Ab 1999 kann per Scheck oder Kreditkarte überall tatsächlich damit gezahlt werden.

Im Geldbeutel müssen Reisende aber bis 2002 immer noch etwas Geld des jeweiligen Landes haben. An vielen Stellen wird es weiterhin notwendig sein, bar zu zahlen: an Park- und Zigarettenautomaten, beim Kauf von Postkarten und Briefmarken, bei Trinkgeldern usw.

Um kleine Summen geht es bei den Ausgaben der Touristen nicht: Insgesamt gaben allein die deutschen Reisenden 1997 über 70 Milliarden Mark im Ausland aus, davon 50 Milliarden in EU-Ländern. Ein Teil davon ging für Transaktionskosten drauf. Nach Rechnung der World Tourism Organisation werden Reisen in Europa nach voller Einführung des Euro pro Kopf im Durchschnitt um 50 D-Mark (oder 25 Euro) billiger.

Auch Pauschalreisen innerhalb der EWU können billiger werden. Solange die Kurse noch schwanken, müssen die Veranstalter erhebliche Kurssicherungskosten aufwenden – oder mit ausreichend Luft in den Preisen kalkulieren. Denn sie müssen ihre Betten viele Monate im voraus einkaufen und dann im Katalog zu festen Preisen anbieten. In der Zwischenzeit kann es aber zu erheblichen Wechselkursänderungen kommen.

Hinweis: Da es ab 1999 keine Wechselkursschwankungen mehr gibt, muß sich niemand mit dem Rücktausch von Lire, Peseten, Francs oder Escudos beeilen. Es gibt unwiderruflich festgelegte Kurse für die Umrechnung. Selbst wenn sich nach dem Jahr 2000 noch ein paar Scheine in einer Schublade finden, können sie in jedem Land der EWU gegen Euro gewechselt werden.

Verkehrstarife

Fahrkarten werden oft an Automaten bezahlt. Wie geht die Umstellung bei den Tarifen für Bahn und Bus vor sich?

Das ist in der Tat ein Problem. Denn erstens müssen alle Automaten rechtzeitig auf die Umstellung vorbereitet werden. Zweitens muß darauf geachtet werden, daß die öffentlichen und privaten Verkehrsunternehmen im Gegensatz zum Einzelhandel nicht generell aufrunden und sich damit einen Vorteil bei der Umstellung verschaffen, denn die soll überall wertgleich sein.

Das wäre aber schwierig, wenn die Fahrkartenautomaten weiterhin nur „Zehner" als kleinste Münze annehmen. Denn bei einer Busfahrt, die heute für ein Kind 1,80 und für einen Erwachsenen 3,60 D-Mark kostet, kann sich bei der Umrechnung in Euro ein Preis von 0,92 bzw. 1,84 Euro ergeben. Das bedeutet: Entweder müssen die Kassenautomaten auch Münzen im Wert von ein, zwei oder fünf Cent annehmen, oder der Fahrpreis muß auf- oder abgerundet werden.

Ähnliche Fragen stellen sich auch bei vielen anderen Tarifen, Gebühren oder Bußgeldern und Strafen, die von Bund, Ländern und Gemeinden erhoben werden. Im Bereich der administrierten Preise müssen die Bürger also aufpassen, daß sich nicht ausgerechnet Vater Staat an der Umstellung auf den Euro bereichert.

Versicherungen

Werden Versicherungsverträge ungültig, wenn sich die Währung ändert, in der sie abgeschlossen wurden? Müssen die Konditionen neu ausgehandelt werden?

Auch für Versicherungsverträge gilt der Grundsatz der Vertragskontinuität. Weder der Versicherte noch das Unternehmen können allein unter Hinweis auf den Ersatz der D-Mark durch den Euro bestehende Verträge kündigen. Das gilt für die Kfz-Versicherung ebenso wie beispielsweise für die Feuerversicherung, die Haftpflicht, die Hausratversicherung, Lebensversicherungen, Reiseversicherungen oder die Hundehalterversicherung usw. Auch an den vereinbarten Konditionen dürfen allein unter Hinweis auf die Währungsumstellung von keiner Seite einseitige Änderungen vorgenommen werden.

Notwendig und zulässig ist aber eine Umstellung aller auf D-Mark lautenden Versicherungsverträge auf Euro. Dies kann – muß aber nicht – schon Anfang 1999 stattfinden. Die Umstellung muß jedoch spätestens im Jahr 2002 erfolgen, weil dann der Euro die alten nationalen Währungen in allen Bereichen ablöst.

Bis dahin können alle Versicherungsbeiträge (Prämien) oder Auszahlungen wahlweise in D-Mark oder Euro erfolgen. Während große Unternehmen schon sehr früh den Euro als „Hauswährung" nutzen wollen, werden viele Privatpersonen ihre Konten zunächst weiterhin in D-Mark führen. Unabhängig davon, ob die Versicherungsprämien jeweils bei Fälligkeit eingezahlt oder per Dauerauftrag überwiesen werden, muß daran zunächst nichts geändert werden.

Hinweis: Sie müssen bei Überweisungen und Daueraufträgen aber jeweils im Währungsfeld angeben, ob der Auftrag in Euro oder D-Mark ausgeführt werden soll. Die Banken und Sparkassen wandeln die Beitragszahlungen dann automatisch und wertgleich in die Währung um, die das Versicherungsunternehmen als Hauswährung hat. Wenn Sie als Versicherungsprämie weiterhin den vertraglich fixierten D-Mark-Betrag überweisen, die Versicherung aber intern bereits auf die Europawährung umgestellt hat, so wird die Bank ihr den entsprechenden Betrag auch in Euro gutschreiben (der Summe nach also rund die Hälfte des angewiesenen D-Mark-Betrages).

Ähnlich ist es mit der **Auszahlung** von Versicherungsleistungen: Unabhängig davon, ob die Versicherung die Summe in Euro oder D-Mark überweist, wird der Betrag dem Empfänger bis zum Jahr 2002 in der Währung gutgeschrieben, in der er sein Konto führt (in Deutschland also entweder in Euro oder D-Mark). Da es sich jeweils um eine wertgleiche Umrechnung der Beträge handelt, entstehen dabei weder für die Versicherung noch für den Kunden Gewinne oder Verluste. Es können sich allenfalls an der zweiten Stelle hinter dem Komma beim Umrechnen Rundungsdifferenzen ergeben. Sie machen maximal einen halben Pfennig oder Cent aus.

Die Umrechnung der Beträge erfolgt jeweils zu dem unwiderruflich festgelegten Umtauschkurs von D-Mark zu Euro. Um die Rundungsfehler möglichst gering zu halten, muß zunächst immer mit sechs signifikanten Ziffern (in Deutschland also mit fünf Stellen hinter dem Komma) gerechnet werden. Das Ergebnis kann dann kaufmännisch gerundet werden: Bei Ziffern von eins bis vier an der dritten Stelle hinter dem Komma wird abgerundet; bei den Ziffern von fünf bis neun wird aufgerundet.

Beispiel: Aus einem Betrag von 23.523,54333 werden 23.523,5**4**
Aus einem Betrag von 23.523,54621 werden 23.523,5**5**

Achtung: Es gibt keine Notwendigkeit, die sich bei der Umrechnung ergebenden „krummen Summen" zu glätten. Ohne Zustimmung des Kunden ist die Versicherung nicht berechtigt, die Vertragssumme zum Zweck der Glättung anzuheben und höhere Prämien zu verlangen. Eine Neuausstellung der Policen ist an sich nicht notwendig. Wenn Versicherungen dies dennoch tun, müssen sie die Kosten tragen, da die Ausstellung einer Police zu ihren gesetzlichen Pflichten zählt.

Versicherungen, neue

Müssen nach 1999 alle neuen Versicherungen in Euro abgeschlossen werden?

Es gilt auch hier der allgemeine Grundsatz „Kein Zwang – keine Behinderung". Bis zum Jahr 2002 bleibt es also grundsätzlich den Vertragsparteien überlassen, welche Währung sie wählen. Allerdings werden die Versicherungen ein Interesse daran haben, möglichst viele Verträge auf Euro-Basis abzuschließen, da sie mit der Umstellung der alten Verträge bereits genug zu tun haben. Überdies werden sie ihren Kunden neue Versicherungsprodukte anbieten, die erst durch die gemeinsame europäische Währung möglich werden. Hier wird die Vertragswährung der Euro sein müssen.

In jedem Fall muß bei neuen Versicherungsverträgen eindeutig festgelegt werden, welche Währung zugrunde gelegt ist. Da ein Euro rund doppelt soviel wert ist wie eine D-Mark, muß für beide Seiten zweifelsfrei klar sein, welche Währung bei den vereinbarten Prämien und Leistungen gemeint ist.

Hinweis: Es empfiehlt sich, ab 1999 neue Verträge auf Euro-Basis zu schließen, da ab 2002 ohnehin umgestellt werden muß. Das erspart beiden Seiten zusätzliche Verwaltungsarbeit. Am Wert der Versicherung ändert sich dadurch nichts. Die Prämien können in jedem Fall bis 2002 auch von einem D-Mark-Konto des Kunden abgebucht werden. Die Banken und Sparkassen führen die Umrechnungen spesenfrei durch.

Verträge/Vertragskontinuität

Können ab 1999 bestehende Verträge wegen Wegfalls der Geschäftsgrundlage gekündigt werden?

Die Einführung des Euro und damit der Austausch der Währungsbezeichnung in bestehenden Verträgen ist auf keinen Fall ein Grund zur Kündigung bestehender Abmachungen oder zur einseitigen Änderung bestimmter Konditionen (wie Zinsen, Zahlungsfristen, Rücktrittsklauseln). Da es sich bei der Einführung des Euro um einen hoheitlichen Akt handelt, haben die Vertragsparteien dies zu akzeptieren. Überdies ist der Grundsatz der Vertragskontinuität sowohl von der EU-Kommission als auch von der Bundesregierung im Euro-Einführungsgesetz festgelegt worden.

Geändert werden kann ab 1999 nur die Währungsbezeichnung. Spätestens im Jahr 2002 ist dies in jedem Fall erforderlich. Damit muß dann aber in jedem Fall eine vorschriftsmäßige Umrechnung der Beträge verbunden sein. Das gilt sowohl für Verträge, die in D-Mark abgeschlossen wurden, als auch für solche, in denen ursprünglich Währungsbezeichnungen der elf EWU-Partnerländer verwendet wurden. Das bedeutet: Alle in alter nationaler Währung ausgedrückten Summen müssen zu den unwiderruflich fixierten Kursen in Euro umgerechnet werden.

Wichtig ist, daß alle Umrechnungen zwischen Währungen der Mitgliedsländer über den Euro stattfinden müssen. Eine direkte (inverse) Umrechnung der Kurse ist nicht zulässig. Damit sollen Rundungsfehler vermieden werden. Deshalb muß auch mit sechs signifikanten Ziffern gerechnet werden. Das dabei erzielte Ergebnis kann nach der zweiten Stelle hinter dem Komma nach den üblichen kaufmännischen Regeln gerundet werden.

Dies alles gilt gleichermaßen für Mieten und Kredite, für Versicherungsprämien, Bausparverträge oder vertraglich vereinbarte Preise – zum Beispiel beim Autokauf, bei Reisebuchungen, bei Möbelbestellungen usw. Bei Verträgen mit Partnern in Drittländern ist allerdings eine rechtzeitige Vertragsanpassung zu empfehlen, um unnötige rechtliche Auseinandersetzungen zu vermeiden.

Achtung: Wenn Ihr Vertragspartner Ihnen vorschlägt, zum Beispiel bei Krediten oder Versicherungen die vereinbarte Summe zu runden, weil sich bei der Umrechnung in Euro etwa aus einer Lebensversicherungssumme von 80.000 D-Mark ein Betrag von 40,816,33 EUR ergibt (der entweder auf 40.000 ab- oder auf 41.000 aufgerundet werden könnte), sollten Sie sehr vorsichtig sein. Denn da es sich dann tatsächlich um eine Vertragsänderung handelt, könnte die andere Seite versuchen, bei dieser Gelegenheit auch andere Bestimmungen des Vertrages (wie die Zinshöhe) zu ändern. Sie sollten daher einer „Rundung" nur dann zustimmen, wenn sich ansonsten keine andere Vertragsbestimmung zu Ihren Ungunsten ändert.

Vertragsanpassungen

Muß in Verträgen heute schon berücksichtigt werden, daß spätestens vom Jahr 2002 an nur noch in Euro gezahlt werden kann?

Grundsätzlich nein. Bei der Währungsumstellung handelt es sich um einen hoheitlichen Akt. Die Umstellung von D-Mark, Schilling, Franc oder Gulden auf Euro bedeutet daher nicht den Wegfall der Geschäftsgrundlage bei privaten Verträgen. Ab 1999 können alle geldwerten Leistungen und Verpflichtungen auch in einem entsprechenden Betrag in Euro erbracht werden. Von 2002 an ist der Euro alleiniges gesetzliches Zahlungsmittel, mit dem jede in Geld ausgedrückte Verbindlichkeit nicht nur erfüllt werden kann, sondern auch muß.

Da aber niemand sagen kann, ob ein Richter in Chicago, Tokio oder Kuala Lumpur das ebenso sieht, könnten Unternehmen in Schwierigkeiten kommen, wenn ihre dortigen Vertragspartner bei den auf D-Mark (oder Gulden, Francs, Schilling usw.) lautenden Verträgen Erfüllung in dieser Währung verlangen. Das ist zwar sehr unwahrscheinlich, kann aber nicht völlig ausgeschlossen werden. Den Zahlungspflichtigen würde es jedenfalls in arge Verlegenheit bringen, denn nach dem Jahr 2002 existieren diese Währungen nicht mehr. Umgekehrt könnte es sein, daß ein Vertragspartner versucht, auch nach dem Jahr 2002 seine Rechnungen mit D-Mark-Beständen zu begleichen, die in früheren Jahren gehortet wurden. (Im ehemaligen Ostblock und vor allem im früheren Jugoslawien und den Nachfolgestaaten der Sowjetunion laufen große Mengen an D-Mark um, die dort als stabiles Zahlungsmittel geschätzt werden.) Für den Empfänger wäre das allerdings in diesem Fall so lange kein Problem, wie die Europäische Zentralbank die alten nationalen Währungen der Mitgliedsländer noch in Euro umtauscht. Das wird einige Jahre lang der Fall sein. Erst nach Ablauf dieser Frist wird es wirklich schwierig.

Um allen Unklarheiten und Rechtsstreitigkeiten aus dem Weg zu gehen, empfiehlt es sich, in langfristige Verträge mit Partnern außerhalb des künftigen europäischen Währungsgebiets von vornherein eine Klausel aufzunehmen, die sicherstellt, daß eine Begleichung der Zahlungsverpflichtung in der Währung akzeptiert wird, die zu diesem Zeitpunkt gesetzliches Zahlungsmittel in Deutschland und der EWU ist. Natürlich kann auch eine Zahlung in Dollar, Yen oder einer anderen international üblichen Währung vereinbart werden. Dann ist allerdings das Wechselkursrisiko zu beachten.

Achtung: Es gilt das Prinzip der Vertragskontinuität.

Vertriebsgebiete

Müssen in einem einheitlichen Währungsgebiet nicht auch Vertriebsgebiete neu aufgeteilt werden?

Ähnlich wie in der Bundesrepublik müssen sich Unternehmen in der EWU nicht mehr nach Währungsgrenzen richten, wenn sie für Vertrieb, Werbung oder andere Maßnahmen zusammengehörige Gebiete definieren. Sie können sich allein nach wirtschaftlichen, geographischen oder anderen Gesichtspunkten (wie beispielsweise Verkehrsverbindungen, Bevölkerungszahl) richten. Dieses Thema muß daher bei Unternehmen auf der Euro-Checkliste für die Umstellung stehen. Denken Sie daran: Die Konkurrenz schläft nicht und entdeckt vielleicht vorher, welche neuen Möglichkeiten sich dadurch bieten.

Vorbereitungen im Unternehmen

Können oder sollten sich mittelständische Unternehmen und Selbständige schon lange vor 2002 auf den Euro vorbereiten?

Das ist in jedem Fall dringend zu empfehlen und gilt selbst für diejenigen, die gegen die Europäische Währungsunion eingestellt sind. Die Belastungen, die dann zu erwarten sind, wenn die Umstellung im Unternehmen zu spät beginnt, könnten beträchtlich sein. Die Nachzügler werden wenig von den Vorteilen haben, aber stark unter den Problemen leiden. Die Währungsumstellung wirkt sich in vielfältiger Weise auf die internen Vorgänge im Unternehmen sowie auf die Kunden- und Lieferantenbeziehungen aus.

Achtung: Auch Unternehmen, die nur regional tätig sind oder nur für deutsche Abnehmer produzieren, sind von der Umstellung auf Euro in vielfältiger Form betroffen und müssen die notwendigen Umstellungsmaßnahmen rechtzeitig planen. Das gilt erst recht für Betriebe, die ihre Kunden und Lieferanten im gesamten Euro-Währungsgebiet haben oder auf Drittmärkten engagiert sind. Für den Konzern ebenso wie den Handwerksbetrieb, den Einzelhändler oder Freiberufler stellen sich eine Fülle von Fragen und Aufgaben. Sie sollten in einer Euro-Checkliste erfaßt und systematisch abgearbeitet werden.

Zur Lösung von Spezialfragen sollten rechtzeitig externe Berater verpflichtet und die Informationsangebote der Industrie- und Handelskammern sowie der Banken und Sparkassen genutzt werden, die mit ihren internen Umstellungsprozessen schon sehr weit fortgeschritten und zudem darauf eingestellt sind, ihre Kunden in diesen Fragen zu beraten. Das Kreditgewerbe stellt den gesamten internen Zahlungsverkehr ab 1999 auf Euro um.

Vorteile der Währungsunion: politisch gesehen

Wird die Europäische Währungsunion nur aus ökonomischen Überlegungen angestrebt, oder gibt es auch politische Gründe dafür, die nationalen Währungen gegen ein gemeinsames Zahlungsmittel auszutauschen?

Neben den großen und kleinen Vorteilen wirtschaftlicher Natur lassen sich auch gewichtige politisch-strategische Argumente für eine Weiterentwicklung der europäischen Integration anführen. Allerdings sind politische und wirtschaftliche Motive nicht immer säuberlich zu trennen, da sie oft in einer Wechselbeziehung stehen.

Wohlstandsgarantie: Die strategische Bedeutung der Europäischen Gemeinschaft ergibt sich bereits daraus, daß fast die Hälfte der deutschen Ausfuhren in die Partnerländer geht und einige unserer Nachbarn einen noch größeren Anteil ihrer Exporte innerhalb der EU absetzen. Einige für die Gesamtwirtschaft besonders wichtige Branchen sind sogar in noch stärkerem Maße mit den europäischen Partnerländern verflochten. Dazu zählt unter anderem die chemische Industrie, die 58 Prozent ihrer Exporte innerhalb des gemeinsamen Marktes absetzt und darüber hinaus noch zahlreiche Produktionsstätten in anderen EU-Ländern unterhält. Kein anderer Markt auf der Welt hat für uns auch nur annähernd die gleiche Bedeutung. Das heißt, daß Millionen von Arbeitsplätzen in der Bundesrepublik – aber auch in Österreich, Frankreich, Italien oder den Niederlanden – direkt von einem ungestörten Wirtschaftsverkehr innerhalb der EU abhängen.

Da umgekehrt fast der gleiche Anteil unserer Einfuhren aus dem gemeinsamen Markt kommt, ist letzterer auch für die Versorgungssicherheit von entscheidender Bedeutung. Allein deshalb ist die Europapolitik für Deutschland von vitalem Interesse. Wenn die Bundesrepublik jemals in Europa wieder so isoliert sein würde, wie dies in der ersten Hälfte unseres Jahrhunderts zweimal der Fall war, würde das innerhalb kürzester Zeit zum völligen wirtschaftlichen und sozialen Zusammenbruch führen. Das gilt dann aber auch für die anderen Mitglieder der Europäischen Gemeinschaft. Keiner kann heute mehr ohne die anderen Partner leben. Dafür leben aber alle zusammen besser als jemals zuvor.

Friedensgarantie: Glücklicherweise ist gleichzeitig die Gefahr, daß die Europäer wieder in die alten Fehler zurückfallen, geringer als je zuvor in der Geschichte. Denn gemeinsam haben sie etwas geschafft, was heute immer noch Seltenheitswert hat: eine der wenigen großen Friedenszonen der Welt, in der „Krieg als Mittel der Politik" keine Rolle mehr spielt und sogar völlig aus dem Denken der Bürger und Politiker verschwunden ist. Was in der ersten Hälfte unseres Jahrhunderts noch völlig selbstverständlich – und blutige Realität – war, wird heute ebenso selbstverständlich für völlig absurd gehalten: nämlich mit den Waffen zu rasseln, um die Nachbarn bei strittigen Fragen unter Druck zu setzen. Kaiser Wilhelm schickte noch Kanonenboote. In Brüssel werden bei Streitfällen im schlimmsten Fall die Uhren angehalten.

Das ist keineswegs selbstverständlich. Denn zur gleichen Zeit, in der Krieg als Mittel der Politik in Westeuropa nicht einmal mehr denkbar ist, führten Grenzkonflikte in Lateinamerika zu kriegerischen Auseinandersetzungen, drohte China der Republik Taiwan mit Invasion, lagen sich Süd- und Nordkoreaner mit dem Gewehr im Anschlag gegenüber, führte Rußland einen brutalen Vernichtungskrieg gegen die abtrünnigen Tschetschenen, erlitt der Aussöhnungsprozeß zwischen Israelis und Arabern immer wieder schwere Rückschläge, gab es neben immer wieder aufflammenden inneren Unruhen 13 Kriegsherde in Afrika und wurde auf dem Balkan einer der grausamsten Bürgerkriege unseres Jahrhunderts ausgefochten. Frieden ist also auch heute noch keineswegs selbstverständlich und in manchen Regionen der Welt eher die Ausnahme als die Regel. Deshalb zählt er in Westeuropa, wo sich die Völker noch in der ersten Hälfte unseres Jahrhunderts in den bisher blutigsten Kriegen der Weltgeschichte gegenüberstanden, zu den größten politischen Errungenschaften unserer Zeit.

Allerdings kann niemand eine Garantie dafür geben, daß es nicht wieder zu Rückschlägen kommt, daß nicht wieder Demagogen versuchen, die Völker aufeinander zu hetzen. Die Tiraden mancher Euro-Gegner zeigen, daß es solche Gefahren immer noch gibt. Deshalb darf der Prozeß der europäischen Integration nicht zum Stillstand kommen oder gar einen Rückschlag erleiden. Und aus diesem Grund hat der luxemburgische Ministerpräsident Claude Juncker recht, wenn er sagt: „Die Währungsunion in Europa ist Friedenspolitik mit anderen Mitteln."

Symbolgehalt: Mehr noch als ein gemeinsamer Paß, ein europäischer Führerschein oder die freie Fahrt über Grenzen, über die jahrhundertelang die Heere hin- und herzogen, wird eine gemeinsame Währung das Zusammengehörigkeitsgefühl in Europa stärken. Jedem wird vor Augen geführt, wie weit die Zusammenarbeit und Integration schon fortgeschritten ist. Im Partnerland wird nicht mehr mit „fremdem Geld" gezahlt. Der Euro wird in Amsterdam, Paris oder Berlin bald ebenso selbstverständlich sein wie der Dollar in New York, Houston oder Miami. Wenn schon keine gemeinsame Sprache möglich ist, dann doch wenigstens eine gemeinsame Währung.

Europas Rang: Überall in der Welt entstehen große Wirtschaftsräume. Das gilt für die nordamerikanische Freihandelszone ebenso wie für die sich bildenden gemeinsamen Märkte in Asien und Südamerika. Die Europäer haben gegenüber ihren Konkurrenten einen zeitlichen Vorsprung, den sie nicht verspielen dürfen. Sie haben auch einen Erfahrungsvorsprung beim Aufbau gemeinsamer Institutionen. Nachholbedarf gegenüber ihren wichtigsten Konkurrenten haben sie dagegen beim Aufbau moderner Industrien und Dienstleistungen sowie in vielen Bereichen der Forschung und Entwicklung. Wenn Europa seine politische und wirtschaftliche Stellung in der Welt behaupten will, dann muß es seine Stärken nutzen, die Zusammenarbeit weiter ausbauen und den gemeinsamen Markt vollenden. Dazu ist die Schaffung der Währungsunion eine unabdingbare Voraussetzung. Später kann auf diesen Fundamenten dann vielleicht auch eine echte politische Union errichtet werden.

Kein europäisches Land hat heute noch die Chance, in der Weltpolitik und der Weltwirtschaft eine eigenständige Rolle zu spielen. Das kann nur gemeinsam geschehen. Auch deshalb muß der Prozeß der europäischen Integration fortgeführt werden und darf keine großen Rückschläge erleiden. Ein Scheitern der Währungsunion wäre ein solcher Rückschlag gewesen. Er hätte zudem vor aller Welt deutlich gemacht, daß die Europäer nicht die Kraft und den Mut hatten, nach vielen Jahren der Vorbereitung ein Vorhaben erfolgreich zu Ende zu führen, das sie feierlich beschlossen haben.

Deutschlands Rolle: Unser Land ist heute fest eingebettet in einen Kreis demokratisch verfaßter Rechtsstaaten mit hohem Lebensstandard und großer sozialer Sicherheit. Nach dem Krieg wäre die Bundesrepublik nicht so früh wieder in die Völkerfamilie aufgenommen worden, wenn sie sich nicht mit ihren Nachbarn ausgesöhnt und mit den westlichen Demokratien immer enger zusammengearbeitet hätte. Dieser Weg darf nie wieder verlassen werden. Angesichts der zentralen Lage Deutschlands in Europa und in Anbetracht seiner Bevölkerungszahl und Wirtschaftskraft muß überdies verhindert werden, daß bei den kleineren Nachbarn jemals wieder die – historisch durchaus verständliche – Sorge aufkommt, Deutschland könne für sie erneut zu einer Bedrohung werden. Die Geschichte hat deutlich gezeigt, wie verheerend es sich für Deutschland auswirkt, wenn es in die Isolation gerät oder sich selbst in eine solche Position manövriert. Deshalb warnt der frühere Bundeskanzler Helmut Schmidt: „Es liegt im zentralen strategischen Interesse Deutschlands, eine Rückkehr zu einer Lage zu vermeiden, in der sich unsere vielen Nachbarn gegen eine vermeintliche oder tatsächlich bedrohliche Stärke Deutschlands miteinander verbünden.“ Dauerhaft zu vermeiden ist dies nach seiner Meinung aber nur, indem der Prozeß der europäischen Integration konsequent fortgesetzt wird.

Ein wichtiger Schritt dazu ist die Währungsunion, „weil ohne sie der bisher fälschlich so genannte gemeinsame Markt ein Torso bleibt, der zwangsläufig zu einer Freihandelszone degenerieren wird. Wenn aber die Europäische Union zur Freihandelszone verkäme, dann würde alsbald auch der Wille zur weiteren Integration verfallen. Wenn es deshalb nicht zur Einbindung Deutschlands und Frankreichs käme, dann stünde Europa bereits früh im 21. Jahrhundert wieder dort, wo es im ganzen 19. und in der ersten Hälfte des 20. Jahrhunderts gestanden hat.“ (Die ZEIT vom 5.4.1996.)

Vorteile der Währungsunion: wirtschaftlich gesehen

Ist eine einheitliche Währung überhaupt notwendig? Welche Vorteile kann die EWU der deutschen Wirtschaft bieten?

Es gibt zahlreiche politische und wirtschaftliche Gründe für die Schaffung eines einheitlichen europäischen Währungsraums (siehe auch Vorteile der Währungsunion – politisch gesehen). Hier die wichtigsten Argumente, die aus ökonomischer Sicht für eine gemeinsame Währung der „reifen EU-Staaten" sprechen:

I. Die „großen Vorteile"

- Ohne eine einheitliche Währung kann es keinen wirklich gemeinsamen Markt geben. Der europäische Binnenmarkt bleibt ein Torso. Es hat bisher noch nie einen großen Binnenmarkt gegeben, in dem mehrere Währungen nebeneinander bestanden und unterschiedliche Schwankungen aufwiesen. Trotz der großen Unterschiede in ihrer wirtschaftlichen und sozialen Struktur bilden deshalb die 50 Staaten der USA seit dem vorigen Jahrhundert eine Währungsunion mit dem Dollar als einzigem gesetzlichen Zahlungsmittel. In Deutschland wurde nach der Reichsgründung durch Bismarck 1871 trotz des unterschiedlichen Entwicklungsstandes der verschiedenen Fürstentümer, Königreiche und Stadtstaaten die Reichsmark als gemeinsame Währung eingeführt. In der Bundesrepublik haben die 16 Bundesländer trotz ihrer zum Teil gravierenden Entwicklungsunterschiede die D-Mark als gemeinsame Währung.
- Die wichtigsten Absatzmärkte – und umgekehrt die bedeutendsten Lieferanten – der deutschen Wirtschaft sind die EU-Länder. Kein anderer Markt auf der Welt hat für uns auch nur annähernd die gleiche Bedeutung: Mehr als die Hälfte der deutschen Exporte (56,6 Prozent im Jahr 1996) wird von den europäischen Partnerländern abgenommen. Deshalb ist es von vitalem Interesse für Deutschland, diesen Handel vor währungspolitischen Störungen so weit wie möglich zu schützen. Dies gilt insbesondere für Frankreich, unseren mit Abstand wichtigsten Handels- und Kooperationspartner. Millionen von Arbeitsplätzen in der Bundesrepublik sind von einem ungestörten Wirtschaftsverkehr innerhalb der EU abhängig. Da umgekehrt fast der gleiche Anteil unserer Einfuhren aus dem gemeinsamen Markt kommt, ist er auch für die Versorgungssicherheit von entscheidender Bedeutung. Die beiden Währungskrisen im Herbst 1992 und im Sommer 1993 haben gezeigt, wie rasch auch das bis dahin scheinbar festgefügte Europäische Währungssystem (EWS) an den Rand des Zusammenbruchs geraten kann, wenn an den internationalen Finanzmärkten Unruhe ausbricht. Nach Schätzung der Deutschen Bank wurde dadurch in den davon betroffenen Ländern das Wirtschafts-

wachstum um rund ein Prozent reduziert, was allein auf Deutschland und Frankreich bezogen einem Verlust in der Größenordnung von 50 Milliarden D-Mark entspräche. Das läßt sich umrechnen in den Verlust einiger hunderttausend Arbeitsplätze. Dauerhaft verhindern lassen sich solche Störungen der innergemeinschaftlichen Wirtschaftsbeziehungen nur durch eine Währungsunion, die ähnlich wie in den USA einen gegen derartige Turbulenzen geschützten Binnenmarkt schafft.

- Zwischen den Kernländern der EU ist im Laufe der Jahre die wirtschaftliche Verflechtung immer enger geworden. Das gilt nicht nur für die gegenseitigen Warenlieferungen und den Dienstleistungsverkehr, sondern auch für die kapitalmäßige Verflechtung einer ständig wachsenden Zahl von Unternehmen, für die umfangreichen Finanzanlagen von Fonds und Lebensversicherungen in den Nachbarländern, für die gemeinsamen Forschungs- und Entwicklungsprojekte, für die Regionalförderung, den Austausch von Arbeitskräften oder den Tourismus. Um dieses empfindliche Geflecht vor Zerreißproben zu schützen, hat sich schon vor langem der sogenannte D-Mark-Block gebildet, der als Vorläufer der Europäischen Währungsunion betrachtet werden kann. Ohne gemeinsame Währung ist er allerdings gegen massive Unruhen, die immer wieder von den internationalen Finanzmärkten ausgehen, nicht dauerhaft geschützt.
- Wettbewerbsnachteile der deutschen Wirtschaft als Folge von unkalkulierbaren, durch weltweite Kapitalbewegungen ausgelöste und damit fundamental nicht gerechtfertigte Aufwertungen wird es in Zukunft innerhalb der EWU nicht mehr geben können. Damit entfällt auch die dadurch immer wieder ausgelöste Bedrohung für Hunderttausende von Arbeitsplätzen. Allein die deutsche Automobilindustrie rechnet damit, daß ihr derzeit als Folge von Währungsschwankungen beim Absatz ihrer Produkte sowie beim Einkauf von Komponenten jährlich Kosten bzw. Verluste in Höhe von rund vier Milliarden D-Mark entstehen.
- Die in den Partnerländern erzielten Erlöse müssen nicht mehr gegen nationale Währung umgetauscht und gegen Kursschwankungen „versichert" werden. Das erspart Transaktionskosten, die nach Berechnung der Europäischen Kommission derzeit bei über 40 bis 50 Milliarden D-Mark im Jahr liegen.
- Die Landwirtschaft verkauft ihre Produkte seit vielen Jahren auf dem Gemeinsamen Agrarmarkt zu – theoretisch – einheitlichen Preisen. In der Praxis wurde das System der gemeinsamen Preispolitik aber immer wieder schwer erschüttert, weil es an den Märkten zu Auf- und Abwertungen der nationalen Währungen kam. Daher mußte ein äußerst komplizierter innereuropäischer Ausgleichsmechanismus entwickelt werden. Dennoch erlitten die deutschen Bauern bei jeder Aufwertung der D-Mark starke Einkommenseinbußen. Das wird es nach Einführung des Euro als gemeinsame Währung nicht mehr geben.

- Ähnlich wie amerikanische Unternehmen besitzen die deutschen und die anderen europäischen Unternehmen nach Bildung der Währungsunion einen großen Markt und einheitlichen Währungsraum, der auch dann innere Stabilität garantiert, wenn die gemeinsame Währung durch Auf- oder Abwertungen gegenüber Drittländern ihren Außenwert verändert.
- Nur in einem großen Währungsraum kann sich ein einheitlicher und liquider Kapitalmarkt entwickeln, der die zur Finanzierung der Wirtschaft, von Investitionen und Arbeitsplätzen erforderlichen Mittel bereitstellt.
- Wegen des schärferen Wettbewerbs am Kapitalmarkt könnten die Zinsen langfristig sinken. Hinzu kommt, daß die gemeinsamen Stabilitätsregeln dazu führen, daß sich die Mitgliedsländer nicht mehr im bisherigen Ausmaß verschulden können. Auch das sorgt tendenziell für sinkende Zinsen.
- Die Politik wird durch die Stabilitätsregeln diszipliniert. Die bisher fehlenden Kontrollmechanismen für die Staatsverschuldung könnten so auf dem Umweg über die Währungsunion geschaffen werden.
- Der Wettbewerb um das knappe Kapital kann sich frei entfalten. Große Investmentgesellschaften oder Pensionsfonds können sich an den Börsen der anderen Mitgliedsländer engagieren, ohne daß ihnen Wechselkursrisiken drohen oder sie diese teuer absichern müssen. Das gilt ebenso für private Anleger. Auch den großen Lebensversicherungsgesellschaften bieten sich erweiterte und verbesserte Anlagemöglichkeiten für die ihnen zufließenden Prämienzahlungen. Zudem sparen alle die heute noch hohen Transaktionskosten. Das kommt den Anlegern ebenso wie den Versicherten zugute.
- Devisenbeschränkungen und Kapitalverkehrskontrollen, wie sie viele europäische Länder in der Vergangenheit immer wieder praktiziert haben, sind innerhalb der EWU in Zukunft ebenso ausgeschlossen, wie sie es heute innerhalb der einzelnen Staaten sind. Es spielt keine Rolle mehr, ob ein großer oder kleiner Betrag von Hamburg nach München, von Wien nach Paris oder von Amsterdam nach Stuttgart überwiesen wird. Ein Rückfall in jede Form der Devisenbewirtschaftung ist ausgeschlossen.
- Für die D-Mark besteht nicht mehr die Gefahr, daß sie als zweite Reservewährung neben dem Dollar in ähnliche Turbulenzen gerät, wie dies der amerikanischen Währung immer wieder passiert. Diese Last wird in Zukunft auf viel mehr Schultern verteilt. Der Euro wird daher gegenüber dem Dollar stabiler sein, also nicht mehr so stark im Kurs schwanken wie die D-Mark.
- Selbst die großen Notenbanken in Deutschland, den USA oder Japan haben im Zeitalter der globalen, elektronisch vernetzten Finanzmärkte nicht mehr die Kraft, die weltweiten Geldströme zu steuern und durch Spekulationswellen ausgelöste schwere Erschütterungen des Wechselkursgefüges zu verhindern. Schon in den siebziger Jahren, als die Tagesumsätze an den Weltdevisenmärkten bei 70 Milliarden Dollar lagen, konnten die Zentralbanken mit ihren Interventionen uner-

wünschte und fundamental nicht gerechtfertigte Wechselkursschwankungen nicht eindämmen. Mitte der neunziger Jahre hatten die täglichen Devisengeschäfte bereits eine Größenordnung von über 1.000 Milliarden Dollar. Weit über 90 Prozent davon haben spekulativen Charakter, während die einst dominierende Außenhandelsfinanzierung völlig in den Hintergrund gedrängt worden ist. Die Schaffung eines vor Währungsturbulenzen weitgehend geschützten Binnenmarktes wird deshalb immer wichtiger, um für Deutschland ebenso wie für Frankreich und die anderen EU-Länder eine „währungsberuhigte Zone" zu schaffen, in der sich ihr Binnenhandel ungestört entwickeln kann.

- Die Europäische Währungsunion wird im internationalen Währungssystem ein größeres Gewicht bekommen, als es bisher jede einzelne nationale Währung für sich haben konnte. Das Ziel der Währungsstabilität kann deshalb gegenüber den anderen großen „Mitspielern" Yen und Dollar nachdrücklicher vertreten werden.

2. Die „kleinen Annehmlichkeiten"

- Touristen und Geschäftsreisende ersparen sich die Mühen und Kosten des Geldwechselns bei Urlaubs- oder Dienstreisen.
- Die Verbraucher können viel leichter Preise vergleichen und müssen nicht erst lange umrechnen, wenn sie in den Nachbarländern einkaufen, Hotelzimmer bezahlen oder im Restaurant essen: Jeder erkennt auf den ersten Blick, ob das Hemd, die Tasse Kaffee, das Paar Schuhe billiger oder teurer ist als zu Hause.
- Touristen müssen nie wieder fürchten, daß sie bei Reisen zwischen den Mitgliedsländern nur begrenzte Beträge bei sich haben oder im Ausland ausgeben dürfen.
- Überweisungen von einem Mitgliedsland in ein anderes – beispielsweise die Miete für ein Ferienhaus – werden schneller abgewickelt und sind nicht mehr so teuer wie bisher.
- Unternehmen können die Zahl ihrer Bankverbindungen in den Partnerländern reduzieren, weil überall mit der gleichen Währung gezahlt wird.
- Vertriebsgebiete können innerhalb der EWU ohne Rücksicht auf Währungsgrenzen optimal zugeschnitten werden.
- Die Unternehmen erhalten durch den Wegfall von Währungsrisiken eine größere Kalkulationssicherheit.
- Unternehmen mit Niederlassungen oder Tochtergesellschaften in anderen Ländern der Währungsunion können nun mit einem zentralen Rechnungswesen auskommen.

Neben den wirtschaftlichen Gründen, die für eine Europäische Währungsunion sprechen, gibt es auch gewichtige Vorteile politischer Natur für eine Vertiefung und Stärkung der Integration in Europa.

Wahlrecht

Müssen Zahlungen in Euro akzeptiert oder Rechnungen in Euro bezahlt werden – auch wenn das eigene Konto noch in D-Mark geführt wird?

Bis zum Jahr 2002 gilt der Grundsatz: Kein Zwang – keine Behinderung. Der Euro ist zwar ab 1.1.1999 die offizielle Währung aller elf Gründungsstaaten der EWU, aber die alten nationalen Zahlungsmittel gelten weiter. Vor allem bei Barzahlungen sind die Bürger darauf noch angewiesen, weil der Euro als Münzen und Banknoten erst im Jahr 2002 in Umlauf gebracht wird. Allerdings muß beachtet werden, daß D-Mark, Francs, Gulden, Lire usw. nur noch Untereinheiten des Euro sind (wie Groschen und Pfennige bei der Mark). Da es sich aber um „krumme Beträge" handelt, die sich nicht einfach durch zehn teilen lassen (eine D-Mark ist rund 0,51 Euro), spricht man von nichtdezimaler Denomination.

Niemand ist gezwungen, sein Konto schon vor dem Jahr 2002 auf Euro umzustellen. Aber jeder hat auch die Möglichkeit, das zu tun. Unabhängig davon können Zahlungen in Euro sowohl empfangen als auch geleistet werden. Auf dem Scheck oder dem Überweisungsträger muß daher immer gekennzeichnet werden, in welcher Währung der angegebene Betrag überwiesen oder gutgeschrieben werden soll. Die Bank oder Sparkasse bucht dann von einem D-Mark-Konto den entsprechenden Betrag in Euro ab.

Beispiel: Sie haben 3.578 D-Mark auf Ihrem Konto. Sie bekommen von Ihrem Versicherer eine Beitragsrechnung für die Haftpflichtversicherung über 71,99 Euro und schreiben eine entsprechende Überweisung. Das Kreditinstitut überweist diesen Betrag und bucht dafür 141,10 D-Mark von Ihrem Konto ab – den gleichen Betrag also, den Sie auch früher schon gezahlt haben. Der neue Kontostand ist 3.436,90 D-Mark.

Sie können allerdings auch weiterhin 141,10 D-Mark überweisen. Die Bank wandelt den Betrag dann automatisch in Euro um, weil das gesamte Zahlungsverkehrssystem auf Euro umgestellt ist. Dem Versicherer wird der Betrag dann entweder in D-Mark gutgeschrieben (falls er den Euro noch nicht zu seiner Hauswährung gemacht hat). Oder er wird in 71,99 Euro umgewandelt (wenn der Versicherer seine Konten schon auf Euro umgestellt hat).

Tip: Nicht selber umrechnen. Trotz des grundsätzlich bestehenden Wahlrechts sollten Sie bei Zahlungen immer die Währung verwenden, die auf der Rechnung steht. Denn Sie könnten beim Umrechnen einen Fehler machen. Oder es kann sich bei der Umrechnung durch die Bank aufgrund der Rundungsregeln an der zweiten Stelle hinter dem Komma eine etwas höhere oder niedrigere Summe ergeben, als auf der Rechnung steht. Das führt dann nur zu überflüssigem Schriftverkehr und zusätzlichen Überweisungskosten.

Währungsfeld

Was bedeutet Währungsfeld?

Bei Überweisungen und Schecks muß immer angegeben werden, welche Währung gemeint ist. Sonst weiß das ausführende Kreditinstitut in der Zeit bis 2002 nicht, ob Euro oder D-Mark gemeint sind. Da ein Euro rund doppelt soviel wert ist wie eine D-Mark, käme es bei falscher Ausführung des Auftrags zu erheblichen Differenzen. Dies gilt unabhängig davon, ob Ihr Konto auf D-Mark oder Euro lautet. Die Sparkasse oder Bank kann auch die jeweils andere Währung überweisen.

Achtung: Im eigenen Interesse müssen Sie im Währungsfeld immer EUR für Euro oder DM für D-Mark angeben, damit Ihnen nicht entweder zuviel Geld vom Konto abgebucht oder dem Empfänger zu wenig überwiesen wird.

Währungsreform

Wird die Europäische Währungsunion mit einer Währungsreform verbunden sein?

Nein, auf keinen Fall. Beides hat nichts miteinander zu tun. Währungsreformen müssen nach schweren Wirtschaftskrisen, Hyperinflation, verlorenen Kriegen oder einem Staatsbankrott durchgeführt werden. Sie bedeuten, daß beim Geldwert mehrere Nullen gestrichen werden. Löhne und Preise werden entsprechend 1:10 oder 1:100 gekürzt. Staatsanleihen werden nicht mehr oder nur zum Teil zurückgezahlt. Sparbücher werden abgewertet. Diese bösen Erfahrungen haben Millionen Menschen nach dem Ersten und Zweiten Weltkrieg machen müssen, als das Volksvermögen auf den Schlachtfeldern im wahrsten Sinne des Wortes verpulvert wurde. Die Hyperinflation in vielen südamerikanischen Staaten hat in den vergangenen Jahren dort immer wieder zu dem Versuch geführt, die zerrütteten Finanzen durch Währungsreformen zu sanieren. Nach dem Zusammenbruch des Sozialismus mußte in der ehemaligen DDR eine Teil-Währungsreform durchgeführt werden, ehe die neuen Bundesländer dem D-Mark-Währungsgebiet beitreten konnten. Das Land war durch die sozialistische Mißwirtschaft weitgehend ruiniert worden und stand kurz vor dem Staatsbankrott.

Dies alles trifft auf die Europäische Währungsunion nicht zu. Im Gegenteil: Der Europäischen Währungsunion können nur Staaten beitreten, deren Wirtschaft und Währung stabil sind und die ihre öffentlichen Schulden unter Kontrolle haben. Die Länder, die die Konvergenzkriterien erfüllen, gehören zu den leistungsfähigsten und wohlhabendsten Staaten der Welt. Ihre Währungen werden deshalb auch nicht abgewertet, sondern nur umgerechnet. Maßstab für die Umrechnung sind die Kurse am Devisenmarkt und die Leitkurse gegenüber der ECU. Entsprechend werden Löhne, Preise, Renten, Sparguthaben usw. umgestellt. Ihr realer Wert (die Kaufkraft) ändert sich dadurch nicht. Es geht also um einen reinen Rechenvorgang, der mit einer Umrechnung von Pfund in Kilo vergleichbar ist: *Zwei* Pfund sind zwar nur *ein* Kilo – aber das Gewicht ist identisch.

Anders als eine Währungsreform ist die Schaffung einer Währungsunion also kein Zeichen von Schwäche, Mißwirtschaft und Verfall, sondern eher eine Demonstration wirtschaftlicher Stabilität der beteiligten Länder.

Hinweis: Wenn Sie jemanden kennen, der das immer noch nicht glauben will, dann helfen vielleicht die beiden folgenden Argumente:

- Wenn der Umtausch von D-Mark in Euro (und zurück) nicht immer wertgleich stattfinden würde, wären die Sparkassen und Banken, die Versicherungen oder die Telekom wohl kaum bereit, ihren Kunden die Wahl zu lassen, wie sie in der Übergangszeit bis zum Jahr 2002 Prämien, Rechnungen, Mieten oder Kreditzinsen zahlen: in Euro oder in D-Mark.
- Wenn die Währungs**union** auch nur teilweise mit einer Währungs**reform** verbunden wäre, brauchten sich Politiker und Parteien, die dafür die Verantwortung tragen, bei Wahlen erst gar nicht mehr sehen zu lassen. Gerade deutsche Wähler würden ihnen dies selbst in 20 Jahren noch nicht verzeihen.

Auch wenn die beiden Begriffe ähnlich klingen: Tatsächlich haben sie nichts miteinander zu tun. Wenn also jemand versucht, Sie mit Hinweisen auf eine angeblich drohende Währungsreform zu bestimmten Geldanlagen zu verleiten, sollten Sie ihm keine müde Mark anvertrauen. Denn entweder hat er keine Ahnung, oder er versucht Sie zu betrügen.

Währungsreserven

Werden die Währungsreserven der Bundesbank an die Europäische Zentralbank übertragen, und gehen sie Deutschland damit verloren?

Nein. Die bei der Bundesbank angehäuften „Ersparnisse" der deutschen Wirtschaft bleiben deutsches Eigentum. Ähnliches gilt selbstverständlich für die Währungsreserven Frankreichs, der Niederlande oder Österreichs.

Ein Teil der deutschen, belgischen, österreichischen oder französischen Währungsreserven (in Form von Gold, Dollar, Yen oder anderen Fremdwährungen) wird allerdings dazu dienen, den jeweiligen nationalen Kapitalanteil an der Europäischen Zentralbank zu finanzieren. Der Vertrag von Maastricht sieht vor, daß die

EZB anfänglich ein Kapital in Höhe von maximal 50 Milliarden ECU (umgerechnet rund 93 Milliarden D-Mark) haben soll. Dieses Kapital wird in Form von Devisenreserven eingezahlt. Es hat eine ähnliche Funktion wie das Aktienkapital bei einem Unternehmen.

Für den Kapitalanteil eines Landes gibt es einen festgelegten Schlüssel: Er richtet sich nach der Bevölkerungszahl und der Wirtschaftskraft des jeweiligen Mitgliedslandes, gemessen am Bruttoinlandsprodukt (BIP). Für die Bundesrepublik ergibt sich daraus ein Anteil am „Grundkapital" der EZB von etwa 23 Prozent (wenn die Anfangsausstattung der Zentralbank tatsächlich auf 50 Milliarden ECU festgelegt wird). Das würde bedeuten, daß die Bundesbank knapp 22 Milliarden D-Mark (umgerechnet rund 11,5 Milliarden Euro) in Form von Devisen bei der EZB einzahlen müßte. Über die ihr dann noch verbleibenden rund hundert Milliarden D-Mark (vor allem in Form von Dollar und Gold) könnte sie frei verfügen – also beispielsweise die Dollarbeträge ebenso wie heute zinsbringend in den USA anlegen. Die Anlagepolitik der nationalen Notenbanken muß allerdings mit der Europäischen Zentralbank abgestimmt sein, also im Einklang mit deren Geld- und Wechselkurspolitik stehen.

Entsprechend ihrem Anteil am Kapital der Europäischen Zentralbank werden die Mitglieder auch am ausgeschütteten Gewinn beteiligt. Der jeweilige nationale Anteil fließt den Regierungen der Mitgliedsländer zu und kann – ebenso wie derzeit der Bundesbankgewinn – zur Haushaltsfinanzierung oder Schuldentilgung verwendet werden.

Über die Feststellung und Verwendung des Gewinns der EZB entscheidet der Europäische Zentralbankrat, wobei in diesem Fall eine qualifizierte Mehrheit erforderlich ist. Die Stimmenanteile ergeben sich aus der Beteiligung am Grundkapital der Zentralbank.

Devisenreserven der nationalen Notenbanken, die Anfang 1999 in Währungen von Ländern gehalten werden, die der Währungsunion beigetreten sind, werden in Euro umgetauscht und verlieren damit den Charakter von Devisenreserven. Das betrifft vor allem jene Mitgliedsländer, die über zum Teil hohe Bestände an D-Mark verfügen. Sie nutzen diese Reserven unter anderem dazu, am Devisenmarkt zu intervenieren, um den Kurs ihrer jeweiligen Währung im Rahmen des derzeitigenEuropäischen Währungssystems (EWS) zu stabilisieren und innerhalb der vereinbarten Schwankungsbreiten zu halten. Derartige Interventionen sind mit Einführung der Währungsunion überflüssig, da alle nur noch mit einer Münze zahlen.

Währungsumstellung

Wann findet die Umstellung der Währungen auf Euro statt?

Das vollzieht sich in mehreren Schritten. Ab 1. Januar 1999 sind die Wechselkurse der teilnehmenden Länder untereinander und gegenüber dem Euro unwiderruflich festgelegt. In den einzelnen Mitgliedsländern bleiben aber die bisherigen nationalen Zahlungsmittel in Form von Bargeld zunächst noch gültig.

Der unbare Zahlungsverkehr (siehe auch Überweisungen) wird innerhalb des Kreditsektors aber ebenso in Euro abgewickelt wie der Verkehr der privaten Kreditinstitute mit der Europäischen Zentralbank in Frankfurt. Auch der Handel an den Devisenbörsen gegenüber Dollar, Yen und anderen Drittwährungen findet nur noch in Euro statt. Viele Unternehmen und eine im Laufe der Zeit wachsende Zahl von Privatpersonen werden ihre Konten schon vor 2002 auf Euro umstellen.

Spätestens im Jahre 2002 werden auch die alten nationalen Banknoten und Münzen in Euro umgetauscht.

Wechselkurs 1:1

Warum wurde für den Umtausch von D-Mark in Euro nicht ein Kurs von 1:1 gewählt? Das würde doch die ganze Umrechnerei überflüssig machen.

In Deutschland müßte dann tatsächlich nur die Bezeichnung der Währung geändert werden. Beim Umtausch würde – ähnlich wie beim Tausch der alten in die neuen D-Mark-Scheine zu Beginn der neunziger Jahre – das bisherige Geld lediglich gegen neue Scheine und Münzen ausgetauscht. Ebensogut könnte natürlich festgelegt werden, daß in Frankreich oder in einem anderen EU-Land, das der Währungsunion beitritt, der Umtausch 1:1 erfolgt.

Dies wäre aber immer nur in einem Land möglich. Andernfalls würden die bisherigen Austauschrelationen zwischen den Währungen der EU-Länder völlig durcheinandergeraten. (Wenn zum Beispiel in Italien und Deutschland die bisherigen Währungen jeweils 1:1 in Euro getauscht würden, wären alle Italiener plötzlich echte Millionäre.)

Da es sich auch im Verhältnis der Währungen untereinander um einen wertgleichen Umtausch handeln soll, müßte die Bevölkerung der übrigen Mitgliedsländer die Preisumstellung und die Umrechnung aller in Geld ausgedrückten Werte daher in jedem Fall mitmachen. Schon aus diesem Grund wäre es politisch sehr problematisch, ein Land dadurch zu begünstigen, daß ihm diese ganze Prozedur erspart wird. Wenn es sich noch dazu um Deutschland mit seiner währungspolitisch ohnehin dominierenden Rolle in Europa handeln würde, könnte dies zu großen politischen Spannungen führen. Denn bei allen unseren Nachbarn müßte der Eindruck entstehen, daß es sich bei der Währungsunion um nichts anderes als eine versteckte Ausdehnung des D-Mark-Blocks handelt, die nur den Zweck hat, die übrigen EU-Staaten dem Diktat der deutschen Geldpolitik zu unterwerfen. Diese Sorge haben ohnehin schon viele Menschen in den anderen EU-Staaten.

Da es sich in allen Mitgliedsländern der EWU um einen wertgleichen Umtausch des bisherigen nationalen Geldes in eine gemeinsame Währung handelt, bleiben die Einkommensverhältnisse und der Wert der Ersparnisse aber in jedem Fall von den Wechselkursen unberührt. Diese Umrechnungskurse werden auch nicht willkürlich festgesetzt, sondern richten sich nach den Austauschverhältnissen an den Devisenmärkten vor der Fixierung der Umtauschkurse.

Nur die Europäische Währungs- und Recheneinheit ECU wird im Verhältnis 1:1 in Euro umgetauscht.

Wechselkurspolitik

Wer bestimmt in der Europäischen Währungsunion den Außenwert des gemeinsamen Geldes?

Der Kurs des Euro gegenüber dem Dollar, dem japanischen Yen, dem Schweizer Franken oder anderen frei konvertierbaren Währungen bildet sich in ähnlicher Weise an den Märkten, wie dies zuvor bei der D-Mark oder dem französischen Franc, dem Gulden oder Schilling der Fall war.

Bisher: Grundsätzlich lag die Entscheidung über den Wechselkurs der D-Mark gegenüber anderen Währungen bis Ende 1998 bei der Bundesregierung. Sie hatte früher in Zeiten fester Wechselkurse festgelegt, ob ein Dollar für 4,20 oder vier D-Mark und später für 3,60 D-Mark oder weniger eingetauscht werden mußte. Aufgabe der Bundesbank war es, durch Kauf und Verkauf von Devisen dafür zu sorgen, daß dieser Kurs eingehalten wurde. Dieses System fester Wechselkurse hat sich aber auf die Dauer gegenüber dem Dollar und anderen Währungen nicht halten lassen. Deshalb wurde der Kurs schließlich auf Beschluß der Bundesregierung freigegeben und bildete sich je nach Angebot und Nachfrage am Devisenmarkt.

Gegenüber den Währungen der EU-Länder wurde seit Jahren anders verfahren. Hier hatte sich die Bundesregierung mit den Partnerländern darauf geeinigt, sie im Rahmen des Europäischen Währungssystems (EWS) nur innerhalb bestimmter Bandbreiten gegeneinander schwanken zu lassen. Um dies einzuhalten, müßten die beteiligten Länder ihre Wirtschafts- und Währungspolitik eng aufeinander abstimmen, und die Notenbanken der EU-Länder mußten unter Einsatz ihrer Devisenreserven am Markt eingreifen, wenn durch kurzfristige Nachfrageschwankungen oder als Folge spekulativer Bewegungen die Gefahr entstand, daß die Kurse der am EWS beteiligten Währungen über die vereinbarten Bandbreiten hinaus schwankten. Gelang diese konvergente Wirtschafts- und Finanzpolitik nicht, mußten die Kurse angepaßt werden. Dies war in der Vergangenheit zunächst häufiger, dann immer seltener erforderlich.

Zukunft: In der Europäischen Währungsunion ist es so, daß statt der Bundesregierung der Ministerrat (in diesem Fall der Rat der Wirtschafts- und Finanzminister) die grundsätzliche Wechselkurspolitik festlegt: flexible oder feste Kurse gegenüber den Währungen von Drittländern (wie Japan, den USA oder der Schweiz) bzw. die Festlegung eines „Korridors", innerhalb dessen die Kurse schwanken dürfen. Diese Art der Wechselkurspolitik wird auch gegenüber den Währungen der EU-Länder betrieben, die der EWU zunächst nicht beitreten können (Griechenland) oder wollen (Großbritannien, Schweden, Dänemark). Sie werden in ein EWS II mit dem Euro als Leitwährung eingebunden.

Die laufende Wechselkurspolitik gegenüber den anderen EU-Ländern und gegenüber Drittländern liegt allein in der Verantwortung der Europäischen Zentralbank. Sie bestimmt, wie die Grundsatzentscheidungen des Ministerrates umgesetzt werden. Auch dabei hat das Ziel der inneren Preisstabilität (niedrige Inflationsrate) oberste Priorität. Die Stabilität des Außenwertes (geringe Schwankungen des Wechselkurses) steht an zweiter Stelle. Der Rat der Wirtschafts- und Finanzminister kann in diesem Zusammenhang nur allgemeine Empfehlungen geben und muß es der autonomen Notenbank überlassen, in welcher Form sie ihre Aufgabe erfüllt.

Wechselkursrisiko

Wie lange gibt es noch ein Wechselkursrisiko, wenn ich mein Geld in ECU oder in einem anderen EU-Land anlege, und wie wird dies später gegenüber „Fremdwährungen" sein?

Derzeit gibt es noch in allen diesen Fällen ein Wechselkursrisiko. Bei der Beantwortung dieser Frage muß deshalb zwischen vier verschiedenen Möglichkeiten unterschieden werden:

Erstens Geldanlagen in ECU: Man konnte schon seit einigen Jahren Anleihen kaufen, die auf die europäische Rechnungseinheit ECU lauteten. Aber auch diese Kunstwährung, die vor allem zur Verrechnung von Zahlungen im Rahmen der Europäischen Union und zur Bestimmung der einheitlichen Agrarpreise dient, schwankte gegenüber den Währungen der Mitgliedsländer. Dies ist vorbei, wenn der Euro an die Stelle der Rechnungseinheit tritt.

Zweitens Geldanlagen in Ländern, die der EWU beitraten: Wer vor Beginn der EWU Aktien oder Anleihen in Paris, Madrid oder Amsterdam kaufte, mußte damit rechnen, daß sich zwischen dem Zeitpunkt des Erwerbs und eines späteren Verkaufs die Wechselkurse änderten. Zwar bemühten sich die Notenbanken der EU-Staaten, diese Schwankungen im Rahmen des bestehenden Europäischen Währungssystems (EWS) in engen Grenzen zu halten oder sie bei den Ländern, die dem D-Mark-Block angehörten, möglichst ganz zu vermeiden. Aber das gelang nicht immer. Überdies sind die Briten ganz aus dem EWS ausgestiegen. Das Risiko, daß Gewinne oder Verluste bei einer Geldanlage in einem anderen Land der EU durch Wechselkursveränderungen verstärkt oder abgeschwächt werden, besteht daher bis zu dem Zeitpunkt, an dem der Rat der Wirtschafts- und Finanzminister die Austauschverhältnisse durch Fixierung der Umtauschkurse unwiderruflich festlegt.

Nach diesem „Einfrieren" kann niemand mehr Verluste durch Wechselkursveränderungen erleiden, wenn Geld in einem der anderen Mitgliedsländer angelegt wird. Das gilt natürlich nicht nur beim Kauf von Wertpapieren. Es gilt auch für Guthaben bei einer Bank in Luxemburg oder Brüssel sowie für Immobilien oder Lebensversicherungen, die bei einer Gesellschaft mit Sitz in Paris abgeschlossen werden. Auch beim Kauf und Verkauf von Immobilien müssen mögliche Wechselkursrisiken nicht mehr ins Kalkül gezogen werden. Allerdings: Solange die Beträge zunächst weiterhin auf Francs, Gulden, Schilling usw. lauten, entstehen noch Gebühren beim Umwechseln. Erst wenn alle Guthaben, Aktien, Anleihen usw. auf Euro umgestellt sind, fallen auch diese Transaktionskosten weg. Daher werden viele Unternehmen und Privatleute schon lange vor dem Jahr 2002 Euro-Konten eröffnen.

Drittens Geldanlagen in Ländern, die sich nicht für die EWU qualifizierten: Bestehen bleiben Wechselkursrisiken, wenn Geld in einem EU-Land angelegt wird, das nicht der Währungsunion beitreten konnte (Griechenland). Allerdings soll versucht werden, die Kursschwankungen zwischen dem Euro und den Währungen der Länder, die vorerst noch draußen vor der Tür bleiben (Großbritannien, Schweden, Dänemark), im Rahmen eines EWS II in möglichst engen Grenzen zu halten. Aber es bleibt auch dann ein Wechselkursrisiko bestehen.

Viertens Wertpapiere, Konten, Lebensversicherungen, Immobilien usw. in Drittländern: Wer Geld in Schweizer Franken anlegt, Aktien an der Wall Street oder in Tokio erwirbt oder sein Erspartes in einer anderen Fluchtwährung anlegt, geht sowohl heute als auch nach der Umstellung auf Euro ein zum Teil beträchtliches

Währungsrisiko ein. Denn niemand kann mit Sicherheit sagen, ob der Wechselkurs des Euro gegenüber Dollar, Yen, Franken und anderen Währungen in Zukunft steigen oder fallen wird.

Vorsicht: Alle derartigen Überlegungen sind mit vielen „Wenn und Aber" verbunden. Deshalb ist immer Mißtrauen angebracht, wenn sogenannte Anlageberater ihre Empfehlungen mit „sicheren Prognosen" garnieren. Verhalten Sie sich bei allen Entscheidungen über die Anlage Ihres Geldes immer so, wie Sie es sonst auch tun würden. Wenn Sie Erfahrungen mit Währungsspekulationen, Devisenoptionen und anderen riskanten Geschäften haben, können Sie natürlich auch weiterhin einen Teil Ihres Geldes so anlegen. Andernfalls ist dringend davon abzuraten. Aus Angst vor dem Euro höhere Risiken einzugehen oder in vermeintlich „sichere Häfen" zu flüchten, kann mit bösen Überraschungen enden. Es gibt für derartige Manöver auch keinen Anlaß, denn bei Ihren Ersparnissen – in welcher Form auch immer sie gehalten werden – findet beim Wechsel von der nationalen zur gemeinsamen europäischen Währung lediglich ein wertgleicher Umtausch statt.

Weichwährungsanleihen

Läßt sich durch den Kauf von Weichwährungsanleihen mit Blick auf den Euro ein Zins- oder Kursgewinn erzielen?

Das ist etwas für Leute, die einen Teil ihres Geldes spekulativ anlegen wollen. Im Vorfeld der Europäischen Währungsunion (EWU) waren Kurs- und Zinsgewinne durchaus möglich. Die Kursentwicklung hat die künftige Situation aber schon seit längerer Zeit vorweggenommen.

Als Weichwährungsanleihen wurden in diesem Zusammenhang die Staatsanleihen solcher EU-Länder bezeichnet, die früher bei den Anlegern wegen relativ hoher Inflationsraten und stark wachsender Staatsverschuldung mit einem gewissen Mißtrauen betrachtet wurden. Um ihre Anleihen verkaufen zu können, mußten sie deshalb eine hohe Verzinsung bieten. Unter den EU-Ländern waren dies Griechenland, Irland, Portugal, Spanien, Italien und zeitweise auch Dänemark. Diese Anleihen sind teilweise heute noch im Markt und werden erst nach Beginn der Währungsunion zurückgezahlt. Italienische Langläufer warfen zum Beispiel deutlich höhere Zinsen ab als deutsche oder französische Anleihen. Da Italien und die anderen Länder aber ihre Probleme in den Griff bekommen und den Eintritt in die Währungsunion geschafft haben, werden diese Anleihen in Euro zurückgezahlt. Das heißt: bis dahin höhere Zinsen und Kursgewinne und schließlich Rückzahlung in einer Währung (nämlich

Euro), die in jedem Fall stabiler ist, als die ursprüngliche Währung (Lira, Peseta, Escudo) es bei der Emission der Anleihe war. Mit Blick auf das Jahr 2001 sind solche Spekulationen immer noch im Falle Griechenlands möglich.

Achtung: Das ist eine Spekulation, die nur aufgeht, wenn Griechenland bis dahin die Stabilitäts- oder Konvergenzkriterien erfüllt und damit der EWU beitreten kann.

Wertgleicher Umtausch

Was bedeutet ein „wertgleicher Umtausch" der D-Mark in Euro? Es gibt doch weniger Euro für die D-Mark.

Wertgleich bedeutet, daß alle in Geld ausgedrückten Größen in einem Land mit dem gleichen Faktor umgerechnet werden. Da dies für Einnahmen und Ausgaben sowie für Kredite und Guthaben gleichermaßen gilt, ändert sich an der Kaufkraft nichts. Der reale Wert der Löhne oder Sparbücher bleibt ebenso erhalten wie der von Immobilien oder Aktien. Das gilt ebenso für alle Kredite. Wenn die D-Mark im Verhältnis von etwa 2:1 gegen Euro getauscht wird, dann müssen auch alle anderen Geldwerte durch diesen Faktor geteilt werden.

Rein rechnerisch wird das zwar in Euro gerechnet zu geringeren Summen führen (für 1.000 D-Mark gibt es nur rund die Hälfte in Euro), aber am realen Wert dieses Betrages ändert sich nichts, da auch alle Güter, Dienstleistungen, Steuern, Abgaben usw. entsprechend „billiger" werden.

Ähnliches gilt für alle anderen Mitgliedsländer. Damit der unterschiedliche Wert von D-Mark, Schilling, Gulden oder Franc berücksichtigt wird, muß für jede dieser Währungen ein eigener Umtauschkurs zum Euro zugrunde gelegt werden.

Im Prinzip ist dies nicht anders als beim Tausch von D-Mark gegen Dollar: ein anderes Geld, aber kein Wertverlust. Die Europäische Währungsunion ist deshalb in keiner Weise mit einer Währungsreform vergleichbar.

Wirtschaftswachstum

Wird die Europäische Währungsunion zu einem verstärkten Wirtschaftswachstum führen?

Das ist unter den Experten umstritten und auch deshalb schwer zu beantworten, weil es viele andere Einflüsse geben kann, die den Effekt der Währungsunion überlagern (Steuerreform, Umbau der sozialen Sicherungssysteme, weltwirtschaftliche Einflüsse). Zu denen, die erhebliche Wachstumseffekte für Deutschland erwarten, gehören die Volkswirte der Bayerischen Vereinsbank. Sie gehen davon aus, daß bereits im Jahr 2000 das Wirtschaftswachstum in Deutschland um 0,2 Prozent höher ausfällt als ohne Währungsunion. Fünf Jahre später soll der Wachstumsgewinn 2,5 Prozent des Bruttoinlandsprodukts (also plus 100 Milliarden D-Mark) erreichen. Grund: der Wegfall der währungsbedingten Kosten sowie des Wechselkursrisikos und verstärkter Güter- und Dienstleistungsaustausch. In jedem Fall gilt, daß die Währungsunion den Handel innerhalb der EU in ähnlicher Weise vereinfachen und stabilisieren wird, wie dies der Dollar als einheitliche Währung auf dem großen Binnenmarkt der USA tut. Währungskrisen fallen in Zukunft als Störfaktor für den innergemeinschaftlichen Handel fort. Damit steht über die Hälfte des deutschen Export- und Importgeschäfts nicht mehr unter dem Druck von Auf- oder Abwertungen.

Yen als Fluchtwährung

Ist es sinnvoll, sein Geld in japanischen Yen anzulegen?

Der Kurs des Yen ist zwar in den letzten Jahren gegenüber der D-Mark stark gestiegen. Aber niemand kann sagen, ob dies so weitergeht. Ob eine Spekulation Yen gegen Euro-Währung aus der Sicht eines durchschnittlichen Sparers sinnvoll ist, hängt auch davon ab, wie das Geld angelegt wird. Denn dem Kursanstieg des Yen stand Mitte der neunziger Jahre ein tiefer und lang anhaltender Einbruch an der japanischen Börse sowie eine dramatische Immobilienkrise gegenüber. Angesichts der großen Probleme der japanischen Wirtschaft und vor allem des Finanzsektors gibt es keinerlei Gewißheit, daß die Wertpapierkurse oder die Immobilienpreise in Japan sich wieder den früheren Rekordmarken nähern oder auf diesem Niveau bleiben.

Es kann auch niemand sagen, ob der Yen gegenüber einer künftigen europäischen Währung in den nächsten Jahren im Wert steigen oder fallen wird. Die Regierung und die Notenbank in Tokio jedenfalls haben daran keinerlei Interesse, da der japanische Export dadurch erschwert würde.

Deshalb gilt auch hier: Nur erfahrene Anleger sollten sich auf solche Spekulationen einlassen. Das gewohnte Sparverhalten nur aus Sorge vor den möglichen Folgen der Währungsumstellung zu ändern, ist riskant. Sogenannten Anlageberatern, die derartige Ängste schüren oder mit dem berühmten „todsicheren Tip“ kommen, sollte immer größtes Mißtrauen entgegengebracht werden. Das gilt vor allem dann, wenn Unbekannte am Telefon um Kunden werben.

Zahlungsverkehr

Wie wird der Zahlungsverkehr abgewickelt, wenn der Euro neben den nationalen Währungen bereits als Zahlungsmittel verwendet werden kann?

Dieses Problem wird es zwischen dem 1. Januar 1999 und dem Jahr 2002 geben. Die deutschen Kreditinstitute haben 1998 beschlossen, daß innerhalb des Finanzsektors der gesamte Zahlungsverkehr bereits vom 1. Januar 1999 an auf Euro umgestellt wird.

In Deutschland können Privat- und Firmenkunden ab 1999 wählen, ob sie weiterhin in der nationalen Währung rechnen wollen oder nicht. Die meisten europäischen Großunternehmen hatten sich schon lange vor dem offiziellen Start dafür entschieden, ihr Rechnungswesen und ihren Zahlungsverkehr umfassend auf Euro umzustellen, da sie sich davon trotz der (ohnehin unvermeidlichen) Umstellungskosten Kosten- und Verfahrensvorteile versprechen.

Auch wenn innerhalb der Zahlungsverkehrssysteme (Interbanken-Clearing) nur noch in Euro gerechnet wird, werden die Banken und Sparkassen im Verhältnis zu ihren Kunden in der Übergangszeit bis zum Jahr 2002 so lange in D-Mark abrechnen, wie diese es wünschen. An der „Schnittstelle" zwischen dem Bankensektor und der übrigen Wirtschaft findet dann jeweils die Umrechnung in D-Mark, Schilling, Franc, Gulden usw. statt. Da die Wechselkurse zwischen den nationalen Währungen und dem Euro zu diesem Zeitpunkt unwiderruflich festgelegt sind, entstehen daraus keinerlei Wechselkursprobleme oder Wertveränderungen. Schließlich handelt es sich immer um einen wertgleichen Umtausch.

Privat- und Firmenkunden bleibt es überlassen, den Zeitpunkt selbst zu bestimmen, zu dem sie ihren gesamten Zahlungsverkehr oder Teile davon in Euro abrechnen wollen. Dies wird neben der „emotionalen Komponente„ auch davon abhängen, wie frühzeitig oder verspätet sie ihre jeweiligen Computerprogramme oder Formulare auf Euro umstellen. Dazu gehört unter anderem, daß für Überweisungen eine entsprechende Datensatzstruktur geschaffen wird.

Beim Bargeld wird der Übergang ebenfalls schrittweise stattfinden, da zeitweise alte nationale Währungen und Euro gleichzeitig in Umlauf sein werden. Zumindest ist zu vermuten, daß die riesigen Bargeldmengen (Banknoten und Münzen), die trotz des immer stärkeren Gebrauchs von „Plastikgeld" in der EWU benötigt werden, nur schrittweise in Verkehr gebracht werden können. Erst wenn diese Ausgabe abgeschlossen ist, werden die alten Scheine und Münzen ihre Funktion als gesetzliche Zahlungsmittel verlieren. Daher wird es in Kaufhäusern, Supermärkten usw. zeitweise Euro- und D-Mark-Kassen nebeneinander geben. Möglich wären natürlich auch Geräte, die wahlweise in Euro und alter Währung abrechnen.

Zeitplan der Europäischen Währungsunion

Der Weg zur gemeinsamen europäischen Währung

Die Währungsunion beginnt offiziell am 1. Januar 1999. Der frühestmögliche Termin wäre der 1. Januar 1997 gewesen. Doch das war unrealistisch. Am 2. und 3. Mai 1998 entschied der Europäische Rat auf der Basis der statistischen Daten (siehe Konvergenzkriterien), daß elf Staaten die Stabilitätskriterien, welche als Voraussetzung für einen Beitritt festgelegt wurden, hinreichend erfüllt haben.

Die Währungsunion beginnt in der Praxis an dem Tag, von dem an die Wechselkurse der teilnehmenden Länder unwiderruflich fixiert sind, also keine Auf- oder Abwertungen im Kreis der teilnehmenden Staaten mehr zulässig sind. Das ist der 1. Januar 1999. Faktisch begann die EWU schon mit dem Tag, an dem die Teilnehmerländer feststanden und sich absehen ließ, wie die endgültigen Kursrelationen aussehen werden. Denn von dem Tag an konnte bei lang- und mittelfristigen Geschäften schon mit den feststehenden Währungsrelationen gerechnet werden.

Der Beginn der Wirtschafts- und Währungsunion ist aber nicht gleichbedeutend mit der Einführung europaweit gültiger Münzen und Geldscheine. Die Umstellung auf Euro findet in einem Zeitraum von zwei bis drei Jahren statt – aber zunächst nur auf dem Papier oder elektronisch, also beim bargeldlosen Zahlungsverkehr. Innerhalb des Finanzsektors wird schon ab 1999 mit der europäischen Währung gerechnet. Erst im Jahr 2002 beginnt die Ausgabe der Euro-Banknoten und Münzen. Für die Umrechnung zwischen der Europa-Währung und des noch im Besitz der Bürger befindlichen nationalen Geldes werden genau definierte Rechengrößen (Konvertoren) verwendet. Es spielt also keine Rolle, in welcher Währung während der Übergangszeit gezahlt wird.

Zeitplan für Unternehmen

Müssen sich auch kleine Unternehmen schon vor 2002 auf die Umstellung der Währung vorbereiten?

Das ist dringend zu empfehlen, denn bei einer genauen Prüfung des Anpassungsbedarfs wird man in vielen Betrieben feststellen, daß die notwendigen Vorbereitungen für die Umstellung der Währungseinheit viel umfangreicher sind, als viele bisher gedacht haben. Zugleich ist es eine günstige Gelegenheit, um einige ohnehin erforderliche Anpassungsmaßnahmen durchzuführen. Dabei kann es sich um eine innovative Erneuerung der Computerprogramme, um eine Neueinteilung von Vertriebsgebieten oder um eine europaweite Neuorganisation des Rechnungswesens bei solchen Unternehmen handeln, die in mehreren EU-Staaten Niederlassungen oder Produktionsstätten haben.

Um die notwendigen Maßnahmen rechtzeitig durchführen zu können und keine Engpässe bei Software-Häusern, Beratern oder Druckereien zu riskieren, durch die die erforderlichen Umstellungsmaßnahmen zum Schaden des eigenen Unternehmens gefährdet werden könnten, muß nach einer Definition der zu lösenden Aufgaben anhand einer Euro-Checkliste ein genauer Zeitplan für die Umsetzung aufgestellt werden. Er sollte auf den Zeitplan der Europäischen Währungsunion abgestimmt sein.

Besonders wichtig bei der Aufstellung des Zeitplans ist, daß er präzise Angaben über die erforderliche Schulung für die Mitarbeiter enthält. Das gilt nicht nur für die Mitarbeiter in den direkt betroffenen Bereichen (wie Rechnungswesen, Lohnbuchhaltung oder Fakturierung), sondern auch für alle, die Kunden, Lieferanten oder Kreditinstituten gegenüber die geplanten Maßnahmen bei der Umstellung erläutern müssen oder selbst beratend tätig werden. Beispiele für Punkte auf dem Zeitplan:

- Arbeitsaufnahme der bereichsübergreifenden Arbeitsgruppen,
- gegebenenfalls Einbeziehung externer Berater,
- Beschlußfassung aufgrund der Ergebnisse der Arbeitsgruppen und der Expertenberatung,
- Ablaufplan für Mitarbeiterschulungen,
- Gespräche mit Software-Häusern,
- Aufträge für neue oder angepaßte Software,
- Bestellung von erforderlichem Gerät (wie neue Kassen, Geldzählmaschinen usw.)
- Druckaufträge (für Formulare, Mitarbeiterinformationen, Werbung),
- werbliche Maßnahmen zur Kundeninformation,
- Mitteilung über den geplanten Zeitpunkt der Umstellung an Geschäftspartner in Deutschland, in anderen EU-Ländern und in Drittstaaten,
- Gespräche mit Geschäftspartnern über die Modalitäten der Umstellung,
- Beginn und Dauer einer eventuellen doppelten Preisauszeichnung,
- Umstellung des Zahlungsverkehrs auf den Euro (schrittweise oder zu einem Stichtag),
- Umstellung der Lohnzahlung,
- schrittweise Umstellung von Kassen.

Es empfiehlt sich, für die Überwachung des Zeitplans, die Koordination der Arbeitsgruppen, die Organisation der Schulungsmaßnahmen und der sonstigen Aktivitäten im Zusammenhang mit der Umstellung einen Euro-Beauftragten zu bestimmen, der direkt der Geschäftsleitung unterstellt ist.

Zinsen

Muß befürchtet werden, daß in der Währungsunion für Häuslebauer, Konsumenten oder Unternehmen die Zinsen steigen?

Auch ohne den Beitritt zur Währungsunion gäbe es keine Gewähr dafür, daß die Zinsen in Deutschland langfristig auf einem so niedrigen Niveau bleiben wie zwischen 1995 und 1998. In dieser Zeit hat sich das europäische Durchschnittsniveau stark angenähert. Im übrigen gilt auch hier wieder: Was dem einen sein Leid, ist des anderen Freud'. Denn während Kreditnehmer durch jeden Zinsanstieg belastet werden, bringt er Anlegern oder Inhabern einer Lebensversicherung Vorteile: Sie bekommen mehr für ihr Erspartes.

Generell gilt, daß sich in der Europäischen Währungsunion ein einheitliches Zinsniveau bilden wird. Unterschiede wird es jedoch zwischen Schuldnern unterschiedlicher Bonität geben. Das ist auch bei den Staaten der USA in gewissem Umfang festzustellen.

Da sich alle Teilnehmerstaaten zu finanzpolitischer Solidität verpflichtet haben und den Politikern das Schuldenmachen in Zukunft durch den Stabilitätspakt erschwert wird, könnte es sein, daß der Staat als Konkurrent um das knappe Kapital weniger robust auftreten wird als in der Vergangenheit. Das könnte zu tendenziell sinkenden Zinsen führen. Sie wären dann immer etwas niedriger als unter sonst gleichen Umständen ohne die Währungsunion.

Zinssätze

Werden bei der Umstellung auf Euro auch die Zinssätze angepaßt?

Nein. Die Zinssätze von Anleihen und Bundesschatzbriefen oder von Sparkassenbriefen und anderen festverzinslichen Geldanlagen bleiben ebenso unverändert wie die von Bauspardarlehen und sonstigen Krediten. Wer zum Beispiel vertraglich sechs Prozent vereinbart hat, muß weiterhin sechs Prozent zahlen oder erhält eine Rendite von sechs Prozent.

Nur die Zahlbeträge ändern sich. Wenn ein Sparer zuvor für einen Anleihebetrag von 1.000 D-Mark 60 D-Mark Zinsen bekam, dann wird nach der Umrechnung der Anleihe in Euro auch die Zinszahlung entsprechend angepaßt: Auf die Anleihe von nominal 510,20 Euro werden 30,61 Euro an Zinsen ausgezahlt. Es sind also weiterhin sechs Prozent. Da durch die Preisumstellung sowie durch die Umrechnung der Löhne, Mieten, Gebühren usw. auch alle anderen Geldgrößen entsprechend niedriger ausfallen, ändert sich der reale Wert der Ersparnisse oder Zinszahlungen nicht. Die Kaufkraft bleibt erhalten. Die Umstellung findet wertgleich statt.

Zinstage

In vielen europäischen Ländern werden die sogenannten Zinstage anders berechnet als in Deutschland.

Bei den „Zinstagen“ handelt es sich um die Zahl der Tage, die pro Monat der Zinsberechnung zugrunde gelegt werden. In Deutschland, Österreich und der Schweiz wird pro Monat mit 30 Zinstagen gerechnet. Aufs Jahr gerechnet werden 360 Zinstage zugrunde gelegt. In Italien, Frankreich und den Benelux-Staaten sowie in einigen anderen Ländern geht man zwar von der gleichen Zahl von Jahrestagen aus, aber es gibt keine „pauschalierte“ Monatsrechnung. Es wird mit der tatsächlichen – also von Monat zu Monat schwankenden – Zahl von Tagen gerechnet. Hinsichtlich der monatlichen Kalendertage ist es in Großbritannien und den USA ebenso. Allerdings wird das Jahr mit 365 Tagen angesetzt.

Es ist davon auszugehen, daß es innerhalb des einheitlichen europäischen Währungsraums auch zu einer Vereinheitlichung bei der Berechnung der Zinstage kommt. Das wird sich bei Unternehmen und anderen Kreditnehmern auf die Höhe der Zinsbelastung auswirken. Die Veränderungen werden sich jedoch in ebenso engen Grenzen halten wie die Entwicklungen der Zinssätze innerhalb der EWU.

Zwei Konten?

Müssen zwei Konten geführt werden, wenn bis zum Jahr 2002 der Euro gilt, gleichzeitig aber noch die D-Mark verwendet werden kann?

Das ist zwar möglich, aber weder erforderlich noch empfehlenswert – zumindest nicht für Privatleute, kleine und mittlere Betriebe oder Selbständige. Parallele Konten sind deshalb überflüssig, weil jede Sparkasse oder Bank Überweisungsaufträge usw. sowohl in Euro als auch in D-Mark (oder in den Nachbarländern in Francs, Gulden, Schilling usw.) annehmen und auf dem Weg über den Euro ausführen wird. Zusätzliche Kosten entstehen dem Kunden dadurch nicht. Die meisten Privatkunden und Betriebe werden ihr Konto zunächst weiter in der Währung führen, in der sie in der Regel ihre Zahlungen leisten oder empfangen. Das wird auch nach 1999 für einige Zeit noch die bisherige nationale Währung sein.

Achtung: Überweisen Sie Versicherungsprämien, Steuern, Rechnungen von Lieferanten oder die Miete für Ferienhäuser im Ausland *immer* in der Währung, in der die Rechnung ausgestellt ist. Die Bank nimmt eventuell erforderliche Umrechnungen für Sie kostenlos und entsprechend den geltenden Umrechnungsfaktoren und Rundungsregeln vor. Andernfalls riskieren Sie Rechenfehler und Mahnungen.

Abkürzungsverzeichnis

BIP	Bruttoinlandsprodukt
BIZ	Bank für Internationalen Zahlungsausgleich
ECU	European Currency Unit (Europäische Währungseinheit)
EG	Europäische Gemeinschaft
EIB	Europäische Investitionsbank
EO	Euro
ERE	Europäische Rechnungseinheit
ESZB	Europäisches System der Zentralbanken
EU	Europäische Union
EUR	Euro
EWI	Europäisches Währungsinstitut
EWS	Europäisches Währungssystem
EWU	Europäische Währungsunion
ESZB	Europäisches System der Zentralbanken
EZB	Europäische Zentralbank

Hinweis: Der Text liegt in ähnlicher Weise als „Euro ABC“ in Hypertextform auch auf Diskette oder CD-Rom für IBM-kompatible PC vor.

Bezug über:
Buhl Data Service, Frankfurter Str. 45a, D-57290 Neunkirchen.